나를 찾아가는 이야기

IVP(InterVarsity Press)는
캠퍼스와 세상 속의 하나님 나라 운동을 지향하는
IVF(InterVarsity Christian Fellowship)의 출판부로
생각하는 그리스도인을 위한 문서 운동을 실천합니다.

To Be Told
Published by WaterBrook Press
Colorado Springs, Colorado, USA
Copyright ⓒ 2005 by Dr. Dan B. Allender
All rights reserved.

This translation published by arrangement with WaterBrook,
an imprint of Random House, a division of Penguin Random House LLC
through rMaeng2, Seoul, Republic of Korea.

This Korean edition copyright ⓒ 2020 by Korea InterVarsity Press
156-10 Donggyo-Ro, Mapo-Gu, Seoul 04031, Republic of Korea.

이 한국어판의 저작권은 알맹2 에이전시를 통하여
WaterBrook Press와 독점 계약한 IVP에 있습니다.
신 저작권법에 의하여 한국 내에서 보호받는 저작물이므로
무단 전재와 무단 복제를 금합니다.

나를 찾아가는 이야기

하나님이 쓰시는 내 인생 스토리 발견하기

댄 알렌더 | 김성녀 옮김

Ivp

나의 시작이며
내게 생명과 사랑을 주신
나의 어머니
조 앤 보프 알렌더에게 이 책을 바칩니다.

차례

감사의 말 9

서론 당신의 이야기는 무엇인가? 11

1부 당신의 이름, 당신의 이야기

1 못다 한 이야기 23
2 당신의 진짜 이름은 무엇인가? 43
3 좋은 이야기의 요건은 무엇인가? 57

2부 이야기 읽기

4 당신의 마음을 움직이는 것은 무엇인가? 83
5 우리를 형성한 비극에 직면하기 105
6 소명에 붙들리다 127

3부 이야기 쓰기

7 당신의 목적 쓰기 151
8 함께 편집하기 177

4부 이야기 배가시키기

9 이야기 잔치 199
10 드러내는 기도 227
11 금식의 열매 249
12 이야기 내어 주기 273

후기 293   **주** 297

… 감사의 말

많은 사람이 내 인생 이야기를 쓰는 데 기여했고, 이 책을 만드는 데 도움을 주었다. 여기서 혹 이름을 거명하지 않았다고 해서 그 사람을 기억하지 못하는 것이 아니며, 이름을 밝히는 이들은 지울 수 없는 감사의 마음을 고백하기 위함이다.

나의 대리인 매트 보거: 당신이 끝없이 베풀어 준 웃음과 지혜와 부드러운 보살핌에 감사드립니다.
편집자 론 리: 당신의 친절함과 박학다식함 덕택에 나 혼자 낼 수 있는 목소리보다 훨씬 더 강한 목소리가 나올 수 있었습니다.
발행인 돈 페이프: 대범한 남자여, 당신은 돈이 아니라 거룩함을 좇아 살고 있습니다.
사무실 책임자인 린다 부스와 서맨사 그레이엄: 두 분의 떠남은 실로 마음 아픈 일이요, 두 분의 보살핌은 내 생애에 큰 유익을 끼쳤습니다.

현명한 안내자인 앨리슨 베이커: 당신의 깊은 믿음과 내 영혼에 베풀어 준 보살핌 덕택에, 내가 하나님의 얼굴을 향해 날아오른 적이 셀 수 없이 많았습니다.

마스 힐 대학원의 동료들과 이사회: 우리는 참으로 놀라운 이야기를 함께 창조하도록 부름받았습니다! 내 인생에 동참해 준 것에 감사드립니다.

포틀랜드의 선셋 장로교회: 이 책이 완결되기도 전에 책의 내용들을 강의할 수 있게 해준 너그러운 은혜에 감사드립니다.

에스더 프로젝트의 멤버들: 용맹한 여인이요 공범자요 지혜롭고 위험천만한 나의 친구들이여, 나의 꿈과 두려움 너머에 있는 이야기 속으로 나를 불러 주고 동참해 준 것에 감사드립니다.

엘리자베스 터니지: 우리 삶을 찬란하게 글로 옮길 줄 아는 놀랍고도 은혜로운 재능의 소유자여!

트렘퍼 롱맨 3세: 늘 그렇듯이, 자네가 내 어깨를 톡톡 쳐 줄 때 모든 좋은 이야기들이 시작된다네. 자네는 시작부터 나의 후견인이었으니, 우리의 충의가 죽음을 넘어 영원하길….

애니, 아만다 그리고 앤드류: 약속의 자녀인 너희들은 소망의 선물이다. 너희들의 이야기가 어떻게 이루어져 갈지 계속 기다리며 지켜보마.

베키: 모든 사랑 중의 사랑, 누구보다 뛰어나고 언제나 새로운 그대. 언제나 나의 상상과 헤아림과 갈망 그 이상인 그대. 당신 없이는 이야기도 없고, 당신의 창조자 없이는 이유도 없습니다. 당신을 만드시고 당신의 찬란한 이야기 속에 나를 엮어 넣으신 그분을 찬양합니다.

서론 　　　　　당신의 이야기는 무엇인가?

당신에게 당신의 이야기를 들려 달라고 부탁한다면, 당신은 어떤 이야기를 해 줄 것인가? 직장에서 겪고 있는 스트레스에 대해? 어느 대학을 다녔는지? 아니면, 내가 상관할 바 아니라고 말하겠는가?

　이야기가 없는 사람은 없다. 다시 표현하자면, 누구나 인생 자체가 하나의 이야기다. 하지만 대부분의 사람들은 자신의 이야기가 드러날 수 있도록 삶을 읽어 내는 방법을 모르고 있다. 그들은 삶의 좀더 깊은 의미를 놓치고 있으며, 하나님이 하나님 자신과 그분의 이야기를 드러내기 위해서 그들의 이야기를 어떻게 써 내려가셨는지에 대해 거의 감각이 없다.

　그런 것이 뭐 그리 중요한가 싶은 생각이 든다면, 이직을 고려 중인 한 친구와 내가 최근에 나눈 대화를 한번 들어 보기 바란다. 그는 이직에 따르는 장단점을 적은 목록을 내게 보여 주었다. 그가 직장을 바꾸든 현재 직장에 남든 그에 따르는 문제점과 이점의 수는 똑같았다. 친구는 이렇게 자기 소견을 밝혔다. "이 목록이 내 가치관과 꿈에 근거해서 제대로 작성된 것이라면, 결과는 무승부네. 차라리 동전을 던져서 결정하는 것이 나을 것 같아."

하지만 내 친구는 자신의 이야기를 간과하고 있었다. 그가 이 결정을 내리는 데 방향을 제시해 줄 수 있는 이야기 말이다. 그는 하나님이 그의 인생을 쓰시는 저자라는 사실을 별로 생각해 보지 않았다. 하나님의 권위는 인식하고 있었지만, 그의 인생에서—그리고 우리 모두의 인생에서—지속적으로 일어나는 하나님의 창조적인 작업에 대해서는 알지 못했던 것이다.

나는 그에게 물었다. "하나님이 지금까지 써 오신 자네의 인생 이야기에 가장 일관성 있게 살려면 어느 쪽을 선택해야 할 것 같은가?"

그 친구는 내가 무얼 지적하고 있는지 감을 잡지 못했다. 그래서 나는 다시 하나님이 그의 인생 속에서 드러내기 위해 쓰고 계신 이야기와 주제, 플롯은 무엇인지 탐구해 본 적이 있느냐고 물었다. 여전히 그 친구는 마치 외계인을 보듯이 나를 빤히 쳐다보았다.

"내가 왜 내 인생을 탐구해야 하는데?" 그가 물었다. "무슨 일이 일어나든 그 자리에 내가 있었는데, 굳이 탐구할 게 뭐가 있단 말이지?"

이 친구는 명석하고 진솔하고 선하며 하나님께 민감한 사람이다. 그리고 아내의 마음의 소리를 잘 들어 주고, 무수히 많은 삶의 영역—건강, 재정, 자녀들과 보내는 시간, 영성 등—에서 의식적으로 올바른 것을 행하는 사람이다. 하지만 자신의 이야기를 읽는 일에는 별반 가치를 두지 않았다.

우리는 대부분 여행 중에 길을 잃지 않으려고 지도는 열심히 연구하지만, 미래로 전진하는 방법을 알기 위해 인생을 연구하는 데는 그만한 시간을 쓰지 않는다. 우리는 왜 중대한 결정을 내릴 준비를 할 때 주식 보고서는 연구하면서 자신의 이야기는 들여다보지 않는가? 왜 우리는 논쟁의 여지가 많은 주제에 관해 시각을 분명히 하려고 신문의 다양한 논평은 읽으면서도, 자신의 가장 중요한 시각을 형성하는 데 기여한 과거는 무시하는 걸까? 강의 하나만 수강해도 지루하기 짝이 없는 참고 서적들을 열심히 읽을 텐데, 자신의 삶을 돌아보기 위한 시간은 내려 하지 않는다. 그것이 보여 주는 하나님과 우리 자신에 대한 해답이야말로 우리를 전율케 하고 놀라게 하고 진지해지게 할 텐데 말이다. 우리는 올바른 방향을 따라 살려고 독서도 하고 상당히 다양한 정보들도 연구하고 여러 대안을 조사하는 일에는 시간을 쓴다. 하지만 정작 자신의 인생에 대해서는, 열심히 배우고 통찰력을 얻고 미래에 대한 방향을 찾으려는 학생의 자세로 접근하는 경우가 거의 없다.

우리는 어떻게 우리가 오늘 이 자리에 오게 되었는지, 그리고 앞으로 하나님이 우리를 어디로 인도하실지를 분명히 깨닫게 하는 한 가지 중요한 일을 습관적으로 미룬다. 우리의 시각과 성향, 선택과 결정을 형성하고 그에 영향을 미치는 것은 바로 우리 자신의 인생이다. 우리를 미래로 견인하는 힘이 바로 우리의 인생인데, 우리는 그 인생을 세심하게 관찰하기는커녕 재고의 여지조차 주지 않는다. 이제는 우리 자신의 이야기에 귀 기울여야 할 때다.

당신의 인생이 드러내는 것

당신이 아직은 그 중요성을 깨닫지 못한다 할지라도, 이제 당신에게 매우 중요한 네 가지 핵심 주제를 자세히 살펴보게 될 것이다.

첫째로, 하나님은 단지 우리 인생의 창조주만이 아니시다. 그분은 또한 우리 인생의 저자이시며, 각 사람의 인생이 하나님의 거룩한 이야기를 드러내도록 써 나가신다. 나와 똑같은 인생은 전에도 없었고 이후에도 없을 것이다. 내 얼굴과 이름이 단 하나밖에 없듯이, 내 이야기와 똑같은 이야기도 단 하나밖에 없다. 그리고 하나님은 그분 자신, 즉 나를 쓰신 자신에 대해 무엇인가를 알리기 위해 내 인생 이야기를 쓰신다. 당신의 경우도 마찬가지다. 당신의 인생과 나의 인생은 우리가 누구인지를 드러낼 뿐만 아니라, 하나님이 누구이신지를 드러내는 데도 사용된다.

둘째로, 당신의 인생과 내 인생은 신발장에 쌓인 신발들처럼 마구잡이로 발생한 일련의 장면이 아니다. 우리는 새로운 이야기를 집어넣기 위해서 지난 이야기들을 치워 버릴 필요가 없다. 당신과 나의 이야기에는 독특한 인물들과 깜짝 놀랄 만큼 꼬인 플롯들, 중심 주제들, 긴장과 서스펜스 그리고 깊은 의미가 들어 있다. 우리의 이야기는 우리가 알고 있는 그 어떤 현실보다 더 진실하며, 따라서 우리 각자는 하나님이 쓰신 우리 인생 이야기의 의미를 발견해 내야만 한다. 하나님은 자신이 무엇을 하고 계신지, 그리고 우리가 어떤 것들에 관심 갖기를 바라시는지를 우리의 이야기 속에서 보여 주신다.

세 번째 핵심 주제는 자못 흥미진진하다. 나의 인생 이야기를 탐구하고 이해하게 되면, 이제 나는 하나님과 공동 저자로 합류하게 된다. 나는 그저 내 인생의 독자로 남아서는 안 된다. 하나님은 나를 **내 미래의 저자로** 부르신다. 그분은 나를 위해 그분이 윤곽을 잡아 놓으신 방향을 따라 단 한 번뿐인 인생을 빚어 나가라고 당부하신다. 나는 하나님이 내 영혼의 힘줄 속에 짜 넣으신 플롯 속으로 계속 전진하면서, 계속 써 나가야 하는 것이다.

그리고 네 번째로, 우리의 이야기를 다른 사람들에게 반드시 말할 필요가 있는데, 이것은 축복이기도 하다. 우리가 하나님을 알고 하나님이 우리의 이야기를 쓰시는 작업에 동참하는 정도만큼, 우리는 이야기 말하기라는 부르심 속에서 다른 사람들과 함께하는 영예를 누린다. 물론 하나님이야말로 이야기 말하기의 대가이시다. 그분의 자기 계시는 유려한 설화체 안에 녹아 있으며, 성경을 통해 우리에게 주어져 우리 마음과 영혼을 사로잡는다. 하나님은 또한 각 사람의 삶을 가지고 우리가 꼭 말해야만 할 이야기를 창조하신다. 그리고 우리의 이야기를 다른 사람들에게 말하라는 부르심을 받았듯이, 우리는 또한 다른 사람들의 이야기에 귀 기울이도록 부름받았다. 그리고 우리는 이야기를 말하고 들어주어야 할 존재들이기 때문에, 여기서 더 나아가 사람들이 자신의 이야기뿐만 아니라 하나님의 이야기를 알고 말하고 듣도록 격려하라는 부르심을 받았다.

하나님은 우리에게 가장 위대한 이야기 즉 복음의 능력을 온전히 탐구하고, 온전히 누리고, 온전히 취하라고 우리를 부르고 계신다. 그리고 우리는 다른 사람들도 이 위대한 이야기에 빠져들도록 초대해야 한다.[1] 그렇게 하는 한 가지 방법이 바로 그에 조금 못 미치는 우리의 이야기에 귀 기울이고 그 이야기들을 다른 사람들에게 들려주는 것이다.

당신의 이야기에 귀 기울이라

당신은 하나님의 음성을 듣지도 못하고 인생에 대해서 어떤 열정도 느끼지 못한 채, 그저 살아 움직이고만 있을 뿐 뭔가 꽉 막혀 있다고 느낀 적이 없는가? 자신의 이야기에 귀 기울이지 않으면 그런 상태에 빠지기 쉽다.

하나님은 엄청난 열정과 열망을 가지고 우리의 이야기를 쓰시며, 우리가 그런 자신의 이야기를 읽고 들을 때 우리 자신의 열정과 열망이 드러나게 하신다. 그렇기 때문에 나는 내 친구가 인생의 중대한 결정을 하려고 하면서 먼저 다음과 같은 질문을 던지지 않는 것을 보고 마음이 아팠던 것이다. 나는 누구인가? 하나님에 관한 것들 중에서 다른 사람들에게 드러내기에 가장 적합한 것은 무엇인가? 그리고 어떻게 하면 그런 의미를 내 인생에서 최고로 잘 살아 낼 수 있을까? 내 친구는 미래에 대한 결정을 내릴 때 방향을 찾기 위해 자신의 이야기에 귀 기울이는 일을 하지 않았다.

나는 그 친구가 자칭 어리석다 하는 자의 조언을 받아들여 그에게 던진 몇 가지 질문들에 대답해 준 점을 고맙게 생각한다. 당신도 이 책을 읽어 나가면서 그와 동일한 질문들을 받고 대답해야 할 것이다. 이 간단한 질문들에 대답하려면, 자신의 이야기를 탐구해야 한다. 당신의 인생이라는 내러티브 속에 각인되어 있는 비통함과 소망에 귀를 기울여야 한다. 그리고 바로 거기에 하나님이 써 놓으신 의미를 발견해야만 한다.

나는 내 친구에게, 그의 인생이라는 이야기의 다음 장과 다음 페이지를 쓰는 일에 하나님과 동참할 것을 당부했다. 당신에게도 동일하게 부탁하는 바다. 하나님이 당신을 통해서 말씀하시는 위대한 이야기를 다른 사람들도 읽고 편집하고 비평하고, 그 영광에 동참할 수 있게 하라. 당신의 이야기를 통해 가장 위대한 이야기, 즉 하나님이 그분 자신에 대해 말씀하시는 이야기가 드러나게 된다. 하나님은 우리 각자가 우리의 것보다 더 큰 영광, 더 위대한 이야기를 위해 살도록 의도하셨다.

그러므로 당신이 살아 내도록 하나님이 의도하신 이야기를 진지하게 여기기 바란다. 이제 당신의 인생을 읽을 시간이 되었다. 왜냐하면 당신의 이야기는 우리 모두를 뜨겁게 달아오르게 할 것이기 때문이다.

당신의 이야기를 쓰라

당신은 자신의 이야기에 귀 기울일 뿐만 아니라, 그 이야기를 글로 써야 한다. 이 말은 최소한 당신의 이야기에 이름을 붙여야 한다는 뜻이다. 그리고 이름을 붙인다는 것은 "우리 부모님은 대체로 나한테 무관심하셨고, 난 버려졌다는 느낌이 들었어요"라고 말하는 것 훨씬 이상이다. "내 어린 시절은 행복했어요. 어른이 될 때까지는 인생이 그렇게 힘들 수 있다는 걸 몰랐죠"라고 말하는 것으로도 안 된다.

내 직업이 심리치료사인 관계로, 나는 위와 같은 말들을 종종 듣는다. 하지만 그 사람에게 그런 말의 배경이 된 인생 이야기들을 좀 해 달라고 부탁하면, 그들은 나를 빤히 쳐다볼 뿐이다. 차라리 $E=MC^2$이 무슨 의미냐고, 그것도 이란어로 설명해 달라고 하는 것이 나을 것 같다.

우리가 과거에 겪은 고통과 상실과 불의를 받아들일 수 있다면, 인생에 수치심이나 분노나 공허함의 자국을 남긴 그 각각의 사건 바로 전날에 대해서 말하는 것이 왜 그리도 어려운가? 왜 우리는 그 시점까지의 우리 인생의 주제를 해독해 낼 수 없는가? 그리고 그렇게 상처가 된 각 사건의 배경 즉 소리와 언어와 장면과 냄새들에 대해서는 어떠한가?

우리는 우리 이야기를 잘 알고 있다. 다만 얼마나 잘 알고 있는지를 모를 뿐이다.

당신의 인생 속에서 당신의 이야기는 큰 힘을 갖고 있으며, 또한 다른 사람들에게 발휘할 힘과 의미도 갖고 있다. 나는 당신의 이야기가 나를 휘저어 눈물을 쏟게 하고 어려운 질문들을 던지게 해 주기 바란다. 나는 당신의 비통함 속에 들어가 구속의 소망에 동참하고 싶다. 하지만 당신이 자신의 이야기를 해 주지 못하면, 당신의 이야기는 이런 힘을 발휘할 수 없다. 당신이 자신의 이야기를 알기 전에는 그것을 말할 수 없다. 그리고 당신의 이야기를 쓰는 일에 당신도 일익을 담당한다는 사실을 인정하지 않으면, 당신의 이야기를 진정으로 알 수 없다. 그리고 당신이 당신 인생의 긴 장들을 이미 쓰신 저자와 씨름하기 전까지는(그 이야기의 상당 부분은 마음에 들지 않을 테니까), 정말로 찬란한 이야기를 쓰지 못할 것이다.

우리는 자기가 좋아하지 않는 이야기를 말하는 것에 저항감을 느끼며, 대체로 자신의 이야기를 좋아하지 않는다. 하지만 다음의 사실을 생각해 보라. '당신이 자신의 이야기를 좋아하지 않는다면, 당신은 분명 그 저자를 좋아하지 않는 것이다.' 아니면 반대로 생각해 보자. '당신이 저자를 사랑한다면, 그분이 당신의 인생을 위해서 그 인생 속에 써 넣으신 이야기도 사랑할 것이다.'

우리 이야기의 저자이신 그분과 손을 잡고 다른 사람들을 위해 우리 이야기를 살아 냄으로써, 그분이 우리 앞에 펼쳐 놓으신 기쁨의 문으로 들어가자. 우리가 자신의 이야기를 알게 되고 그것을 내어 준다면, 우리 인생의 가장 깊은 의미를 발견하게 될 것이다. 우리는 우리 이야기 속에 깊이 새겨진 저자를 발견하게 될 것이며, 각자가 드러내도록 그분이 계획하신 영광을 알게 될 것이다.

1부

당신의 이름,
당신의 이야기

도대체 우리가 어떤 이야기 속에 떨어진 거지?

_샘, 『반지의 제왕: 반지 원정대』 중에서

1 못다 한 이야기
하나님이 쓰신 인생 읽기

"맞아, 그래요." 샘이 말했다. "우리가 출발하기 전에 그것에 대해 좀더 알았더라면 지금 이곳에 오지 않았겠죠. 하지만 종종 이런 일이 일어나는 걸 어쩌겠어요? 옛날 이야기나 노래들 속에 나오는 용감한 사건들을 봐요, 프로도. 제가 모험이라고 부르는 것들 말이에요. 저는 그런 일들은 그 이야기 속에 등장하는 위대한 사람들이 일부러 발 벗고 찾아 나서는 거라고 생각했었어요. 그런 사람들은 모험을 원하니까 말이에요. 모험이란 흥미진진한 것인 데 반해 인생은 약간 지루하죠. 그러니 뭐랄까 일종의 재미를 찾아나서는 거죠. 하지만 정말 중요한 이야기나 마음에 오래 남는 이야기들을 보면 꼭 그렇지만도 않아요. 그런 이야기에 나오는 사람들은 대체로 어쩌다 보니까 그 이야기 속에 발을 들여놓게 된 것처럼 보이거든요. 길이 그렇게 펼쳐지게 된 거죠."[1]

이것이야말로 인생을 정확하게 설명한 말이다. 하나님은 끊임없이 우리 이야기를 써 나가시지만, 다음 장을 보내 우리가 미리 읽게 해 주시지는 않는다. 오히려 우리는 이야기를 거꾸로 읽는다. 하나님이 이미 쓰신 우리 이야기들을 읽으면서 그 의미를 발견해 가는 것이다. 인생은 그런 식으로 펼쳐지는 이야기인지라, 우리는 앞을 그리 멀리 내다볼 수 없다. 마지막 결과는 당연히 모를 뿐더러, 심지어는 다음 플롯이 어떻게 꼬일지도 알 수 없다. 그 플롯의 한가운데 들어가기 전까지는 말이다.

『반지의 제왕』에서 샘이 "도대체 우리가 어떤 이야기 속에 떨어진 거지?"라고 물었을 때 프로도는 이렇게 대답했다.

"나도 궁금해. 하지만 나도 몰라. 진짜 이야기들은 다 그렇잖아. 네가 좋아하는 이야기 중에서 아무거나 하나만 생각해 봐. 그 이야기가 어떤 종류의 이야기인지, 결말이 행복할지 슬플지 우리는 예측할 수 있지만, 이야기 속에 나오는 사람들은 그걸 모르잖아. 또 너는 그들이 알기를 원치도 않고."[2]

위의 글을 처음 읽었을 때가 기억난다. 오싹 소름이 끼치고 뭐라고 형용할 수 없는 전율이 느껴졌다. 나는 J. R. R. 톨킨(Tolkien)의 그 유명한 삼부작을 완독할 인내심도 지혜도 전혀 없었지만, 영화들은 전부 두 번씩 보았다. 그리고 아직도 그 말들이—심지어 문맥을 무시하고 따로 읽어도—머릿속에서 맴돈다.

프로도가 간파한 그 강력한 진리는 내 친한 친구에게서 이메일로 받은 것이다. 그 친구는 대학원을 세우느라 오랜 세월 나와 함께 고생한 막역한 친구다. 그 세월 동안 우리는 여러 가지 손실과 탈진, 혼돈과 배신, 퇴보를 겪었고 동시에 과분한 은혜와 하나님의 임재도 경험하였다. 이 여정에 요구되는 것들이 무엇인지 미리 알았더라면, 나는 절대로 서류에 서명을 하지 않았을 것이다. 하지만 내가 경험한 것과 변화된 것 그리고 앞으로 변화될 것을 생각하면, 그것 때문에 치른 값에 대해 단 한 순간도 후회하지 않는다.

프로도가 말한 대로, 이야기 속에 있는 사람들은 그 이야기가 어떤 종류의 이야기인지 알지 못한다. 우리는 다만 추측할 뿐, 오직 저자 되시는 분만이 결말을 알고 계신다.

당신의 저자는 어떤 분인가?

당신 자체가 이야기다. 당신은 그저 수많은 이야깃거리를 지닌 이야기의 소유자나 화자가 아니라, 의도를 가지고 잘 써 내려간 이야기 그 자체다. 그리고 저자는 모든 시간, 심지어는 시간 이전과 시간 이후까지도 소유한 가장 위대한 작가이시다. 이 말은 당신이 잠시 잠깐만 이 말을 믿어도 당신의 인생 궤도를 바꿀 수 있을 만큼의 무게를 지닌다. 사실 이 말은 당신을 공동 저자 수준으로 불러낸다. 그 범위와 의미가 다소 불분명한 면은 있지만 말이다.

하나님은 나의 창조주이시고 나는 그의 피조물이다. 내가 이렇게 선포할 때 반박하는 사람은 거의 없다. 어떤 종교든 유일신 사상에 입각한 종교를 신봉하는 사람들은 하나님이 우리의 창조주이시라는 점을 믿는다. 하나님을 창조주로 인정하게 되면, 우리 자신은 다른 실체들과 비교 선상에 놓게 된다. 우리도 별과 바다, 지네와 호박과 마찬가지로 하나님의 창조 세계의 일부가 되는 것이다. 더 나아가서 우리는 하나님이라는 존재의 흔적을 지닌 존재다. 창세기 1장의 권위를 믿는 사람들은 인간에게는 모든 피조물과 구별되게 하는 독특한 고유성이 있다고 말한다. 그 피조물들이 크건 작건, 이상하건 훌륭하건 상관없이 말이다. 인간은 하나님의 형상을 따라 지음받은 존재다.[3] 인간은 창조의 절정이다.

하나님은 토기장이요 우리는 진흙이다. 사실 **인간**(human)이라는 단어 자체가 흙을 의미하는 라틴어 '후무스'(*humus*)에서 파생되었으며, 이는 우리의 발생 기원을 명백히 보여 주고 있다. 우리는 흙이다. 아담이라는 이름은(히브리어로 '*adama*) '붉다'는 의미로서, 진흙 색을 말한다. 하나님은 우리의 형태를 잡고, 틀을 만들고, 모양을 완성하심으로써 자신에 대해 무엇인가를 드러내셨다. 하나님은 드러내기를 좋아하는 존재이시며, 우리로 하여금 구하고 찾고 두드리게 하심으로써 그 드러냄의 과정에 합류하도록 초대하는 분이시다. 하나님은 창조를 완성하는 일에 그 자녀들이 합류하는 것을 늘 염두에 두셨다. 우리는 그저 영광을 드러내기만 하는 생명 없는 실체가 아니라, 마땅히 영광을 창조해야 할 살아 있는 이야기들이다.

당신의 이야기에는 어떤 인물들이 등장하는가?

어쩌면 당신의 이야기를 하기에 가장 좋은 방법은 주연과 조연을 모두 포함한 다양한 인물을 살펴보는 일이리라. 나는 개인적인 경험을 통해 이 말의 위력을 알고 있다. 좀더 구체적으로 말하자면, 내 인생에서 가장 중요한 역할을 한 여러 인물 중 한 분을 인정하지 않을 수 없는데, 내 이야기는 그분과 함께 묻혀 있기 때문이다. 그 중차대한 인물은 바로 내 혈연의 아버지다.

내 이야기는 열아홉 살 때부터 시작된다. 언젠가 엄마의 옷장 안에 보관된 사진 상자에서 사진들을 주욱 보다가 가족 사진 한 장을 발견했다. 사진에는 우리 엄마와 세 살쯤 되어 보이는 남자

아이(나) 그리고 내가 한 번도 뵌 적이 없는 남자분이 있었다. 그 남자분의 얼굴은 내 뇌리를 떠나지 않았다.

그 사진에는 세 살짜리 내 얼굴이 있었고, 바로 그 옆에는 내가 서른 살이 되면 나타날 얼굴 모습을 그대로 간직하고 있는 한 남자가 있었다. 그것은 마치 이상한 나라의 앨리스가 땅 속 구멍으로 떨어져 하트의 여왕이 "목을 쳐라!" 하고 소리치는 왕국에 다다른 상황처럼 괴이했다.

나는 그 가족 사진을 부엌에서 일하고 계시던 어머니한테 들고 갔다. "이쪽이 엄마인 건 나도 알아보겠는데, 이 남자분은 누구세요?"라고 내가 물었다. 어머니는 내가 마치 '쓰레기 갖다 버릴까요?'라는 사소한 질문을 하기라도 한 듯 전혀 동요의 빛이 없었다. 그리고 이렇게 대답하셨다. "네 아버지야."

나는 멍청해진 느낌이었다. 머리가 나빠서가 아니라 너무 황당해서 말이다. 마치 사다리에서 떨어진 것 같았다. 사다리에서 떨어진 사실을 상대방에게 이야기하려면 시간이 걸린다. 하지만 실제로 사다리에서 떨어지는 것은 그저 발만 한 번 헛디디고 뒤이어 바로 곤두박질치면 그만이다. 떨어지는 데는 거의 시간이 걸리지 않는다. 하지만 모든 충격적인 사건이 그러하듯이, 그런 추락은 아주 오랜 시간 동안 일어난다. 시간은 천천히 흐르기 시작하고, 떨어졌다는 사실을 미처 깨닫기도 전에 '쿵' 하는 소리가 들려온다.

엄마와 함께 부엌에 서 있는 동안 나는 1,000분의 1초 만에 그렇게 한 방 맞고 떨어졌지만, 그것이 무슨 의미인지를 마침내 규명해 내기까지는 30년이라는 세월이 걸렸다.

엄마가 내 아버지라고 말해 준 그 남자를 가리키며 나는 이렇게 되물었다. "위층에서 주무시고 있는 아버지 말인가요?" 그러자 어머니가 말씀하셨다. "아니, 그 사람은 네 의붓아버지고, 사진 속에 그 남자가 네 생부야."

나는 그 밖에 더 많은 질문들을 했고, 도저히 더 듣고 있을 수 없을 만큼 충분한 대답을 들었다. 나로서는 한 순간에 인생이 하나의 소극이요 거대한 수수께끼가 되어 버렸다. 나는 지금까지 내가 했던 그 어떤 거짓말보다도 못 미더운 진실을 발견했다. 나는 더 이상 나 자신이 아니었고, 내 이름도 더 이상 내 이름이 아니었다. 내 얼굴은 나를 길러 주신 아버지의 얼굴이 아니라, 상자 속에 누워 잠자고 있던 한 남자의 얼굴이었다. 그날 밤 나는 산란한 마음을 바람에 날려 보내려고 환각제를 듬뿍 복용했다. 내 인생의 파편들이 불타 버린 내 이름의 잿가루처럼 훨훨 날려가 버리길 바라면서.

그것이 31년 전의 일이건만, 나는 겨우 작년에야 다음과 같은 질문들을 하게 되었다. '누가 내 아버지인가? 내 이름은 뭐지? 왜 내 이야기에는 그렇게 어둡고 짙은 생소함이 깔려 있는 걸까? 하나님이 내 이야기를 쓰셨을 뿐만 아니라 내 이야기를 좋아하신다는 사실을 나는 정말로 믿는가? 하나님이 나의 유일한 권위이시자 저자이심을 믿는다면, 나는 어떤 사람이 될까? 내 이야기를 하나님과 공동으로 써 나간다는 건 무슨 의미인가? 하나님은 저자이고, 나는 그 이야기를 다른 언어로 옮겨 적는 번역자인가?'

과연 이런 질문들이 중요하긴 한 것인가?

한 가지 내가 확실히 아는 것이 있다. 바로 내 아버지를 만나야 한다는 사실이었다. 그분이 어디 묻혀 있는지를 찾아내야 했고, 현재 생존해 있는 사촌이나 친척이 있는지 알아봐야 했다. 내 이야기를 알아야만 할 것 같았다. 그것은 이유 있는 탐색이다. 그것은 '나는 누구인가? 그리고 내가 "나"라는 것은 어떤 중요한 의미가 있는가?'라는, 심오하고 중대한 신학적 질문이다.

그렇다고 내가 60년대식의 자기 정체성 탐구와 자기 실현으로의 회귀를 옹호하는 것은 아니다. 이것은 실현이 아니라 내러티브를 찾는 탐색이다. 자기를 발견하는 것으로는 충분치 않다. 오히려 자신의 이야기를 찾아내는 것이 급선무다. 꼭 찾아내야 할 대상은 내가 아니라 하나님이다. 하나님은 내 이야기 속에서 잠잠하고도 열정적으로 그리고 쾌활하게 기다리신다. 내가 할 일은 오로지 구하고 찾고 두드리는 것이다.

다시 말하지만, 나라는 인물을 형성한 다른 배역들을 모르고서는 내 이야기를 알 길이 없다. 나와 함께 무대에 선 사람들이 누구인지 알아야 한다. 부모님, 형제 자매, 배우자, 정신적 스승, 나를 학대한 사람, 친구들 등 배역을 찾아내기 쉬운 경우도 있다. 하지만 중요한 배역을 맡은 사람이 때로는 자신이 거의 모르는 할아버지인 경우도 있고, 혹은 집안의 비밀이 되어 무대 뒤편 그늘에 서 있는 사람인 경우도 있다.

우리는 우리 인생에 개입한 사람들에 의해 정의된다. 각 배역은 무대 위로 올라와 자기의 대사를 읊고 나서, 무대에 남거나 퇴장한다. 우리는 우리 이야기 속에서 가장 중요한 사람은 아니지만, 거의 항상 무대 위에 서 있는 사람이다. 그리고 무대 위에 등장하는 주연과 조연 배우들을 모두 알기 전까지는, 우리 이야기의 저자와 이야기의 의미, 또는 플롯을 진정으로 알 수 없을 것이다.[4]

당신의 이야기에는 어떤 플롯이 들어 있는가?

이야기에는 시작과 중간과 결말이 있다고 아리스토텔레스는 정의했다. 그런가 하면 이야기가 굳이 그 순서대로 진행될 필요는 없음을 일깨워 준 대가들도 있다. 하지만 아리스토텔레스가 제시한 그 단순한 구조는 여전히 모든 이야기의 본질을 규정한다.[5] 이야기에는 첫 줄, 첫 장, 제1막이 있으며, 이러한 시작이 출생과 동시에 일어나는 경우는 거의 없다. 우리 이야기는 우리를 낳아 준 인물들로 시작되며, 그분들이 과거에 그들의 부모님과 맺었던 관계와 기타 여러 주제들, 이를테면 성공과 오욕, 권력과 학대, 사랑과 상실과 중독, 가슴 아픈 일들과 비밀들, 가족의 신화 등과 연결되어 있다. 출생도 시작이긴 하지만, 우리 존재는 우리보다 앞선 세대들에 의존한다. 우리가 태어나기도 전에 이미 일어난 시작은 앞으로 인생에서 펼쳐질 몇 가지 주제들을 이미 암시하고 있다.

    우리 어머니는 아홉 번의 유산 끝에 나를 낳으셨다. 이 사실은 나를 길러 주신 아버지가 생부가 아니라는 사실을 발견한 후에 알게 되었다. 나는 몹시 기다려서 낳은 자식이었다. 그리고 외동이었다. 우리 어머니의 자궁─혹은 마음─속에는 또 한 명의 태아 때문에 지치고 좌절하는 상황을 감내할 여유가 없었다. 나로 끝이었다.

    설령 내 시작의 다른 측면들을 더 언급하지 않더라도, 이 한 가지 사실만으로도 나와 어머니 사이에서 펼쳐진 관계의 역학에 대해 상당히 많은 것을 알 수 있다. 어머니는 여전사이시다. 칠전팔기의 강인한 생존자다. 하지만 나의 성장기 동안 어머니는 나를 의지하셨고, 나야말로 자신이 존재하는 이유라고 생각하셨다. 나는 어머니 자신의 결혼 생활보다, 심지어는 어머니의 목숨보다 더 중요한 존재였다. 이 사실은 내 인생의 플롯의 한 부분이다.

당신의 플롯이나 나의 플롯은 모두 태어나면서부터 엮인 관계의 범위 안에서 형성된다. 우리의 플롯 속에는 탄생할 당시의 시대 배경이나 독특한 상황도 포함된다. 또한 타락으로 인해 운명처럼 대물림된 긴장감 넘치는 비극도 들어 있다. 플롯이란, 주제 면에서 저주받은 창조 세계를 들락거리며 빙빙 돌아가는 회전목마이며, 이로 인해 발단에서 결말에 이르는 전체 흐름은 롤러코스터를 탄 것처럼 변화무쌍하다. 여기서 발단, 전개, 결말로 이어지는 내러티브가 항상 순서대로 착착 진행되는 것은 아니라는 사실을 기억하라.

여러 면에서, 우리 이야기의 플롯은 인류의 이야기이기도 하다. 그것은 우리가 어떻게 현재의 우리가 되었고(창조), 어떻게 우리 자신을 상실했으며(타락), 하나님이 우리에게 지어 주신 이름을 발견한다는 것은 어떤 의미이고(구속), 우리 이야기의 결말이 어떻게 하나님 이야기의 완전한 성취를 반영하는지(그분의 다시 오심)에 관한 것이다. 우리 플롯은 우리가 겪은 비극적인 사건들―타락과 구속, 그리고 궁극적으로는 영화(glorification) 사이에 일어난 인생의 사건들―과 연루된 아픔과 꿈, 갈망과의 조우다.

비극과 긴장

모든 인생은 저주 아래 있다. 아담과 하와가 하나님께 등 돌리고 악마의 달콤한 거짓말을 받아들인 결과로 말이다. 그것은 인류 역사상 두 번째 아담이 신실하게 십자가에 굴복한 사건 다음으로 가장 극적인 순간이었으며, 그것 때문에 인류는 애통과 상실과 아픔의 구렁텅이에 빠지게 되었다. 모든 여자는 외로움에 시달릴 것이요, 모든 남자는 헛되이 수고하리라. 이것이 바로 이 땅에 쓰여 있는 플롯이다.

아담과 하와의 어리석음 때문에 우리는 모두 에덴의 동쪽으로 추방되었다. 우리는 지금 있는 곳이 내 집이 아님을 알고 있는 이 방인이며, 우리 플롯은 항상 자신이 처한 비극적인 상황을 넘어서 보려는 노력과 관련되어 있다. 우리는 해답과 평안을 줄 에덴으로 돌아가는 길을 찾고 있다. 우리가 하늘 아버지께 불순종하지만 않았더라면 얼마든지 경험했을 그분과의 친밀함, 우리의 에덴을 찾아 헤매고 있다. 그와 동시에, 우리는 우리에게 주어진 이 땅의 부모를 이해하려고 애쓴다. 그리고 우리가 살고 있는 시간과 우리 얼굴과 이름을 이해하려고 애쓴다.

다시 말해, 우리는 자신의 이야기를 이해하려고 애쓰고 있는 것이다.

익명의 어느 현자는 이렇게 말했다. "역경은 우리를 자신에게로 안내한다." 그리고 역경은 이루 헤아릴 수 없이 많은 형태로 다가온다. 암 진단으로 우리는 인간의 유한성에 직면하게 된다. 현실적인 죽음의 가능성은 신선함과 드라마를 창조해 내고, 대부분의 사람들을 각성시켜 자기 인생의 주된 플롯이라고 당연히 전제했던 자신의 이야기들을 수정하여 다시 쓰게 만든다. 자신과의 만남은 원치 않는 변화의 대격동과 함께 다가오기도 한다. 이런 비극은 현상 유지를 붕괴시키고, 온 관심과 초점을 장악한다. 이런 변화는 우리로 하여금 정말 말하고 싶었던 이야기를 쓰도록 휘몰아 간다. 종이와 잉크가 얼마 남지 않았기 때문이다.

심지어 그 비극적인 사건이 육체의 죽음과 무관한 경우에도,

샬롬, 즉 조화가 깨지면서 일종의 죽음의 형태를 띤다. 이혼은 죽음이다. 성적 학대는 죽음이다. 다른 사람의 배신, 실직, 부부간의 갈등, 자동차 사고, 질병, 의미나 희망이나 기쁨의 상실 등, 이 모든 것들은 죽음의 한 형태다. 성경에서 하나님은 반역이 죽음을 초래한다고 분명히 말씀하신다. 모든 비극적인 사건의 중심에는, 그리고 인간의 모든 내러티브의 핵심에는 죽음이 드리워져 있다.

죽음은 긴장을 유발하는데, 긴장이야말로 한 내러티브를 서술하는 데 가치를 부여하는 핵심 요소다. 긴장감 없는 플롯이란 무미건조한 글줄일 뿐, 오르막도 내리막도 생기도 없는 인생이다. 인생은 긴장감이 있기에 인생인 것이다. 심지어는 매일 텔레비전을 평균 4.2시간 동안 시청하는 중(重)시청자들도 다른 사람들의 이야기에 등장하는 비극과 긴장에 마음이 끌리는 것이다. 우리가 시트콤이나 통속 소설, 리얼리티 쇼, 가십거리 같은 데 그렇게 연연하는 것도 다 이런 이유 때문이다. 비극적인 사건과 긴장이 주는 전율과 불확실성과 열정이 우리에게 없다면 우리는 죽고 말 것이다.

긴장은 확실성과 불확실성 사이의 공백 안에 존재한다. 우리는 늘 아는 것으로 시작해서 알지 못하는 것에 불가항력적으로 이끌린다. 우리는 만성적으로 호기심이 많다. 우리는 성장하도록 되어 있으며, 모든 성장은 우리를 안락한 수준 너머로 잡아끈다. 안락은 긴장감이 없는 상태인 반면, 성장은 불편하고 힘든 상황 속에 들어갈 것을 요구한다. 우리는 모험을 원하지만, 위험을 감수하더라도 아무런 해를 입지 않을 것이라는 확신 없이는 못한다. 우리는 위험과 짜릿함을 원하지만, 게임이 끝날 때는 모든 것이 잘될 것이며 그렇지 않으면 전액 환불해 준다는 보증의 한도 내에서만 그렇다.

하지만 인생은 그렇지 않다. 안전한 위험이란 없다. 성공을 보장해 주는 성장은 없다. 그러므로 긴장이야말로 우리가 매일 호흡하는 수단이다.

당신 이야기의 비극

인생이 어떻게 되어 갈지를 당신이 아무리 잘 예견한다 해도 비극적인 사건이 일어날 가능성은 항상 도사리고 있다. 안전한 곳에서 자전거를 타던 아이도 음주 운전자의 차에 치여 곤두박질할 수 있는 것이다. 비극이 우리의 문지방을 넘어 들어오는 것은 불가피하다. 그것이 인생이다.

죽음의 경험을 변화시키거나 그것에 의미를 부여하려 할 때, 비극은 우리의 이야기에 움직임을 가져온다. 그렇지만 우리는 언제나 비극보다 큰 존재다. 우리 각자는 모두 독특하고 고유하다. 우리와 동일한 비극 속에서 고투하는 사람일지라도 우리는 그 사람과 이름도 얼굴도 체격도 다르다. 어떤 익사 사고에서 여학생 두 명이 똑같이 아버지를 여의었다고 하자. 둘 다 비극적인 일을 당했는데, 그렇다면 이 두 여학생이 겪는 슬픔은 같은 종류의 슬픔일까? 그리고 그 참담한 사건은 두 여학생 모두에게 상흔을 남길까? 두 질문에 대한 답은 '그렇다'는 것이다.

하지만 만약 한 여학생은 아버지한테 지속적으로 성추행을 당했고, 다른 여학생의 아버지는 자상하고 너그러운 분이었다면 어떻게 될까? 이야기는 언제나 우리에게 주어진 독특한 플롯의 영향을 받게 마련이다. 불가피한 인생의 고난에 연루되면서, 우리는 나름의 반응 유형을 개발하게 되는데, 이 유형은 결국 우리가 세상과 관계를 맺는 방식은 물론 세상이 우리와 관계를 맺는 방식의 주제가 된다.

성추행을 당했던 여학생이 아버지를 여읜 뒤에 보이는 유형은, 다른 사람들과 단절된 채 더 나은 새 생활을 꿈꾸며 사는 방식이 될 수 있다. 자신을 성추행한 아버지가 없어진 사실에 안심하면서도 엄청난 외로움을 느끼는데, 왜냐하면 그 아버지야말로 그녀를 쫓아다닌 유일한 사람이었기 때문이다. 그런 양가감정 속에서, 그리고 혹독한 현실에서의 도피의 일환으로 그녀는 위안과 의미와 희망을 얻고자 책으로 눈을 돌릴지도 모른다. 그리고 이 비극적인 사건과 씨름하는 동안 그녀는 자신의 인생을 특징짓는 특정한 반응 유형을 개발하게 될 것이다. 이를테면 고립, 내면적 성찰, 독서나 글쓰는 습관 같은 것 말이다.

이 여학생은 어른이 되어도 남편감을 대형 트럭 농성장 같은 데서 찾지는 않을 것이다. 또 그녀의 관심이 공학 쪽으로 기울 가능성도 희박해 보인다. 반응 유형에 따라 이야기의 주제가 형성되고, 그 주제들은 우리가 어떤 사람인지를 규정하기 시작하며, 또 그 규정은 종종 우리가 어떤 사람인지를 증명해 주는 새로운 경험을 창조한다.

우리 이야기를 이해하기 위해서는 우리에게 일어난 비극적인 사건들을 알아야 하며, 그럼으로써 현재의 긴장에 어떻게 대처하고 있는지도 살짝 엿볼 수 있을 것이다. 반복적인 반응 유형은 시간이 지나면서 삶의 주제가 되고, 이 주제들은 표면상으로 볼 때는 그저 개인의 선호나 갈망에 불과해 보이지만 사실은 어떤 구조를 부과한다. 나라는 존재는 온전히 스스로 형성된 것만도 아니고, 오롯이 나에게 일어났던 사건의 결과만도 아니다. 그러니 인생의 플롯을 읽어 내는 것이 그리도 힘들 수밖에 없는 것이다.

하지만 우리가 의미를 발견하는 곳은 바로 플롯에서다. 또한 인생의 궤도가 바라지 않는 방향으로 돌아갈 때, 우리 이야기를 다시 쓸 수 있는 부분도 플롯밖에 없다. 나는 비극적인 사건들을 바꿀 수 없고 내 이야기에 등장하는 인물들을 완전히 지워 버릴 수도 없지만, 새로운 플롯은 쓸 수 있다. 그렇게 하려면 인생의 비극적인 사건들을 새로운 유형으로 재구성해야 하며, 그럼으로써 내 인생의 공동 저자로서 그리고 내 미래의 편집자로서 내가 어떤 사람인지를 표시해 주는 새로운 혹은 추가적인 주제들을 개발해야 한다. 그렇게 함으로써 나는 긴장과 비극이 벌어지고 있는 현실 세계 안에 살면서도 더 폭넓은 이야기의 주인공이요 플롯을 전진시켜 가는 사람이 된다. 플롯을 아는 것은 플롯을 변화시키는 첫걸음이다.

당신이 쓰고 있는 결말은 어떤 내용인가?

이야기의 결말은 좋을 수도 있고 나쁠 수도 있다. 내 관심을 사로잡아 수백 페이지를 다 읽어 내려가게 한 탁월한 소설들도, 결말에 가서는 그 소설을 읽은 것을 후회하게 하기도 한다. 슬프게도, 많은 '좋은' 인생들 역시 그럴 수 있다. 잘 살면서 인류에게 봉사하고, 가족들을 돌아보며 정직한 삶을 꾸려 나가는 것만으로는 충분치 않다. 좋은 결말을 맺기 위해서는 도덕적인 면을 강조하거나 교훈을 주는 것 훨씬 이상이 요구된다. 또한 좋은 결말이란 흥미진진했던 플롯의 비극과 긴장감이 해소되는 것 이상이다.

꼭 편안하거나 상쾌한 결말이라야 좋은 결말은 아니다. 좋은 결말을 맺기 위해서는 이야기가 최고조로 풍부하게 펼쳐져야 한다. 이것은 후식과 그리 다르지 않다 할 것이다. 아주 훌륭한 요리를 근사하게 차린 식사에는 종종 굳이 필요치 않은 부분, 바로 후식이 이어진다. 때로 후식은 열량만 높을 뿐 영양가도 별로 없다. 다만 마무리요 마지막 탐닉일 뿐이다. 인생에서 좋은 결말이 그러하듯이. 결말이란 감각적인 법이고, 앞서 발생했던 모든 것들이 절정으로 풍부하게 펼쳐지는 자리다. 그리고 결말이란 누군가가 실제로 죽는 것과는 별 상관이 없음을 이해하는 것 또한 중요하다.

죽음이 결말은 아니다

우리는 모두 해야 할 일이 너무 많아 도저히 죽을 수 없다고 굳게 믿고 있다. 자식도 키워야 하고, 목표도 달성해야 하고, 전자 수첩에는 여러 약속들도 기록되어 있지 않은가. 누구나 자기의 죽음에 대해서는 본능적으로 저항하는 것이 분명하지만, 지금 내가 말하고자 하는 것은 '인생이 영원하지 않다는 사실을 직면하고 싶지 않다'는 태도 훨씬 이상의 것이다. 이보다 단연 더 어려운 문제는 '내 인생이 정말로 의미가 있는가?'라는 질문이다.

    죽음이라는 현실을 아무리 애써 피하려 해도, 나는 결국은 죽을 것임을 안다. 반면에, 나는 내 인생에 어떤 의미가 마땅히 담겨야 하는지 제대로 알고 있는가? 이런 질문들과 관련해서는, 그리스도인이야말로 함께 대화하기가 가장 힘든 사람들이다. 이들은 장차 천국이 있으며, 자기의 인생이 중요하다는 것을 알고 있다. 그런데 이 점을 너무 확신하다 보니 자기 인생의 의미에 대해 의구심을 가진다든지 질문을 던진다든지 하는 경우가 거의 없다. 결국 인생을 검토하지 않고 사는 것이다.

이들의 전제는 간단하다. 즉 선한 삶을 살고, 자식들을 사랑하며, 직장에서 최선을 다하고, 학부모회와 교회와 자녀들의 스포츠 활동을 열심히 후원하면 인생은 계속 잘되어 가리라는 생각이다. 하지만 이런 결말이 과연 하나님이 보시기에도 좋은 결말일까? 나쁜 결말은 아니지만, 진정으로 좋은 결말에 꼭 필요한 것 즉 열심과 희생, 열정과 피 흘림이 빠져 있다.

우리 각자는 결말에까지 이르는 자기 이야기를 쓸 책임이 있다. 잘 사는 것과 잘 쓰는 것의 차이점은, 잘 쓰기 위해서는 내 초안이 엉망이며 상당 부분 편집이 필요하다는 사실, 그리고 훨씬 더 큰 진솔함과 깊이와 열정이 요구된다는 사실을 직시하는 것이다. 하지만 아직도 대부분의 사람들에게는 잘 산다는 것이 그저 우리 문화의 기준에 맞추어서 최선을 다하는 것을 의미할 따름이다. 나는 그저 '좋은' 사람이 되는 차원을 훨씬 넘어서서 그런 의미를 향해 나아갈 마음 자세가 되어 있는가? 나는 내 인생의 진정한 의미를 끌어안고 절정으로 풍부하게 펼쳐지는 결말을 향해 나아갈 준비가 되었는가?

좋은 결말의 의미

내가 만나 본 사람들 중에는 훌륭하고 근사한 사람들이 수없이 많았지만, 그들 인생이 과연 가족과 친구를 넘어서는 중요한 의미가 있느냐고 물어보면 다들 코웃음을 쳤다. 그리고 좀더 압박을 가해 그들의 인생이 과연 환상적인 결말을 향해 나아가는 찬란한 이야기인지 물어보면, 아예 두 눈이 둥그레져서 경멸과 의심의 눈초리로 나를 쳐다본다. 그들은 하나님의 이야기라는 관점에서는 인생을 불충분하게 살고, 삶이 요구하는 불가피한 것들을 따라서는 최대한의 힘을 들여 살고 있다. 다시 말하자면, 상황이 그들의 이야기를 쓰도록 허용한다는 말이다. 그 과정에서 저자 되신 분의 자리는 비어 있다.

선하긴 하지만 검토되지 않은 인생은 책임감은 높은 반면에, 묘한 역설과 미묘한 우연의 일치, 흙으로서의 존재의 느낌을 마음껏 누리지 못하는 경향이 있다. 우리가 진흙이라는 사실을 기억하라. 아담의 이름이 괜히 '빨강'이 아니다.

그렇다면 인생을 위대한 이야기로 보고, 그 결말을 박진감 넘치며 인생을 바꿀 만한 획기적인 어떤 것으로 보는 건 어떨까? 내 인생은 하나의 연극이요 드라마이며, 최후의 대사는 앞서 일어난 모든 일을 종합하고 완성할 것이다. 나는 내 인생을 어떻게 살 것인지 결정한 대로 그 완결본을 쓰게 된다.

우리는 최초의 저자께서 우리를 위해 써 주신 주제에 부합하는 결말을 공동 저술하자는 부르심을 받았다. 우리는 펜을 들고 그분을 따라오라는 부르심을 받았다. 전능하신 저자께서 우리로 하여금 그 대화에 참여하게 하신 것은 엄청난 겸손이다. 그리고 그분은 우리가 이야기를 쓰기 바라실 뿐 아니라, 계속 써 나가도록 응원을 아끼지 않으신다. 그분은 쓰시고, 우리를 공동 저자로 인정하시며, 우리가 그분과 더불어 쓴 내용에 완전히 매혹되신다. 이렇게 놀라운 배려는 있을 수 없는 것이지만, 어쨌든 그렇게 하신다. 그러니 공동 저술에 믿음이 필요한 것도 당연하다.

내 이야기의 결말은 내가 어떤 목표, 즉 삶과 죽음을 좌우하는 최종점을 향해 어떻게 인생을 살아왔는가 하는 것이다. 만일 나 자신만을 위해 인생을 산다면, 내 이야기는 자기 탐닉만큼이나 무미건조해진다. 내가 아무리 말로 다 못할 수많은 모험을 뚫고 살아남았다 할지라도 말이다.

플롯이 단지 도덕이나 교훈만 드러내는 것이 아니라 하나님이라는 인격과 그분의 존재를 드러낼 때, 내 인생은 찬란한 베스트셀러가 된다. 그저 선할 뿐인 인생은 세상에 선이 존재한다는 사실 정도만 드러낼 뿐이다. 하지만 자신의 플롯과 등장인물들, 무대 배경과 대사 그리고 주제를 알고 있는 인생에는, 저자에 관해 뭔가 특별한 것을 드러내는 명쾌하고도 풍부한 열정이 있을 것이다. 자기의 이야기에 친숙한 인생은 하나님이라는 등장인물에 관해 많은 것을 드러낸다.

우리가 하나님의 영광을 위해 사역하고 회사나 가정, 기타 인간적 유산들을 세워 나가는 일에 하나님이 정말 그렇게 관심이 많으시다고는 생각지 않는다. 다만 우리가 하나님이 우리에게 부여하신 부르심대로 살아갈 때, 하나님의 영광이 자라 가는 것이다. 우리가 부르심을 잘 인식하고 목적에 따라 열정적으로 인생을 살 때, 우리는 하나님께 훨씬 더 큰 영광을 돌리게 된다. 그것이 바로 우리 이야기를 하나님과 공동 저술하는 방법이다.

하지만 도대체 부르심을 어떻게 알 수 있단 말인가? 나는 부르심이 항상 하나님이 각자에게 지어 주신 이름과 연관되어 있음을 보아 왔다. 그렇다면 이름은 또 어떻게 발견할 것인가? 우리 이름과 부르심을 알려면 이야기의 전체 윤곽과 등장인물, 비극적인 사건들과 플롯을 살펴보아야 한다. 우리 이야기를 읽어 나감에 따라, 하나님이 우리 인생과 결말을 위해 무엇을 준비해 두셨는지 알게 된다.

이야기를 읽어 내는 법을 배우기 위해서는 하나님과 더불어 우리 이야기의 공동 저자가 되는 책임을 감수해야만 한다. 또한 다음 장에서는, 어떤 일이 일어나게 될지를 알기 위해서 이미 쓰인 이야기를 읽는 법을 배우게 될 것이다. 우리는 우리가 속해 있는 이야기가 어떤 유형인지, 그 배경과 등장인물 그리고 그 이야기 속에서 우리가 감당하는 역할과 이름이 무엇인지 알아야 한다. 근본적으로, 내 이야기는 하나님이 내게 어떤 유의 이름을 주셨는지를 깨우쳐 준다.

나만의 이야기

각 장의 말미에는 자신의 이야기를 좀더 구체적으로 생각하는 데 도움이 될 만한 질문들을 실어 놓았다. 이 질문들은 이 책의 워크북에서 뽑은 것이다(이런 질문들을 좀더 보고 싶다면, 그리고 당신의 이야기를 쓰고 말하는 법에 관해 좀더 알고 싶다면 이 자료를 참조하라).

다음의 말을 마음에 새기고 당신의 인생에 대해 생각해 보라. '당신의 인생은 이야기로 구성되어 있으며, 각 이야기에는 시작과 중간 그리고 결말이 있다.' "결말이란 감각적인 법이고, 앞서 발생했던 모든 것들이 절정으로 풍부하게 펼쳐지는 자리다." 당신의 이야기가 만족스러운 결말로 끝났던 경우는 언제인가? 당신은 그렇게 만족스러운 결말로 이야기 하나가 끝날 때, 어떻게 축하하고 누리는가?

우리는 물질을 싫어한다. 우리 자신인 물질을…. 왜냐하면 우리는
물질일 수밖에 없는 운명이고, 익명의 물질은 곧 죽음이니까.
어쩌면 우리가 싫어하는 것은 물질이 아니라 **익명성**인지도 모른다.
운명적으로 타고난 익명성 즉 이름의 상실이야말로 우리가 어떤 값을
치르고서라도 억압하려 하는 대상이다.

__엘렌 식수

2   당신의 진짜 이름은 무엇인가?

오직 하나님만이 우리 이름을 알고 계신다

그것은 내 생애에서 가장 큰 규모의 강연이었다. 내가 어찌하여 그 교회의 리더십 컨퍼런스에 초청되었는지 지금도 그 이유를 알 수 없다. 강연장에는 청중이 7천 명이나 있었고, 그 외에도 3만여 명이 원격으로 그 강연을 시청하고 있었다.

컨퍼런스 전날 시카고에 도착한 아내와 나는 마음이 편안하고 담담했다. 나는 성품과 리더십의 상관 관계에 관해 강연할 예정이었다. 그렇다고 나 자신의 성품과 리더십에 자신이 있었던 것은 아니다. 오히려 그 반대였다. 나는 남들이 마다해서 할 수 없이 대학원 학장이 된 사람이라는 것을 스스로 너무 잘 알고 있었다. 우리 리더 그룹 안에서 그 자리에 앉겠다는 사람이 없었다. 학교 인가를 받으려면 신청서에 학장 이름이 들어가야만 했고, 결국 내 이름이 적히게 된 것이었다.

내가 리더십에 관한 강연을 하는 데 자신만만할 수 있었던 것은, 리더들이 얼마나 자주 일을 엉망으로 만드는지를 논할 예정이었기 때문이다. 나는 너무 자주 그리고 매우 자연스럽게 일을 그르치곤 했으므로 그 주제에 관한 강연은 식은 죽 먹기였다. 강연의 개요는 머릿속에 다 들어 있었고, 나는 내 호텔 방에서 일찌감치 잠자리에 들었다.

그런데 하나님이 새벽 1시쯤에 나를 깨우셨다. 전날 먹은 음식 때문이 아니라 하나님이 나를 깨우신 것임을 어떻게 알았을까? 그건 나도 모른다. 하지만 내면에서 "일어나라" 하는 목소리를 들었다. 나는 벌떡 일어나 침대에 똑바로 앉아 다음 말을 기다렸다. "네 강연의 개요는 틀려먹었다. 일어나서 바꿔." 하나님이 정말로 '틀려먹었다'라는 표현을 쓰셨는지는 나도 모르겠지만, 그것이 아니라면 완전히 내 무의식 속에 있던 말이었다.

상관없다. 어쨌든 나는 그 개요로는 부족하다는 것을 직감적으로 알았다. 왜 몇 주 전에 미리 알지 못했을까 하는 생각에 당황스러웠지만, 어쨌든 그 순간에라도 알게 되었으니 다행이었다. 나는 전등을 켜고 의자에 앉았다. '전 너무 피곤하고, 또 지금은 끔찍한 기분입니다. 제가 뭘 했으면 좋겠습니까?'라고 속으로 말하며 종이 한 장을 꺼내 뭔가를 적기 시작했다. 30분 만에 간단명료하면서도 설득력 있는 개요가 나왔다. 나는 다시 침대로 들어가 아기처럼 잠을 잤다.

하지만 늘 다음 날 아침이 문제다. 아내 베키와 나는 컨퍼런스 장소로 갔는데, 거기서는 내가 할 일을 생각할 짬이 별로 없었다. 내 왼쪽에는 그 교회의 담임 목사가, 오른쪽에는 아내가 앉아 있었다. 아주 강렬하고 황홀한 분위기였다. 음악은 환상적이었고, 강연장은 장관이었다. 담임 목사는 그날 아침의 주제를 소개했고, 나는 그 자리에 있다는 사실에 더할 나위 없이 감격스러웠다.

마지막으로 내 강연의 개요를 점검한 나는 안경을 머리 위로 올려 걸쳤다. 물론 안경을 벗어서 주머니에 넣을 요량이었으나, 그렇게 하기도 전에 내 이름을 부르는 소리가 들리고 제작진 중 한 명이 내 어깨를 치는 것이 느껴졌다. 나는 즉각 연단으로 걸어 나가는 길밖에 선택의 여지가 없었다.

내가 여기서 뭘 하고 있는 거지? 나는 수천 명의 청중을 쳐다보며 이런 생각을 했다. '저들은 내가 이 자리에 설 권리가 없다는 걸 너무 잘 알고 있어.' 내가 너무 과장한다고 생각할지도 모르겠지만, 나는 실제로 그 순간에 많은 청중이 그런 느낌을 갖고 있었다는 사실을 이후에 알게 되었다. 그로부터 거의 1년쯤 지났을 때 한 목사님이 내게 말씀해 주셨다. 내가 안경을 머리 위에 걸치고 오른쪽 바짓가랑이가 신발에 쑤셔박힌 채 발을 질질 끌며 연단으로 걸어 나갈 때, 그분은 같이 온 사람에게 이렇게 말했다고 한다. "저 사람 당첨이다. 내가 이겼어."

그 말은 칭찬의 의미가 아니었다. 그분과 친구들은 매년 컨퍼런스에서 강연할 열 명의 강연자들 중에 그 능력이 가장 의심스러운 사람 한 명을 뽑는다. 그 교회는 최고 중의 최고만 초청하지만, 청중이 볼 때 기준 미달인 사람이 해마다 한 명씩은 있다는 것이다. 그리고 이들은 해마다 가장 능력 부족으로 의심되는 사람에게 내기를 걸었던 것이다.

이 목사님은 나를 찍었고, 자기가 확실한 당첨자(이 경우에는 탈락자라고 해야겠지만)를 골랐다며 자신만만해했다.

물론 나는 그를 실망시켰다. 내 강연은 술술 풀려 나갔고, 내가 자리에 앉자 청중은 열렬한 기립 박수를 보냈다. 나는 놀라서 말이 안 나왔다. 담임 목사는 내 팔을 툭툭 치면서 탁월했다고 말했다. 그분의 칭찬에 전율이 느껴질 정도였지만, 나에게 정말 중요한 청중인 아내에게서도 뭔가 들어야 할 말이 있었다.

아내의 얼굴을 본 순간, 나는 겁에 질리고 말았다. 박수 갈채는 우레와 같이 들려오는데, 아내의 얼굴은 전혀 못 믿겠다는 표정이었다. 아내는 너무 놀라서 어리둥절해 있었다. 처음에 나는 내가 너무 잘해서 아내가 충격을 받았나 생각했다. 내 목소리가 약간 불안정하게 튀어나왔다. "나 괜찮았어요?" 아내는 자기 말이 잘 들리게 몸을 앞으로 굽히며 말했다. "당신, 그렇게까지 유대인처럼 생겼는지 몰랐어요." 나는 한 마디 한 마디를 다 들었지만, 아내가 무슨 말을 하는 건지 이해할 수가 없었다. 그래서 큰 소리로 물었다. "뭐라고? 뭐라고 말했어요, 당신?" 아내가 다시 말했다. "당신이 그렇게 유대인처럼 보이는지 전혀 몰랐다고요. 그리고, 당신 정말 훌륭했어요."

'아내가 정신이 나갔군' 하고 나는 생각했다. 하지만 내가 몰랐던 사실은, 하나님이 지구를 조성하신 그때부터 이 순간을 이미 계획하셨다는 사실이었다. 하나님은 내 아내의 이야기를 쓰실 때, 바로 그 순간에 성령의 인도를 따라 나에게 그렇게 말하도록 하신 것이다. 방식은 묘하지만, 아내는 그 이상한 발언으로 나를 축복한 것이다. 내 이름과 내 이야기가 살아 움직이고 능력으로 충만하고 축복 받았다고 느꼈던 그 순간에, 아내는 자기가 나를 완전히 알고 있지 못하다는 사실을 무의식 중에 일깨워 준 것이다. 그리고 이 지구상에서 나를 가장 많이 알고 있는 사람이 내 얼굴을 완전히 알아보지 못한다면, 나는 내 얼굴을 알아보고 있는가? 나는 내 이름과 내 이야기를 알고 있는가? 나는 내 아버지를 알고 있는가? 그 황홀한 순간에 아내는 나를 이름 없는 자로 만들어 버렸고, 어쩌면 자기도 모르는 사이에 장차 내 것이 될 이름을 좀더 잘 들을 수 있게 해 준 것인지도 모른다. 이 땅에서 내 이야기가 끝날 때 하나님이 나에게 주실 그 이름을 말이다.

이름의 힘

이름은 우리의 정체성이다. 이름이 가진 음운과 소리는 우리가 듣게 될 그 어떤 말이나 소리보다도 우리에게 더 많은 것을 의미할 수 있다. 데일 카네기는, 대화 중에 상대방의 이름을 최소한 세 번은 말함으로써 친구를 얻고 사람들에게 영향력을 끼칠 수 있는 방법을 가르쳐 주면서 수백만 달러짜리 사업을 일구었다. 사람들은 이름을 불러 주는 것을 좋아한다. 어느 유명한 텔레비전 시트콤은 그 프로그램에 썼던 무대 세팅과 부지를 다음의 문구와 함께 팔아넘겼다. "당신은 모든 사람이 당신 이름을 알아주는 곳에 가고 싶어 합니다." 당신이 그러하듯이, 나도 주목받고 유명해지고 사람들의 기쁨이 되길 원한다. 우리는 강력한 이름을 원한다.

고대 근동 지방에서는 사람의 이름에 의미가 있었고, 그 이름에 걸맞게 살거나 이름의 부정적 측면을 극복하며 살아갈 미래가 내포되어 있었다.[1] 이름 속에는 일련의 기대치가 들어 있었고, 이것은 그 사람이 가정과 세상 속에서 차지하는 위치를 결정하곤 했다. 오늘날은 부모가 먼저 아이를 관찰한 후에 그 아이에게 어울리는 이름을 지어 주는 일이 드물다. 우리는 그저 조상의 이름을 그대로 물려받거나 듣기 좋고 우리가 좋아하는 의미를 담은 이름을 고른다. 하지만 히브리식 작명은 이와 전혀 반대다. 그들은 그 아이만의 고유한 소명과 성품이 반영된 이름을 골랐다.

많은 성경의 인물들이 인생의 후반부에 다른 이름을 갖게 된 것도 바로 이런 이유 때문이다. 야곱은 자기 이름이 이스라엘로 바뀌었을 때 정말 감사했을 것이다. 야곱이라는 이름은 오늘날의 야바위꾼, 밥맛없는 사람, 카드 사기꾼 같은 존재를 의미하니까. 야곱은 태어날 때부터 형의 발꿈치를 잡고 늘어질 사람이며, 자기의 이익을 위해서라면 무슨 수를 써서라도 세상을 조작할 사람으로 여겨졌다. 하나님과 맞붙어 자기 목숨과 축복을 보장받은 이후에, 하나님은 그의 이름을 이스라엘이라고 다시 지어 주셨는데, 이 이름은 '하나님과 씨름한 자'라는 의미다.[2] 이 예에서 보듯이, 이름은 우리를 공동체 속에 동참시키고 정체성을 부여하며 장차 어떤 소명을 가지게 될지를 표시해 준다.

  내 이름은 댄이다. 이 이름의 어원적인 의미에는 지혜로운 심판이라는 뜻이 들어 있다. 이 이름에는 또한 '교활하다' 혹은 '뱀과 같다'는 의미도 들어 있다. 나는 이 사실을 최근까지도 몰랐는데, 이미 수십 년 전에 신학대학원 친구가 나에게 '나하쉬'(Nahash)라는 이름을 붙여 준 적이 있다. 그 이름은 히브리어로 '뱀'을 의미한다. 이 별명을 얻게 된 내력은 이렇다. 당시 아내가 음식점에서 일하고 있었는데, 그 음식점 주인은 자기 점심을 먹지 않고 집으로 가져가도 좋다고 허락해 주었다. 그러면 다음 날 나는 아내가 가져온 그 점심을 먹었는데, 스테이크며 근사한 루벤 샌드위치, 두툼한 칠면조와 크랜베리 소스를 맛나게 먹곤 했다. 내 친구는 대학원생들의 전형적인 식사인 차가운 고기 조각이나 땅콩 버터를 먹었다. 당시 그 친구는 내가 과거에 어떤 법적인 사건에 연루되었는지 모르는 상태였다. 그 친구가 내게 지어 준 별명이 얼마나 정확한 것인지 그 자신은 몰랐지만, 그의 분별력을 익히 알고 있던 나로서는 나하쉬라는 별명이 나라는 사람을 매우 잘 설명해 주고 있다는 사실이 전혀 놀랍지 않았다.

두 이름 사이에서

그렇게 이름이 바뀌는 사건은 우리도 언젠가 완전히 새로운 이름을 받을 날이 있음을 시사한다. 성경은 하나님을 추구하는 자들은 언젠가 새로운 이름을 받게 될 것이라고 말한다. "이기는 사람에게는 내가, 감추어 둔 만나를 주겠고, 흰 돌도 주겠다. 그 돌에는 새 이름이 적혀 있는데, 그 돌을 받는 사람밖에는 아무도 그것을 알지 못한다."[3] 내가 하나님 앞에 서는 날, 온유하고 상상을 초월할 정도로 친밀한 그 순간에 나는 새로운 이름을 받을 것이다. 지극히 높으신 하나님 외에는 아무도 그 이름을 발설하지 않을 것이다. 내 거룩한 연인 외에는 누구도 그 이름을 내게 속삭이지 않을 것이다. 그 이름만 들을 수 있다면, 칠흑 같은 쓰라림과 거대한 불확실성 속에서 살지라도 우리의 인생은 잘 살아 낼 가치가 있다.

이 구절은 또한 우리가 둘 사이에 끼인 세상에서 살고 있다는 사실을 일깨워 준다. 우리는 두 이름 사이에 끼여 있다. 현재의 이름은 알고 있지만, 새로운 이름이 무엇일지는 모른다. 인생에서 가장 서글픈 사실은, 우리들 대부분이(깊은 영성을 소유한 많은 사람들을 포함해서) 우리의 진정한 이름을 아직은 모르고 있다는 사실을 망각하는 것이다. 그 망각의 결과 우리는 한 가지 진리를 놓치고 있다. 우리는 하나님이 우리를 위해 쓰고 계신 이야기를 살아 내고 있으며, 그럼으로써 우리를 위해 지어 두신 이름을 찾아가는 여정 중에 있다는 진리 말이다.

역설적이게도, 우리는 이미 받았으나 아직 알지 못하는 그 무엇을 찾아 앞으로 나아가고 있다. 비록 성경이나 '이미, 그러나 아직'이라는 용어를 모른다 하더라도, 우리 인간은 누구나 현재 자신의 모습과 앞으로 될 모습 사이에 끼여 있는 긴장을 경험한다. 새로운 인간이 되기를 고대한다는 것은, 엄청난 소망과 동시에 두려움을 붙잡는 것이다. 이 현실을 오랫동안 지탱하는 것은 너무 두렵고, 철저히 낯설고 불가능하기 때문에, 우리는 그것을 망각하고 '적당한 삶'이라는 관습 속으로 도피한다. 목표를 이름에 두지 않고 적당한 것에 두는 것이다.

'모레스'(mores)라는 단어는 라틴어로 '관습'을 의미하는데, 여기서 도덕(mor-ality)이라는 단어가 나왔다. 우리는 너무 튀거나 이상하게 보이거나 거부감을 주지 않기 위해, 즉 적당히 어울리기 위해 공동체가 요구하는 도덕을 그럭저럭 감수한다. 그리고 하늘을 쳐다보노라면 문득 떠오르는 인생의 질문들을 피해 평온한 모조 인생 속에서 한숨을 돌린다. 우리는 세상의 규범 속에서 우리에게 어울리는 듯한 이름을 발견하지만, 사실 교회 지체나 가족 혹은 친구나 직장 동료들이 불러 주는 이름이 장차 받을 가장 진정한 이름이 아니라는 것을 직관적으로 알고 있다. 그리고 최소한 그렇기를 소망한다.

큰 업적을 이룬 어느 회사 최고경영자의 증언을 들어 보면, 경영 게임에서 길을 잃고 자기의 길마저 잃어버리기가 얼마나 쉬운지 잘 알 수 있다. 그는 이름을 얻었지만, 그 이름은 결국 그만의 독특한 노정을 앗아 가 버렸다. 그는 이렇게 말했다. "퇴근길에 갑자기 이런 생각이 불쑥 떠올랐습니다. 내가 하니웰이라는 회사를 변화시킨 점보다 하니웰이 나를 변화시킨 점이 더 많다는 생각이었죠. 내가 세운 것도 없고, 창안한 것도 없었습니다. 물론 회사를 이끌고는 있었지만 그렇게 이끌고 가는 길이 어디로 향하고 있는 건지 더 이상 알 수가 없었습니다. 나 역시 점점 그 게임에 갇히고 있다는 걸 깨달았지요."[4]

이 사람은 기업의 전사였으며, 그의 삶은 그가 입는 옷과 그가 받는 대접으로 규정되고 있었다. 그는 진정한 자신을 포기하고 회사의 문화에 걸맞은 가면을 썼다. 성공은 오히려 파멸을 가져왔으며, 그는 이 사실을 철저히 절감했다. "세상은 얻었지만, 내 영혼은 상실했습니다."

그는 하니웰을 떠나 그보다 작은 회사의 최고경영자가 되었다. 퇴근길에 그런 생각이 그의 뇌리를 '강타'하지 않았더라면, 그런 이직은 하지 않았을 것이다. 때로는 우리가 속한 세상이 갈가리 찢어질 때, 우리 이야기가 더 쉽게 드러나고 이름이 더 분명하게 들리는 경우가 있다.

우리를 흔들어 깨워 우리가 자고 있다는 사실을 알려 줄 무엇인가가 필요하다. 그리고 그렇게 우리를 깨우는 것은 대체로, 발걸음을 인도하던 관습과 멋진 인생을 장담하던 약속이 한낱 환상에 불과하다는 사실에 노출되는 순간이다. 그동안 내 인생이 아닌 다른 사람의 인생을 살았다는 엄연한 현실이 머리를 쾅 내리치는 것이다. 바로 그 시간부터 우리 이야기의 여정이 시작된다. 우리에게 주어진 이름이 가장 진실한 이름이 아니라는 사실을 깨닫게 되는 순간부터 말이다.

자신이 걸어야 할 길과 살아 내야 할 사명을 확신하고 있을 때조차, 우리 영혼의 통증은 아직은 들려오지 않는 이름을 속삭여 주는 실마리와 신호들을 좀더 얻으려고 눈을 크게 뜰 수밖에 없게 한다. 우리 드라마는 두 가지 면을 포함해야 한다. 어쩌다가 우리 길과 이름을 잃어버렸는지, 그리고 우리 저자요 작명가이신 분의 목소리를 들으려고 얼마나 좌충우돌하며 걸어왔는지를 말이다. 우리는 종종 가족 안에서 얻은 이야기와 이름 때문에 길과 이름을 잃어버리는 경우가 많다.

아버지와 어머니의 이름으로

나는 태어난 순간에는 댄 알렌더가 아니라 댄 프라이스였다. 우리 아버지의 성(姓) 프라이스는 독일계 유대인의 성인 프라이스를 바꾼 것일 가능성이 많다. 우리 친척들은 미국의 주류 백인 사회에 쉽게 섞이기 원했기 때문에, 그분들 생각에는 원래 성이 너무 유대적으로 들렸을 것이다. 나는 어머니한테서 가끔씩 들은 이야기 외에는 아무런 기억도 나지 않는 첫 4년 동안만 이 성을 사용했다. 태어나서 4년 동안 일어난 일들을 기억하고 있는 사람은 별로 없다. 가끔 흐릿한 영상이나 장면들이 떠오르긴 하지만, 그때의 사고 형태는 순서를 갖춘 내러티브 형식이 아니기 때문에 그런 영상들도 이야기 형식으로 기억하지는 못한다.

우리는 다만 누군가에게 들은 이야기, 가족 사진을 통해 알게 된 사실들을 기억할 뿐이다. 그렇게 들은 이야기들은 정지 화면이요, 가족의 신화들이다. 그것들은 사실일 수도 있고, 자녀들이 가족의 내러티브 속에 자기 이야기를 짜 맞추도록 잘 간직해 온 허구일 수도 있다.

내 친구는 자기가 아주 어렸을 적 이야기를 들었는데, 태어날 때부터 화를 잘 내고 징징대는 아기였다고 한다. 집안에서 그는 누나 셋을 둔 막내였다. 누나들은 그를 애지중지했으며, 자연스럽게 그는 누나들과 엄마의 애정 싸움의 대상이 되었다. 그의 아버지는 딸들을 아꼈지만, 어머니는 딸들을 별로 좋아하지 않았다. 따라서 그 엄마는 자기만 아들을 달랠 수 있는 사람이 되려고 아들에게 '문제 덩어리'라는 별명을 붙여 주었다.

화 잘 내고 우울한 아이라는 이름은 32년 동안의 그의 인생 전반에 흔적을 남겼다. 그는 변덕스러웠다. 그는 심미적이고 감수성이 예민했으며, 그를 이해할 수 있는 사람은 오직 그의 어머니밖에 없다고 사람들은 말했다. 그와 어머니의 관계는 어색한 친밀함과 멸시, 그러면서도 없으면 안 되는 관계였다. 그는 가족의 이야기 속에서 그가 차지하는 자리에 맞게 이름이 붙여졌다. 그리고 우리 모두가 다 그렇다.

가족이라고 해서 아들에게 그런 이름을 붙인 이 어머니처럼 늘 해로운 것은 아니다. 이 어머니의 폭력적인 행동은 의식적이거나 악한 것은 아니지만 현명하지 못하고 자기 방어적이었다. 그녀는 어머니와 아버지 때부터 시작된 자기의 이야기를 살아 낸 것이며, 그 부모님의 이야기 또한 당연히 그들의 가족이 시작한 것이다.

우리는 여러 이야기로 합성된 콜라주다. 그 이야기들 대부분은 말로 전해지면서 소실되고, 우리가 알고 있는 것들도 별로 도움이 되지 않는 이야기인 경우가 많다. 왜냐하면 종종 그 이야기들은 훨씬 시사하는 바가 큰 가슴 아프고 수치스러운 가족사를 감추거나 얼버무리는 데 사용되기 때문이다. 어떤 가족이든 감추고 싶은 사실이 있게 마련이다. 어떤 집안이든 불륜을 저지른 사촌, 술고래 이모, 괴팍한 삼촌, 게으른 형제, 험담 잘하는 자매, 평판이 별로 좋지 않은 아버지가 있다. 그러니 같이 웃고 넘어갈 수 있는 이야기면 다행이다. 혹여 그런 이야기에 꼬투리라도 잡을라 치면, 더 이상은 말 안하는 게 좋다는 것을 알고 있는 가족에게 입 다물라는 조용한 신호나 눈총을 받게 된다.

그래서 우리는 다른 사람이 우리에 대해서 알아도 괜찮다 싶은 방식으로만 들어 온 이야기들 속에서 자란다. 대부분의 가정에서 들을 수 있는 이야기들은 일종의 선전인 셈이다. 그런데 슬픈 사실은 이런 이야기들이 그저 조작된 허위 정보인 경우가 많다는 점이다. '화 잘 내고 우울한 아이'라는 잘못된 이름이 붙었던 내 친구처럼 말이다. 그가 그 이름이 하나님께 받은 이름과는 전혀 다르다는 사실을 깨닫기까지는 무려 30년의 세월이 걸렸다. 하지만 가족들은 그 결과를 전혀 모른 채 이름을 지어 준다. 그러므로 우리 인생은 진정한 이름을 찾아 나서는 여정이다. 슬프게도 그 여정을 아예 시작조차 하지 않는 사람들도 많지만 말이다.

대부분의 사람들은 자신이 어디로 왜 가고 있는지 생각해 볼 겨를조차 없이 바쁘게 살아간다. 마찬가지 이유로, 우리 대부분은 우리 이야기의 주제를 전혀 생각해 본 적이 없거나, 이름의 의미를 곰곰이 짚어 본 적이 없다. 그런 건 왠지 난해하고 자아 집착이나 속절없는 시간 낭비로 보인다.

자신의 이야기를 연구하는 것은 인생에서 가장 어려운 작업 중 하나다. 어떻게 자기의 이름을 알아듣고 이름을 지을 수 있단 말인가? 어떻게 자기 이야기를 읽고 계속 써 나갈 수 있단 말인가? 어떻게 이미 일어난 일들을 토대로 해서 앞으로 될 모습을 감지할 수 있단 말인가?

우리는 이야기 속에 파묻힌 존재들이지만, 인생의 의미를 발견하는 데 가장 훌륭한 도구는 바로 이야기를 읽고 해석하는 일이다. 우리 이야기는 인생에서 셀 수 없이 많은 여러 순간들에 여러 원천을 통해 알게 된 이야기까지 합해져서 형성된 것이다. 그리스도인의 경우 첫째가는 원천은 바로 성경이다.

이야기가 중요하다는 개념은 일종의 신학적 차원에서는 이해가 되겠지만, 이야기의 궤적을 연구하기 위해서 자신의 이야기를 들여다본다는 것이 불가능해 보일 수도 있다. 우리가 위험을 감수하기를 원치 않는 것에도 일부 문제는 있지만 말이다. 그 외에 또 다른 문제는, 시간이 흐르면서 모든 이야기들이 기억 속에서 뒤섞여 버린다는 점이다. 따라서 우리 이야기를 탐구하기에 앞서, 이야기의 배경과 전후 상황을 먼저 이해할 필요가 있다.

그 목표를 위해, 즉 인생 이야기를 탐구하기 위해서는 이야기가 어떻게 구성되고 조직되는지 생각해 보아야 한다. 그것을 위해 우선 내 이름―그리고 당신의 이름―에 관해 이미 들었던 이야기를 살펴보도록 하자.

나만의 이야기

당신은 훗날 하나님이 당신에게 지어 줄 이름이 무엇일지 어렴풋이 짐작이 가는가? 당신이 영혼의 어두운 밤을 헤맬 때, 당신의 이름은 무엇일 거라고 생각되는가? 또 신바람 나는 희망에 차 있을 때는 어떤 이름을 받았으면 좋겠다고 생각하는가?

어떤 인생 이야기에서 허점을 발견하게 되는 가장 확실한 경우는,
적정 수준의 낙천성과 불굴의 의지를 품고 인생을 살기 위해
꼭 필요한 목적 의식과 확신이 결여되어 있는 경우다.
실패한 이야기는, 정말 살아갈 가치가 있는 중요한 인생이라고 느끼는
그런 인생을 살도록 자극하지 못한다.

_대니얼 테일러

3 좋은 이야기의 요건은 무엇인가?

자신의 비극을 제대로 읽어 내는 비결

훌륭한 이야기에는 공통점이 있다. 물론 이야기의 플롯이나 결말이 마음에 안 들 수 있고 몇몇 등장인물은 경멸스러울 수도 있지만, 그래도 그 이야기가 인상적이고 감동 깊다는 사실을 수긍하지 않을 수 없는 이야기들이 있는 것이다.

수천 년 전에 살았던 한 전설적인 아버지를 생각해 보자. 그 이름이 세계의 전략적 요충지에서 일어나는 폭력과 난동 기사에 줄곧 등장한 사람 말이다. 하나님과 맞붙어 씨름을 하고, 살아가면서 그것을 이야기로 남긴 사람. 자기 열두 아들에게 이름을 지어 주고 그들을 제각각 다르게 대우했으며, 그렇게 아들들에게 이름을 지어 준 것 때문에 엄청난 결과를 맛보아야 했던 한 남자 말이다. 그가 바로 나중에 이스라엘이라는 새로운 이름을 얻은 야곱으로서, 하나님은 그의 이야기를 이렇게 쓰셨다.

이스라엘은 늘그막에 요셉을 얻었으므로, 다른 아들들보다 요셉을 더 사랑하여서, 그에게 화려한 옷을 지어서 입혔다. 형들은 아버지가 그를 자기들보다 더 사랑하는 것을 보고서 요셉을 미워하며, 그에게 말 한 마디도 다정스럽게 하는 법이 없었다. 한번은 요셉이 꿈을 꾸고서 그것을 형들에게 말한 일이 있는데, 그 일이 있은 뒤로부터 형들은 그를 더욱더 미워하였다.…

그런데 그의 형들은 멀리서 그를 알아보고서, 그를 죽여 버리려고, 그가 그들에게 가까이 오기 전에 음모를 꾸몄다. 그들은 서로 마주 보면서 말하였다. "야, 저기 꿈꾸는 녀석이 온다. 자, 저 녀석을 죽여서 아무 구덩이에나 던져 넣고, 사나운 들짐승이 잡아먹었다고 하자. 그리고 그 녀석의 꿈이 어떻게 되나 보자."…

요셉이 형들에게로 오자, 그들은 그의 옷 곧 그가 입은 화려한 옷을 벗기고, 그를 들어서 구덩이에 던졌다. 그 구덩이는 비어 있고, 그 안에는 물이 없었다. 그들이 앉아서 밥을 먹고 있는데, 고개를 들고 보니 마침 이스마엘 상인 한 떼가 길르앗으로부터 오는 것이 눈에 띄었다. 낙타에다 향품과 유향과 몰약을 싣고, 이집트로 내려가는 길이었다. 유다가 형제들에게 말하였다. "우리가 동생을 죽이고 그 아이의 피를 덮는다고 해서, 우리가 얻는 것이 무엇이냐? 자, 우리는 그 아이에게 손을 대지는 말고, 차라리 그 아이를 이스마엘 사람들에게 팔아넘기자. 아무래도 그 아이는 우리의 형제요, 우리의 피붙이이다." 형제들은 유다의 말을 따르기로 하였다. 그래서 미디안 상인들이 지나갈 때에, 형제들이 요셉을 구덩이에서 꺼내어, 이스마엘 사람들에게 은 스무 냥에 팔았다. 그들은 그를 이집트로 데리고 갔다.[1]

당신의 가정과 세계는 상당히 '정상적'이고 비교적 편안할지도 모르겠으나, 성경에 나오는 가정들은 대부분 그렇지 못하다. 당신의 인생에는 명백한 비극의 파편이 별로 없을지 모르지만, 성경 이야기들은 어리석음과 질투, 광기로 얼룩진 곰보투성이고, 그래서 읽을 만하다. '정상적'이고 예측 가능한 삶은 우리의 관심을 그리 끌지 못한다. 큰 장애물이 등장해야 그 이야기에 푹 빠지게 된다. 그리고 요셉과 그 형들의 이야기야말로 '정상적'인 이야기와는 거리가 멀다.

할리우드의 시나리오 작가 중에 로버트 맥키라는 작가가 있는데, 그의 후학 중에는 〈포레스트 검프〉, 〈에린 브로코비치〉, 〈칼라 퍼플〉과 같은 유명한 영화를 쓰고 감독하고 제작한 사람들도 있다. 이야기란 무엇인지 설명해 달라는 말에 그는 다음과 같이 대답했다.

본질적으로 보자면, 이야기란 인생이 어떻게, 왜 변하는지를 표현한다. 시작은 비교적 균형 잡힌 인생을 사는 상황으로 설정된다. 하루하루 출근을 하고, 모든 게 다 평온하다. 우리는 이야기가 계속 그런 식으로 진행될 거라고 예상한다. 하지만 그러다가 어떤 사건이 발생한다. 시나리오 세계에서는 이런 사건을 '자극적 사건'이라고 부르는데, 이것이 삶을 혼란 속으로 내몬다. 새로 취직을 했다거나, 상관이 심장마비로 죽었다거나 또는 중요한 고객이 거래처를 옮기겠다고 으름장을 놓는다거나 하는 사건들이 그런 것이다. 이야기는 계속되어, 주인공이 다시금 평온을 되찾으려고 안간힘을 쓰는 과정에서 그의 주관적인 기대가 비협조적인 객관적 현실과 어떻게 충돌하는지를 그려 나간다. 훌륭한 이야기꾼이란 이 두 힘이 서로 상충하는 모습을 잘 엮어 나가는 사람이다. 그는 주인공이 점점 더 고민하고, 얼마 안 되는 자원을 가지고 애쓰며, 어려운 결단을 하고, 위험을 감수하면서 행동을 취하고, 그리하여 궁극적으로는 진실을 찾아내는 모습을 그려 낸다. 고대 그리스에서부터 셰익스피어를 거쳐 오늘에 이르기까지, 모든 훌륭한 이야기꾼들은 이렇게 주관적 기대치와 냉혹한 현실 간의 근본적인 갈등을 다루어 왔다.[2]

훌륭한 이야기는 갈망('주관적 기대치')과 비극('냉혹한 현실')이 교차되는 지점에 관한 이야기다. 갈망이 현실과 정면으로 부딪칠 때 이야기는 시작된다. 때로 현실은 비인격적이다. 마치 버스를 타고 성경 학교 캠프에 가던 아이들 아홉 명을 몰살시킨 급작스런 홍수처럼 말이다. 하지만 어떤 때는 그 냉혹함이 인간적 의지에 기인한 경우도 있다. 질투심 많은 형제들, 한 아들만 유난히 편애한 현명치 못한 아버지 그리고 도가 지나치게 자기의 꿈과 욕구들을 떠벌리고 다닌 말 많고 영특한 어린 남동생의 경우처럼 말이다. 좋은 이야기는 비극, 즉 '자극적 사건'을 요구한다. 그리고 자극적 사건들은 늘 그 이야기가 무엇을 말하고자 하는지 듣고 싶어 하는 우리의 욕망을 더욱 부채질할 것이다. 그 사건이 우리 이야기 속에 발생하지 않는 한에서는 말이다. 때로 그런 사건이 우리 인생에서 일어나면, 우리는 이야기가 매듭지어지고 문제가 신속히 해결되기를 바란다. 우리는 어떤 이야기가 다른 사람들에게 발생하는 한에서만 그 이야기를 좋아한다.

이야기는 해답을 주지는 않지만 시각은 제시한다. 인생의 다양한 유형을 들여다볼 수 있는 창을 제공하는 것이다. 그 창을 통해 들여다보노라면 좀더 흥미진진한 이야기들을 보게 되고, 결국은 좀더 깊이 있는 지혜를 얻게 된다. 궁극적으로 지혜는 무슨 공식이나 결론이 아니라, 세상에서 존재하는 방식이며 우리를 좀더 진실하고 아름다운 선으로 이끌어 주는 것이다. 이야기에 매혹되는 이유도 그 속에 이런 좋은 것이 감추어져 있다는 것을 감지하기 때문이다.

우리는 이야기를 듣거나 읽으면서 그 이야기가 우리를 어디로 이끌어 가는지를 감지하고, 어느 시점에서는 예상을 뒤엎는 무엇인가가 발생할 것도 알고 있다. 그러면서 우리는 이야기가 다음에는 우리를 어디로 데려갈지 기다리며 지켜본다. 의외의 사건이든 예상한 사건이든 새로운 사건들이 나타남에 따라, 우리는 추측을 덧붙이고 방향에 대해 예측했던 가정들을 재조정한다. 이런 식으로, 우리는 결코 이야기를 수동적으로 받아들이기만 하지 않는다. 이야기를 읽고 플롯이 어떻게 전개되어 나갈지 자못 기대하는 이런 자세는, 저자와 함께 글을 써 나가는 형태다. 그것은 우리 자신의 이야기에 대해서도 별로 다르지 않다.

결국 이야기란 독자를 어떤 여정으로 이끌어 가는 공통적인 구조를 따르는 경향이 있다. 저자가 그 구조를 어떻게 구축해 나가는지를 주의 깊게 살펴본다면, 우리가 읽고 있는 이야기가 어떤 유의 이야기인지, 그리고 우리가 접하게 될 의미는 어떤 것들인지를 감지할 것이다. 성경이 창조에서 타락으로 그리고 수천 년에 걸친 구속의 과정을 통해 결말로 움직여 가는 것과 마찬가지로, 모든 이야기는 샬롬에서 파탄으로 그리고 일시적이나마 만족스러운 결말을 찾아가는 과정으로 움직인다. 그리고 각 부분은 나름의 독특한 분위기와 내용을 가지고 이야기 속에서 이야기를 들려준다.

샬롬

이야기는 평화로운 삶으로 시작된다. 그런 샬롬은 단순히 긴장의 결여 또는 완전한 즐거움의 상태가 아니다. 그것은 이질적인 부분들이 각 부분의 총합보다 더 큰 일치를 이루면서 한데 어우러질 때 나타나는 내적·외적인 깊은 조화의 상태다. 그것은 더할 나위 없이 훌륭한 합창과도 같다. 도 대항 합창 대회에서 잘 해야겠다는 긴장감과 열망이 고조되면, 합창 단원 개개인은 완전히 몰입하여 열과 성을 다해 노래를 부르고, 그것이 지휘자를 포함한 전체를 고무하여 노래는 더 높은 수준에 도달한다. 합창이 마무리 단계에 이르면 화음은 더욱 고조되어 그 합창단이 지금까지 도달했던 차원 너머까지 다다르게 된다. 그것은 샬롬의 충만함과 아름다움을 맛보는 경험이다.

때로 샬롬은 평온하고 순수한 순간에 찾아온다. 나는 바로 앞 단락을 쓰면서 8개월 된 아기가 엄마 무릎 위에 서서 엄마의 눈을 빤히 들여다보는 모습을 지켜보았다. 아기는 손으로 엄마의 뺨을 어루만지고, 아기가 엄마에게 옹알거리자 엄마도 같은 어조로 되받아 옹알거린다. 나는 글쓰기를 멈추고 그들을 빤히 쳐다보았다. 엄마와 딸이 함께 노는 그 순수하고 달콤한 순간은 매혹적이었다. 그런 샬롬은 우리를 고무시키는 동시에 편안하게 한다. 마음을 휘저으면서 동시에 안정시킨다. 그것은 마음에 평안을 주어 잠으로 빠져들게 할 수 있지만, 그보다는 우리의 경외감과 감탄을 자아낸다.

누구나 샬롬의 순간을 경험한다. 할머니 무릎 위에 앉아 할머니의 진주 목걸이를 가지고 놀던 순간, 겨울 아침 아래층에 내려가 난롯가에서 불을 쬐며 발을 따뜻하게 녹이던 순간…. 나는 활활 타는 불길에 잠옷 바지를 태우고 발가락이 까맣게 그을렸던 기억이 난다. 엄마가 아침 식사로 핫케익과 따뜻한 시럽을 준비해 놓고 나를 부를 때까지 베개를 베고 그림책을 읽던 기억도 난다. 그것은 샬롬이었다.

요셉에 관한 이야기에서도 처음에는 목가적인 생활을 느낄 수 있다. 요셉은 상당 부분 자신의 꾀와 다른 사람들을 조작한 행동으로 인해 하나님과의 말 못할 갈등으로 고생한 노인인 야곱이 편애하는 아들이었다. 야곱은 늘그막에 이 금지옥엽 같은 아들을 축복으로 얻었으며, 그 아들에게 상급과도 같은 채색옷을 입혀 떠받들었다. 그 채색옷이 상징하는 의미는 간단했다. 요셉은 아버지가 가장 사랑하는 아들이라는 것이다. 요셉도 그것을 알고 있었고, 그 위치가 주는 힘을 마음껏 누렸다. 그 결과 그는 형들 앞에서 뽐내고 말을 함부로 했으며 윗사람에게 존경을 표해야 한다는 관습을 아무렇지도 않게 어겼다. 그 형들의 삶에서 요셉은 바로 자극적 사건이었다. 그는 형들의 샬롬을 깨뜨렸다.

샬롬의 순간은 에덴에서의 삶을 맛보는 것이다. 죄도 비극도 공허도 두려움도 없는 삶. 당신의 기억 속에서 그런 샬롬의 순간을 찾아보라. 휴식과 안전과 따스함을 느낀 순간을 기억해 보라. 그런 순간들은 보통 어떤 사람과 장소, 계절과 연결되는 경우가 많은데, 대체로는 학령기 이전이나 초등학교 저학년 시절인 경우가 많다. 우리 중에는 그런 순간을 떠올리면서 향수나 즐거움이 아니라 엄청난 슬픔을 느끼는 사람들도 많다. 그런 시절은 지나가 버렸고, 대부분 샬롬이 깨지면서 상실하게 된 경우가 많다. 하지만 우리 이야기가 평온했고 에덴에서 우리의 삶으로 따스하고 온화한 바람이 불어왔던 순간들을 기억하는 것은 매우 중요하다.
　기억한다는 것은 미래의 그날을 신음하며 고대하는 것이다. 주님의 날에는 과거 우리의 샬롬이 영광 중에 다시 나타날 것이다. 과거 샬롬의 순간들을 소중히 간직함으로써 우리는 더 나은 새 날을 상상하게 되고, 열정과 목적 의식을 가지고 그날을 향해 나아가게 된다.

샬롬이 깨어지다

샬롬은 죄로 인해서, 거짓말이 침투함으로써, 진리를 왜곡함으로써 깨어지는데, 이런 것들은 벌거벗은 상태, 투명하고 신뢰하는 진실한 상태의 즐거움을 훼손시킨다. 샬롬은 단지 '좋지 않은' 무엇인가가 있다고 해서 깨어지는 것이 아닌데, 왜냐하면 에덴 동산에서도 하나님은 남자가 홀로 있는 것이 '좋지 않다'고 말씀하셨기 때문이다. 하나님은 아담이 외로움과 누군가의 부재를 깨달음으로써 누군가와 함께 있고 동반자가 되는 영광스러운 기쁨으로 들어가기를 원하셨음이 분명하다. 단순히 부재가 슬픈 일은 아니며, 우리가 외로움을 겪는다고 해서 샬롬이 깨지는 것도 아니다. 그보다는 우리의 존엄성이 훼손되고 죽음이 들어와 서로를 갈라놓고 파괴할 때 샬롬이 깨진다.
　어린 시절 순진한 아이들이 친구를 놀리는 것을 생각해 보자. 한 무리의 아이들이 몸무게가 많이 나가는 소심한 학급 친구 주변에 빙 둘러 모인다. "뚱보래요, 뚱보래요. 돼지 닮은 뚱뚱보래요!" 그런 말들은 존재의 가장 여리고 쓰린 부분을 공격한다. 죄가 신뢰감을 갈라놓고 수치심을 암처럼 자라게 하면서, 샬롬을 깨뜨린다. 그런 깨어짐의 결과는 죽음이다. 모든 이야기, 모든 인생에는 이름을 앗아 가 버리고 이방인이나 고아나 과부로 다시 이름 붙인 죽음의 순간들이 있다.

이름이 없어져 버린 그 순간에 우리는 우리 이야기 속으로 던져진다. 우리는 '친구'라는 이름을 잃어버리고 '거부당한 자'라는 이름을 받는다. 그렇게 이름이 없어진 시점 이전의 이야기는 선과 악 사이를 부드럽게 오르내리는 정도였다. 어쩌면 지루하거나 약간은 공허한 이야기일 수도 있지만, 최소한 안전한 이야기다. 그러다가 비극이 동산 안에 들어오고, 우리 삶은 샬롬이라는 달콤한 보호를 박탈당하면서 영원히 변하고 만다. 그 시점부터 우리는 단지 간헐적으로만 안식의 순간이 주어지는 여정을 떠나게 된다. 우리의 인생은 절대 부드럽지 않고, 절대 안전하지 않다.

요셉의 인생은 이 유형을 따르고 있다. 그는 형들을 찾아 나설 때까지만 해도 비교적 행복했다. 물론 복잡다단한 바깥 세상에 그리 익숙하지는 않았지만, 어떤 이유에서인지 그 세상에 나가도 좋다는 허락을 받았다. 그 짧은 여행이 결국은 매정한 타국으로 팔려 가는 길고도 고통스러운 여정의 출발점이 되고 말았다.

이 사건 이전에도 요셉의 형들이 그를 미워했기 때문에 샬롬은 이미 오래전에 깨어진 것이 분명하다. 하지만 그들이 요셉을 벌줄 기회를 얻음으로써 요셉의 인생 여정은 진정으로 시작되었다. 비극은 늘 다시는 샬롬을 실현할 수 없는 길로 우리 이야기를 이끌어 간다.

요셉은 비극을 만남으로써 아버지의 자애로운 도움을 박탈당했다. 그는 '가장 성공할 것 같은 사람'에서 족쇄를 찬 노예로 전락하고 말았다. 그런 운명의 반전, 깨어진 샬롬은 정체성을 앗아가 버리고 기대에 역행하며, 이름이 주는 안전감을 강탈한다. 요셉의 이름은 더 이상 '사랑하는 아들'이 아니다. 이제 그의 이름은 '무력한 노예'다.

깨어지는 경험을 통해 이름이 없어졌거나 삶이 흔들렸던 기억을 떠올려 보라. 어떤 순간들은 끔찍함 그 자체일 것이다. 성폭행과 같이 죽음을 넘나드는 사건의 경우 말이다. 반면 학교 운동장에서 놀림거리가 되는 경우처럼 미묘하고 일반적인 사건을 경험한 순간일 수도 있다. 어떤 경우든지, 그 깨어짐은 우리를 샬롬의 자리에서 가혹하고 무자비한 자리로 옮겨 놓는다. 그 깨어짐을 통해 우리는 자신이 혼자이며 위험에 처해 있다는 것을 자각한다. 우리는 맨주먹이 되는 것이다.

이 점은 우리 이야기에서 중추적인 요소다. 우리는 그런 순간들에 이름을 짓고, 그 배경과 등장인물들, 나누었던 대화와 그 영향력을 규정해야만 한다. 이 일을 하려면 매우 큰 솔직함과 용기가 요구되지만, 그렇게 함으로써 우리는 다시 한번 샬롬을 상상하고 추구할 수 있는 인생의 플롯 속으로 더 깊이 들어가게 된다.

샬롬을 찾아서

일단 에덴의 샬롬에서 추방되고 나면, 우리는 먹거리를 마련하고 잠잘 곳을 해결하며 이 세상에서 살아가는 법을 익혀야 한다. 아담과 하와가 에덴의 동쪽에서 첫 밤을 지내면서 어떤 느낌이었을지는 결코 상상할 수 없을 것이다. 으스스한 어둠에 휩싸인 야생에서의 삶은 근본적으로 새로운 선택을 요구했을 것이다. **하나님이 나를 보호하시고 나의 필요를 공급해 주실 것을 신뢰할 것인가,**

아니면 나 자신을 신뢰할 것인가?

    샬롬을 향한 추구는 의미를 묻는 근본적인 질문 속에 고스란히 녹아 있다. 인생은 눈에 보이는 것처럼 그렇게 마구잡이요 무의미하며 부조리한 것일까? 아니면 이미 정해졌고 목적과 의미가 있는 걸까? 이 둘 중에 무엇이 이길까? 인생이 마구잡이임을 보여 주는 엄청나게 많은 징후들인가, 아니면 눈에 보이는 것 그 이상을 바라는 갈망인가? 우리가 구조를 통해 의미가 부여된 이야기를 말한다는 자체가, 인생이란 근본적으로 마구잡이가 아니라는 사실을 함축적으로 보여 준다. 인생이 아무리 모호하고 혼돈스러워도 인생에는 분명히 의미가 있다.

    그 의미를 찾는 추구에 구조를 부여하는 것은 바로 정직과 갈망과 모험이다.

정직: 우리가 더 이상 에덴에 있지 않음을 선언함

샬롬은 이미 손상되었다. 우리는 에덴에서 쫓겨난 것이다. 하지만 놀라울 만큼 많은 사람들이 이 여정을 시작조차 하지 않는데, 그 이유는 우리가 추방되고 고아가 되고 과부가 되었다는 사실을 온전히 인정하려 하지 않기 때문이다. 우리는 아직도 우리가 이방인이요 아비 없는 자식이기보다는 시민권자요 상속자라고 믿고 싶어 한다. 하지만 우리가 상실한 것이 무엇인지 직시하고 몸을 돌려 우리 앞에 놓여 있는 불확실성의 지평을 제대로 보기 전까지는, 우리가 쓰고 살아 내야 할 이야기가 진정으로 시작되지 않는다. 우리가 상실과 두려움을 솔직하게 끌어안는 정도만큼만 우리 이야기에는 탄력과 깊이가 더할 것이다.

갈망: 과거와 미래를 잇는 다리

갈망은 꿈을 통해 그 형태가 이루어진다. 요셉은 문자 그대로 꿈 때문에 곤경 속으로 곤두박질쳤다. 그는 꿈속에서 형들이 자기에게 절을 하더라고 말함으로써, 그를 노예로 팔아넘기려는 그들의 음모에 기름을 부었다.

하지만 후에 요셉의 꿈은 샬롬이 깨어졌던 상황을 역전시켰다. 그는 감옥에서 부름을 받아, 하나님이 바로의 꿈속에서 애굽의 미래에 관해 말씀하신 것을 바로에게 말해 주러 나가게 된다. 샬롬을 깨뜨렸던 결함이 구속으로 나아가는 관문이 될 때, 우리는 비로소 좋은 이야기 속으로 들어간다. 다시 말해서, 요셉이 팔려 감으로써(깨어짐) 바로와 관계를 맺을 수 있게(구속) 된다. 우리의 결함 때문이건 다른 사람의 죄 때문이건, 하나님은 죄라는 원료를 사용하셔서 자신의 구속의 영광을 드러내는 기념비를 창조하신다.

'우리의 곤경은 또한 우리의 구속이다'라는 사실은 아무리 강조해도 지나치지 않다. 성경은 그 속에 나오는 이야기들이 또한 우리의 이야기라고 전제한다. 믿음의 조상 아브라함은 타국에서 유랑하였다. 그는 안락하고 정착된 삶을 살던 사람이었지만, 하나님은 그를 낯선 나라에서 이방인이 되게 하신다. 아브라함과 마찬가지로, 우리도 안락한 장소에서 떠나라는 하나님의 부르심을 받을 것이다. 웃음의 아들 이삭은 하나님의 공급 덕택에 죽음에서 구속되었으며, 우리 역시 공급하시는 하나님을 알아 가게 될 것이다. 이삭의 아들 야곱은 자기 손으로 구속을 이루려다가 결국은 할아버지와 마찬가지로 이방인으로 인생을 끝마친다.

우리는 아브라함이요 이삭이요 야곱이다. 그들의 이야기는 우리 이야기의 패러다임이다. 우리 각 사람은 부르심을 받고, 구속되고, 유랑의 길을 떠난다. 그 끝없는 여정에서 우리는 주어진 배역과 일관된 선택을 하도록 부름받는다. 우리의 노정에 등장하는 쉽지 않은 선택의 기로에 직면하면서 우리 이야기는 발전되어 간다.

요셉은 도리 없이 일련의 고통스러운 선택을 해야만 했다. 그는 주인의 신임을 받는 노예였는데, 그때 보디발의 아내가 그를 침실로 유혹한다. 그는 애굽에서 가장 권세 있는 사람 중 한 명의 아내와 불륜 관계를 선택할 수도 있었다. 하지만 그는 쾌락을 선택하기보다는 그녀의 손아귀에서 도망쳐 버렸다. 물론 이것은 올바른 선택이었지만, 요셉은 그 강직함 때문에 어려움에 봉착하고 말았다. 보디발의 아내는 오히려 그가 자기를 강간하려 했다고 고발하고, 그는 투옥되고 만다. 그 고소가 거짓이었다는 사실은 중요하지 않다. 어쨌든 요셉은 감옥에 갇혔으니까.

그리고 요셉의 이야기는 점점 고조된다. 그는 일찍이 교만 때문에 인생에서 뜻밖의 함정에 처박히더니, 나중에는 강직함으로 인해 더 큰 어려움에 처하게 되었다.

화자는 요셉의 이야기 속에서 우리에게 인생에 관해서 그리고 우리 자신의 이야기에 관해서 무엇인가를 말하고 있다. 인생은 예측 불가능하다는 사실을 보여 주고 있는 것이다. '선을 행하면 선이 찾아올 것이요, 악을 행하면 그 값을 치르게 된다'라는 간단한 등식은 성립되지 않는다. 차라리 '선을 행하든 악을 행하든 결국은 재난이 기다리고 있다'라고 말하는 것이 좀더 정확할 것이다. 예를 들어 샬롬을 향한 추구는 결국 요셉을 감옥까지 데려갔고, 거기서 그는 완전히 다른 운명에 처한 두 사람을 만나게 된다.

여기서도 요셉은 다시 담대하게 진실을 말한다. 그리고 드디어 고생이 끝나는구나 싶었던 시점에서 다시 고생이 시작된다. 요셉은 감옥에서 구출되기는커녕 계속 버려진 채 쇠사슬에 묶여 지낸다. 2년이라는 긴 시간이 흐른 뒤, 감옥 안에서 좋은 방향의 꿈 해석을 받았던 사람이 요셉을 기억해 내고는 그의 꿈 해석 능력을 바로에게 전했다.

물론 요셉은 자신의 처지를 서글퍼했지만, 하나님은 시간에 구애받지 않으시며 우리 이야기도 마찬가지다. 우리는 상황이 풀리기를 간절히 바란다. 우리는 해결을 원한다. 하지만 하나님은 그분의 시간에 플롯을 풀어 나가신다. 이야기가 숙성되기까지는 몇 달, 몇 년의 세월을 기다려야 한다. 하나님이 우리의 갈망을 자신 쪽으로 향하게 하시는 그 이야기들은 일평생이 걸린다.

갈망은 하나님이 바라시는 우리의 모습, 가장 내면에 있는 우리 참 모습의 중심에 있다. 갈망은 우리의 가장 큰 연약함인 동시에 가장 고상한 아름다움의 표지이기도 하다. 그것은 우리가 연인 되시는 하나님과 하나가 될 때는 우리를 온전케 하지만, 그 갈망이 그분의 의지와 충돌할 때는 우리를 그분과 분리시킨다. 갈망은 생명이요, 또한 죽음이다.

갈망은 또한 진솔한 이야기의 중심에 있으며 모든 인생에서 가장 핵이 되는 긴장 그 자체다. 우리 이야기를 읽어 내기로 작정하는 것은 인생을 글로 쓰고 편집하는 파란만장한 과정으로 들어가기로 선택하는 것이며, 그럼으로써 상실과 두려움, 깨져 버린 꿈 그리고 부활한 욕망으로 되살아난 꿈들을 끌어안는 것이다.

모험: 꿈을 이루기 위한 피 흘림

고생 없는 꿈은 한낱 환상에 지나지 않는다. 우리의 추구에 구조를 부여하는 세 번째 요소인 모험은 피 흘림과 관련되어 있다. 너무나 많은 사람들이 자신의 이야기를 놓쳐 버리는데, 그 이유는 그들이 다른 사람들의 이야기만 관찰하기 때문이다. 우리는 텔레비전, 스포츠, 잡지, 토크 쇼를 보면서 다른 사람의 이야기를 대신 살아 준다. 그런 이야기들이 우리를 교육시키는 경우도 가끔은 있겠으나, 대체로는 우리를 안일하게 만든다. 그 이야기들은 우리 인생이 무미건조하고 생기 없다는 사실을 굳이 인정할 필요가 없게 만든다. 그 이야기들이 우리의 관심을 끄는 이유는 모험 없는 인생을 제공하기 때문이다. 그 이야기들은 죽음처럼 안전하다.

환상도 때로는 온당한 갈망과 관련된다. 어떤 차가 진로를 벗어나 나에게 달려든다면 어떻게 할 것인가 혹은 오랫동안 모르고 지내던 삼촌한테서 상속받은 10억 원을 어떻게 쓸 것인가 하는 생각을 해 보는 것이 잘못된 것은 아니다. 그런 백일몽은 시사하는 바가 매우 크겠지만, 거기에는 피 흘림이 결여되어 있다. 내가 현실이라는 차가운 물속에 기꺼이 몸을 던질 각오가 되었을 때, 비로소 환상은 살아 있는 꿈이 된다. 내가 돈을 나누어 줄 수 있기 전에는 10억 원을 상속받을 필요가 없으며, 내 인생이라는 옷감을 짤 열정과 기쁨을 끌어안기 전에는 그런 액수의 돈이 필요 없다. 그런 행동과 그런 삶만이 기꺼이 피 흘릴 각오를 할 수 있다.

그러므로 지금 한곳으로 모아지는 이야기들에 귀 기울여 보라. 당신의 인생에서 전초 기지에 핵심으로 우뚝 서 있는 이야기들은 대체로 한 줌밖에 안 될 것이다. 그 이야기들은 상실과 불확실성, 또는 엄청난 기회와 모험과 관련되어 있다. 그 이야기가 발생한 현장이 직장이든 가정이든, 혹은 우정 관계나 원수 관계나 애정 관계이든, 아니면 봉사 현장이나 놀이 현장이든 간에, 그런 '자극적 사건들'은 당신이 이야기를 진전시키려면 안락과 편안함을 희생할 것을 요구한다는 점을 알아 두는 것이 마음 편할 것이다. 그런 자극적 사건들을 무시하기는 쉽다. 그저 텔레비전을 켜거나 삼류 소설을 펼치면 된다. 당신의 이야기에서 도망치기는 쉽다.

하지만 우리가 마음속에 끓어오르는 열정 어린 갈망을 정직하게 이름 짓는다면, 그리고 그런 갈망들이 드러나는 것을 지켜보는 모험을 감수한다면, 우리 인생 이야기의 플롯은 훨씬 더 큰 의도성을 갖고 진행되기 시작할 것이다. 하지만 우리가 계속 그 길을 걸을 수 있는 유일한 방법은, 잠시 쉬면서 대단원에 나오는 이야기의 일시적인 절정을 누리고 기뻐하는 순간을 가지는 것이다.

대단원

대단원은 온전히 해결된 결말은 아니지만, 이야기를 만족스러운 상태로 끝내는 것을 말한다. 이 단어의 의미는 불어로 '복잡하게 얽힌 매듭을 느슨하게 푸는 것'이다. 얽히고 설켜 팽팽하게 긴장되었던 다양한 모든 플롯이 풀리고 질서가 찾아와 새로운 샬롬의 순간이 도래할 때 드러나는 휴식의 순간이 대단원이다.

요셉의 형들이 곡식을 사러 애굽으로 가는 이야기는 권좌에 오르는 요셉의 이야기를 더욱 흥미진진하게 만든다. 그 당시 요셉은 바로 왕 다음가는 2인자의 자리를 차지하고 있었지만, 그의 지위 상승이 이 이야기의 대단원의 신호탄은 아니다. 사실 이야기는 오히려 더 복잡해진다. 요셉의 형들이 전에 요셉에게 했던 것처럼, 이번에는 요셉이 형들에게 함정을 판다. 그는 자기의 정체를 알리지 않은 채로 형들에게 여러 지시를 내림으로써 일련의 사건들이 펼쳐지게 한다. 첫째로, 시므온은 막내 베냐민을 데리고 올 때까지 요셉과 남아 있어야만 했고, 둘째로 요셉이 베냐민을 도둑으로 몰자 유다는 막내 대신 자기를 노예로 데려가 달라고 애원할 수밖에 없었다. 이 사건들을 겪으면서 공포에 휩싸인 형들은 솔직하고 선량한 통회의 마음을 드러내게 되며, 결국은 그것이 요셉의 마음을 녹인다. 요셉은 더 이상 자기의 정체를 숨길 수 없게 되어, 형들과 재결합함으로써 부분적이나마 대단원의 막을 내린다. 그러나 이 이야기의 최후의 대단원은 그다음으로서, 다양한 차원으로 복잡하게 얽히면서 아름답게 드러난다. 즉 형들이 아버지 야곱을 모시고 돌아오고, 다시 뭉친 가족들이 함께 울고 기뻐하면서 비로소 긴장이 완전히 해소되는 것이다. 헤어졌던 사람들이 다시 만날 뿐만 아니라, 일찍이 형들이 저지른 속임수가 실상은 이 가족을 구속하는 근간으로 작용했다.

비극은 샬롬을 훼손하지만, 대단원은 우리의 순수함과 더 위대한 구속의 날을 향한 꿈을 기억하게 해 준다. 대단원은 일종의 결말이면서 새로운 시작을 알리는 서곡 역할을 한다. 옛 이야기가 끝나는 순간에 새로운 이야기는 시작된다. 하지만 대단원은 우리가 여정을 잠깐 멈추고 짧은 막간을 누리게 만드는—먹고 마시고 노래하고 춤추고 우리 이야기를 다른 사람들에게 들려주는 시간이 되는—휴식이다.

좋은 결말은 궁극적인 목적을 생각해 보도록 촉구한다. 좋은 결혼식이나 장례식처럼, 좋은 결말은 그것을 완전히 소화하고 묵상하도록 촉구한다. 헬라어로 **묵상하다**(*meditate*)라는 단어의 의미는 소가 되새김질을 하듯이 무언가를 씹는 것을 말한다. 좋은 결말은 우리로 하여금 즐거움의 한가운데서 곰곰이 생각해 보도록 촉구한다.

좋은 결말이라는 즙은 이야기라는 음식을 한결 맛나게 해 주어야 한다. 결말은 단순히 반추의 시간만이 아니라, 경축의 계절이기도 하다. 우리는 좋은 결말 속에서 춤을 추어야 한다. 바쁘게 질주하는 우리 문화에서 가장 큰 실패 중 하나는, 복잡한 이야기의 매듭이 일시적으로 풀어지는 것을 경축하지 않는다는 사실이다. 우리는 휴식을 갖기엔 너무 바쁜 나머지 텔레비전 앞에 앉아 남이 26분 동안의 '복잡다단함'에서 벗어나 대단원으로 들어가는 것을 구경만 한다.

당신은 결말을 어떤 식으로 경축하는가? 누가 졸업을 했다든지 결혼을 했다든지 아니면 사망했을 경우에만 큰 잔치를 여는가? 그렇다면 당신의 이야기 속에서 모든 결말은 내일의 부산함이 열리는 동시에 상실되고 마는 셈이다. 어쩌면 당신이나 내가 잔치를 제대로 열 줄 모르는 이유는 우리의 삶 주변을 배회하는 비극들을 어떻게 대해야 할지 모르기 때문인지도 모른다. 우리는 또한 우리를 산산조각 내 버린 순간들을 어떻게 대해야 할지도 잘 모르고 있다. 심지어는 그때의 상흔들이 완전히는 아닐지라도 충분히 잘 해결된 다음에 돌이켜 볼 때조차 말이다. 우리는 과체중, 원치 않는 아이, 분노, 외로움, 두려움, 수치심과 같은 갈등과 관련하여 대단원을 경험할 때 어떻게 경축하는가? 아예 경축을 하지 않는다. '내가 멍청하다고 믿지 않기로 작정한 것을 축하하는 파티에 초대합니다'라는 초대장을 받는 것을 상상이나 할 수 있겠는가? 당신이 어마어마한 위기의 순간에 직면했지만 움츠러

들거나 자신을 비난하는 대신 그 위기와 싸워 훌륭한 결과를 얻게 된 풍부한 경험을 축하하는 일에 어떻게 친구들을 초대할 수 있겠는가?

우리는 결말을 축하하는 것은 고사하고 정리조차 제대로 하지 않는다. 그래서 우리는 새로운 이야기가 상승하는 분위기를 띨 때 대단원이 그것을 확실하게 받쳐 주도록 하지 못한다. 다만 우리의 가장 결정적인 깨어짐을 통해 스며 나오는 영광을 볼 수 있는 정도까지만 우리의 이야기를 좋아할 뿐이다. 그런 영광을 보기 위해서는, 우리 비극이 우리가 상상하는 것보다 훨씬 더 멋진 결말을 맞을 것이라는 확신을 품고 그 비극 속으로 들어가 그것을 읽어야만 한다.

우리가 우리 이야기의 골치 아픈 부분으로 들어간다면, 그 어느 날엔가는 우리 이름이 될 어떤 이름을 속삭이는 소리도 들을 것이다. 우리는 타락한 세상에 살고 있기 때문에 버림도 받고 배신과 수치도 겪을 것이다. 이런 경험은 불가피하지만, 우리가 어떻게 인생을 살아갈 것인지를 깨우치는 데 꼭 필요한 배경을 제공한다. 고난의 한가운데서 우리는 스스로에게 가장 진실한 혹은 가장 거짓된 자아가 된다.

그렇게 이름이 없어지는 순간에, 자아를 잃어버리는 때에 우리가 기억해야 할 것은 버림받음, 배신, 수치에 찍혀 있는 하나님의 영광의 흔적을 찾아내기 위해 과거에 경험한 구속으로 돌아가야 한다는 사실이다. 우리는 과거에서 도피하면 행복할 것이라고 생각하지만 그것은 잘못된 생각이다. 과거가 없다면 우리는 단지 공동의 이름과 틀에 박힌 이야기를 지닌 공허하고 부자연스러운 존재일 뿐이다. 이름을 잃어버린 그 시점에 우리 이야기 속으로 들어갈 때야말로, 누군가가 속삭여 주는 우리의 새로운 이름을 듣기가 가장 쉽다. 기억하라. 하나님은 아직도 이야기를 쓰고 계시다는 사실을.

당신의 이야기를 펼치라

지금까지 이 책에서 살펴본 바를 정리하면, 모든 인생은 고유한 의미를 지닌 이야기요, 고유한 이름을 지닌 한 사람에 관한 이야기이며, 여타의 이야기들과 공통된 구조를 지닌 이야기다. 이 구조에 따르면, 우리는 모두 헤아릴 수 없이 많은 샬롬과 깨어짐의 순간, 그리고 휴식과 경축이라는 달콤한 계절을 가져다주는 추구의 순간을 겪는 여정 속에 있다. 우리는 그저 이야기를 소유하고 있는 것이 아니라, 우리 자신이 곧 이야기다. 우리 이야기를 제대로 깨달아서 진정 위대한 이야기, 즉 복음을 위해 좀더 의도적이고 담대하게 이야기를 살아 내는 것이 우리의 책임이다. 하나님이 우리 이야기를 쓰시는 목적은, 우리만의 계몽과 깨달음을 위해서가 아니라, 우리 이야기를 통해 다른 사람들을 계몽시키고 하나님의 이야기를 드러내기 위해서다.

우리는 자신의 과거를 읽어 냄으로써 현재의 삶을 어떻게 써 나가야 할지 좀더 나은 깨달음을 얻는다. 과거를 존중하고 좀더 책임감 있게 현재를 써 나갈수록, 하나님의 영광을 위해 살아갈 미래의 이야기도 더욱 많아질 것이다. 그런 이유 때문에, 이 책의 나머지 장들에서는 이야기를 읽고 쓰는 것과 이야기를 배가시키는 것에 관해 다룰 것이다.

이야기 읽기

어쩌면 당신은 현재 닥친 인생의 위기에 서둘러 결말을 내고 싶어 하거나, 인생을 어떻게 살아야 할지에 대해 좀더 명쾌한 무엇인가를 원하고 있을는지 모른다. 당신의 상황이 어떠하든지 간에, 먼저 자신의 과거를 읽는 작업—시간이 많이 걸리고 이득이 금방 손에 잡히지 않는 작업—을 하지 않고 앞으로 나아가는 것은 실수다. 당신의 인생을 읽어 내는 것은 여느 이야기를 읽는 것과 비슷하다. 계속 한 장 한 장 읽어 가려면 인내심과 소망이 요구된다. 뒤에 이어지는 세 장에서는 당신의 이야기를 읽어 내고 반추해 보게 될 것이다. 당신은 자신의 인생의 열정, 비극적인 일들 그리고 등장인물들에 대해 숙고하게 될 것이다. 그리고 그 결과 하나님이 지금까지 당신의 인생을 어떻게 써 오셨는지 좀더 분명하게 인식하게 될 것이다. 하나님은 당신의 과거를 쓰셨고, 그렇게 이미 쓰신 것들은 당신의 현재와 미래에 관해 엄청난 의미를 내포하고 있다.

이야기 쓰기

하나님은 우리의 인생을 쓰고 계시지만, 또한 우리를 하나님과의 공동 저자로 부르신다. 우리는 미리 쓰인 각본을 수동적으로 살아 내는 로봇이 아니다. 우리는 하나님과 공동 저자요, 하나님의 더 큰 이야기 속에서 우리의 역할을 살아 내는 존재다. 그리고 과거를 돌아봄으로써 미래에 펼쳐 놓은 그분의 길을 알게 된다. 우리가 우리 현재와 미래를 하나님과 함께 써 나가기 시작할 때, 그분은 우리에게 무엇을 해야 하며 어디로 가야 할지를 말씀해 주신다.

나아가 우리는 더 큰 이야기 즉 하나님의 가장 위대한 이야기를 드러내는 의미 있는 이야기를 쓰라는 부르심을 받았다. 그러기 위해서는 구체적으로 누가, 언제, 어디서, 그리고 어떻게 구속을 살아 내야 하는지를 알아야만 한다. 따라서 7장과 8장에서는 당신의 이야기를 쓰시는 하나님께 동참할 것을 초청한다.

이야기 배가시키기

읽기, 쓰기 그리고 배가시키기는 우리 지고의 소명을 요약하여 설명해 준다. 우리는 다른 이들과 하나님의 영광을 위해서 우리 이야기를 읽고 쓴다. 우리 이야기는 우리 것이 아니다. 우리는 단지 우리의 유익만을 위해 이야기를 읽고 써서는 안 된다. 내 이야기는 곧 당신의 이야기요 우리 이야기는 모두 하나님을 위한 것이다. 그러므로 나는 내 이야기만큼이나 당신의 이야기를 읽고, 쓰고, 편집하고, 말해 주고, 축하해 주어야 한다. 이것이 바로 이야기 배가시키기다.

이 책의 마지막 부분에서는 어떻게 기도와 금식과 나눠 주는 삶이 이야기 잔치를 창조해 낼 수 있는지를 탐구하게 될 것이다. 이 세대의 이야기를 끝내고 이야기하기와 쓰기에 완전히 새로운 세계를 열어 줄 미래의 연회를 모두에게 맛보게 해 줄 이야기 잔치 말이다. 이야기를 배가해 나갈 때, 우리는 자신의 이야기뿐만 아니라 가족과 친구 그리고 원수의 이야기까지도 사랑하게 될 것이다.

자, 이 과정을 이야기 읽기에서 출발해 보도록 하자.

나만의 이야기

당신의 인생을 생각하면서, 구속이 일어났던 장면들과 구속이 결여되었던 장면들 속으로 다시 한번 들어가 보라. 엄청나게 고통스러웠던 시절과 그리 극적이지 않고 일상적인 고통이 있던 시절, 평화로운 시절과 무엇인가를 결정해야 했던 시절…. 그렇게 해 보면서 당신은 샬롬의 이야기, 샬롬이 깨어졌던 이야기, 샬롬을 추구했던 이야기 그리고 대단원을 회상해 볼 수 있을 것이다.

2부
이야기 읽기

우리는 상처를 주고 가슴을 후벼 파는 책을 읽어야 한다고 나는 생각하네. 책을 읽다가 머리를 한 대 맞은 듯 정신이 번쩍 나지 않는다면, 그 책을 왜 읽는단 말인가? 그저 기분이나 좋자고 책을 쓰는가?…오히려 책이 없다면 우리는 그야말로 기분이 좋을 테고, 우리를 기분 좋게 해주는 유의 책은 필요하다면 우리도 얼마든지 쓸 수 있지. 하지만 우리에게는 재난처럼 우리를 강타하는 책이 필요하네. 깊이 애통하게 하는 책, 마치 우리 자신보다 더 사랑하던 사람의 죽음처럼, 또는 아무도 없는 외진 숲에 버려진 것처럼, 또는 자살처럼, 그렇게 우리를 애통하게 하는 책이 필요한 것일세. 책이란 우리 안에 얼어붙은 바다를 쪼개는 도끼가 되어야 하네.

__프란츠 카프카, 「행복한 불행한 이에게」 중에서

4 당신의 마음을 움직이는 것은 무엇인가?

열정이 당신을 규정한다

현재의 우리 모습은 우리가 했던 선택의 결과다. 그리고 우리는 우리의 가장 깊은 열정이 밀어붙이는 존재 방식과 행동 양식이라면 무엇이든 선택한다. 이 간단한 원칙의 진실을 이해하려면 선택이 우리의 성품을 조성해 나가는 위력을 살펴보아야 한다.

단 하나의 선택이 우리 인생의 방향을 결정할 수도 있다. 만약 우리가 존재하지 않는다든지 또는 어떤 사람이 과거의 선택 하나를 바꾸기 위해 과거로 여행을 떠난다면 어떤 일이 일어날 것인지를 상상해 봄으로써, 단 한 번의 선택이 얼마나 돌이킬 수 없는 결과를 초래하는지를 탐구한 영화와 책들이 무수히 많다. 선택에 따르는 엄청난 결과들을 다 예견한다는 것은 불가능하다.

하지만 우리가 내려야 할 결정들을 생각할 때면, 여전히 다음과 같은 질문들이 떠오르곤 한다. '우리의 인생은 이미 결정된 걸까, 아니면 인생을 쓰는 일에 우리도 참여하고 있는 걸까? 우리는 자신의 조건에 대해 직접 영향을 끼치며 미래도 직접 써 나가는

걸까, 아니면 기계적인 운명의 대서사 속에 끼여 있는 한 조각 톱니바퀴일 뿐인가?'

우리는 종종 자유와 속박을 동시에 느낀다. 인간은 스스로 존재한다고 생각하는 사람들도 많은 사건들이 자기의 통제 밖에서 일어난다는 것을 알고 있다. 동시에 우리는, 우리가 내린 결정이 우리 이야기가 펼쳐지는 방식에 지대한 역할을 했다고 느끼는 때가 종종 있다. 우리는 우리가 대단찮은 존재임을 알고 있지만, 그럼에도 우리의 선택들은 다른 사람들에게 중차대한 결과를 가져다준다. 우리는 우리를 넘어서서 우리의 선택과 계획에 전혀 영향받지 않는 무한하고 광대한 이야기의 일부인 동시에, 우리가 상상한 것보다 훨씬 더 심오하고 광범위하면서 인격적인 이야기와 밀접하고 깊이 있게 연결되어 있다는 것을 직관적으로 안다. 우리는 이 두 현실 한가운데 살고 있다. 우리는 무력한 동시에 상상을 초월할 만큼 큰 위력이 있는 존재다. 바로 선택할 수 있는 능력이 있기 때문이다.

나는 아직도 완전히 이해할 수 없는 방식으로 내 인생이 바뀌었던 그날을 기억한다. 그 일은 내가 신학대학원에 다니던 시절에 봄 학기를 끝으로 1학년을 마감하기 며칠 전, 아침 7시 30분에 걸려온 전화 한 통을 받으면서 시작되었다. 누군가가 전화 받으라고 큰 소리로 나를 불렀다. 나는 비척거리며 침대에서 일어나 강당 쪽으로 내려가서 수화기를 받아 들고는 어정쩡한 목소리로 "예에" 하고 웅얼거렸다. 상대편에서 "전 데이비드 니콜라스라고 하는데요"라는 소리가 들려왔다. 나는 "누구라고요?"라고 물었다. 상대방이 이렇게 대답했다. "저는 플로리다주의 보카러톤 시에 있는 스패니시 리버 장로교회의 담임 목사입니다." 그가 누군지, 뭘 원하는 건지 도무지 아는 바가 없었다.

그의 목소리가 웅웅 울려 왔다. "이봐요. 이번 여름에 일자리가 필요하지 않으세요?" 나는 움찔하며 정신이 번쩍 들었다. 플로리다에 있는 교회에 다니던 내 친구와 나눈 대화가 기억나면서 갑자기 그분의 이름이 떠올랐다. 확실히 그렇다고도 할 수 없는 상태에서, 나는 데이비드 니콜라스 목사님이 제시한 일을 하겠다고 말했다. 그분이 말했다. "좋습니다. 일주일 후에 여기로 오세요." 내가 픽 웃으면서 보카러톤이 어디 있냐고 물었더니, 그분이 말했다. "지도 하나 사세요."

어떻게 이런 일이 일어날 수 있었을까?

어쨌든 그런 일은 일어났고, 이야기의 전말은 이렇다. 나는 기거할 곳이 없는 탐이라는 신학대학원생과 내 방을 함께 쓴 적이 있다. 그의 아내는 학기 초에 너무 아파서 학교까지 도저히 올 수가 없는 상황이었던 것이다. 나는 탐에게 내 방 한 켠을 내주었고, 몇 주 뒤 그의 아내가 올 때까지 그와 함께 지냈다. 우리는 종종 같이 점심을 먹으며 우정을 쌓아 갔다. 나는 1학년이 끝날 때가 되자, 유럽에 가서 바람도 쐬고 독일어 공부도 하기로 결심했다. 하지만 탐은 그러지 말고 교회에서 일을 해 보는 것이 더 현명할 것 같다고 말했다. 꽤나 유쾌한 제안이라는 생각이 들었다. 나는 나를 택할 교회는 없을 것이라고 탐에게 말했고, 그는 자기네 목사님이라면 나 같은 사람을 택할 만큼 충분히 괴짜라고 말했다. 그러나 나는 그 전화를 받고 잠이 깬 그 순간까지도 그 대화에 대해 전혀 생각해 보지 않았다.

나를 사역의 영광으로 초대한 분이 바로 그 교회와 목사님이었다. 그 교회는 나를 받아들여 주고, 내게 래리 크랩이라는 분을 소개해 주고, 상담과 설교와 가르침의 세계로 인도해 주었으며, 어쩌면 내 인생이 정말 하나님을 위해 사용될지도 모른다는 가능성을 향해 내 마음을 열어 준 곳이었다. 전화 한 통화와 내 입에서 새어 나온 '예'라는 말 한 마디가 내 인생의 방향을 바꾸었다.

우리가 매일 내뱉는 '예'의 총합이 바로 우리 자신이다. 내 인생을 돌이켜 보면, 내 아내를 만나고 내 소명을 발견하고 현재 하고 있는 일을 하게 해 준 일련의 '예'를 볼 수 있다. 하지만 '예'라고 내뱉는 그 순간에 그 말이 우리를 어디로 인도할지 아는 경우는 극히 드물다. 내가 보카러톤으로 가기로 한 결정은 좀 이상하고 모험적으로 보였지만, 그 한 번의 '예'가 내 인생을 근본적으로 바꾸게 되리라고는 전혀 생각지도 못했다. 우리는 우리의 결정이 내포하는 의미를 거의 알지 못한다.

우리가 매일 하는 일들은 평범하고 고립되어 있으며 동일성의 홍수 속에 묻혀 버린 것처럼 보인다. 하지만 모든 선택의 저변에는 갈망이 있다. 우리가 언제, 무엇에 대해 '예'라고 말할지를 결정해 주는 것이 바로 그 갈망이다. 아무리 신학대학원에서 만난 친구가 조언했기로서니, 왜 나는 알지도 못하는 플로리다의 한 도시로 가기로 선택하게 된 걸까? 그것은 내가 내 마음의 소리를 들었기 때문이다. 그때는 진정한 목적도 없이 독일로 향할 만큼 불안정했고, 복음이 진리라는 것을 막 깨닫기 시작한 때였다. 내 마음은 뭔가 새롭고 대담한 것을 바라고 있었으며, 마침 그때 그 전화가 걸려 온 것이다.

마음의 소리를 들으라

우리는 종종 우리 존재의 핵심을 마음이라고 지칭한다. 마음이란 사고방식 그 이상이며, 의지보다 깊고, 감정보다 진실하다. 마음은 우리 존재의 총합이다. 하지만 그것으로도 우리 존재의 총체성을 정확히 나타낸 것은 아니다. 모든 인간의 내면에는 선과 악을 모두 파악하는 측면에서 극대치의 이해를 넘어서는 무엇인가가 있다. 내 안에 영원이 박동하고 있기에 나는 전혀 예상치 못했던 일을 할 수 있다. 내 마음에 경이를 일으키는 한 가지 표현이 있는데, 바로 전도서 기자가 한 말로서, 하나님이 "사람들에게는 영원을 사모하는 마음을 주셨느니라"라는 말이다.[1] 이 말은 그저 듣기 좋은 심상이 아니다. 영원—하나님에 대한 갈망—은 우리의 열정을 북돋운다. 영원은 우리의 선택을 인도하고, 인생 행로를 결정한다.

영원은 내 혈관을 흐르며 박동하고, 그 노정은 내가 거룩하고 정의롭고 의로우신 하나님과 언젠가는 직접 대면하리라는 사실을 결코 잊어버리지 못하게 한다. 나는 내가 향하고 있는 소용돌이를 대체로 무시할 수 있겠지만, 사랑의 법 즉 자신을 다른 사람에게 충분히 그리고 온전히 주라는 부르심은 내 존재의 각 세포에서 소리 높여 외친다. 따라서 영원의 맥박이라는 관점에서 볼 때, 나는 과연 어떻게 살기를 바라는가? 우리는 모두 현재의 자기 모습과 앞으로 되어야 할 모습 그 이상이 되기 위해 준비하고 있다.

'예' 또는 '아니요'라는 말은 우리가 무엇을 가장 가치 있게 여기는지, 그리고 어떤 끝을 향해 움직일 것인지를 반영한다. 모든 결정은 미래에 대한 우리 자신의 투영, 즉 우리의 **이상적 자아**의 인도를 따라 결정된다. 우리는 누구나 자기 자신을 구체적인 가치 체계와 신조와 꿈을 지닌 인물로 인식한다. 하지만 실제로는, 우리가 원하는 모습이 아니라 다른 사람들이 기대하는 모습으로 끝나는 경우가 종종 있다. 이것을 우리의 **의무적 자아**라고 한다. 이런 모습이 되는 것은 반드시 피하라. 아무도 이상적 자아에 도달하지는 못하겠지만, 소위 말하는 **진정한 자아**가 되기 위해 의무적 자아는 피할 수 있다. 진정한 자아는 이상적 자아와 의무적 자아의 중간에서 솔직하면서도 능력 있게 살아가는 자아다.

당신의 이상적 자아

나는 1년 전보다 몸무게는 늘고 머리카락은 더 빠지는 늙어 가고 있는 남자다. 하지만 거울을 볼 때면, 나를 마주 바라보는 내 모습에 스스로 놀라곤 한다. 나는 아직도 내가 마르고 머리숱 많고 팽팽한 피부에 눈에는 총기가 반짝거리는 스물여덟 살 어간의 남자라고 믿고 있는 것이다. 내가 방금 묘사한 모습이 바로 나의 이상적인 신체 이미지다. 우리는 셀 수 없이 많은 다양한 영역에서 ― 직장인, 연인, 투쟁가, 재정가, 친구, 배우자, 부모, 자녀, 시민, 신자로서 ― 자신에 대한 이상형을 품고 있다. 그리고 각 영역마다 우리의 잠재력을 이끌어 주는 북극성 역할을 하는 이미지가 있다. 그리고 각 이미지의 뿌리에는 갈망과 꿈, 기억 그리고 사람들이 있다.

더 나아가서, 우리는 스스로 어떤 사람이 되기를 원하는지에 기초한 모든 선택의 복잡한 총합체다. 예를 들면, 내 아들 앤드루는 라크로스(양팀이 10명씩 경기하는 하키와 비슷한 경기―역주) 팀의

멋진 골키퍼가 되는 것이 꿈이다. 그애는 자기가 숭배하는 영웅들을 흉내 내고 매일 자기의 꿈을 실현하는 데 도움이 될 여러 활동을 하는 데 많은 시간을 쏟는다. 녀석은 풋볼을 하고 싶어 했지만 내가 못하게 했다. 나 자신이 9년 동안 풋볼을 하면서, 승리의 기쁨도 누려 봤지만 꽤 심한 영구적 부상을 입었던 터라, 내 자식이 위험한 접촉이 많은 운동을 하는 건 원치 않았다. 그래서 그애는 신체 접촉은 상당히 많은 편이지만 서로 줄기차게 몸을 부딪치지는 않는 라크로스를 택했다.

첫 연습이 있던 날, 나는 아들을 차에서 내려 주며 이렇게 작별 인사를 했다. "네가 어느 포지션에서 경기를 하건 상관 않겠다만, 골키퍼는 **하지 말아라**." 첫 경기가 있기 전, 코치는 골키퍼를 지원할 사람을 찾았고, 우리 아들이 하겠다고 나섰다. 나는 앤드류가 시속 100킬로미터가 넘는 속도로 날아오는 어려운 공을 받아치는 모습을 지켜보았다. 나는 공포에 질렸고, 녀석은 신이 나 보였다.

그애의 선택이 전적으로 아버지의 뜻을 거슬러 보겠다는 마음에서 나온 건 아니지만, 그 결정은 어느 정도는 "아버지가 제 결정에 제동을 거실 수는 있지만, 그렇다고 제가 항상 아버지 원하는 대로만 하지는 않을 겁니다"라고 말하고 있었던 것이다. 그러므로 우리가 이상형으로 꿈꾸는 모습이 되는 여정에는 일련의 위기와 타협, 투쟁 그리고 실패가 따른다. 마음속 가장 깊은 열정이 우리의 이상형을 부채질한다.

우리를 가장 살아 있다고 느끼게 해 주는 것이 바로 열정이다. 그 열정이 어떤 사람에게는 플래너리 오코너의 소설을 읽는 것이고, 어떤 사람에게는 자기가 투자한 주식이 오름세를 타는 것을 지켜보는 일이다. 문학을 좋아하든 투자로 돈을 벌고 싶어 하든 아니면 두 가지 모두를 하든 잘못된 건 없다. 자신에 대한 이상적 이미지는 가장 깊은 열정과 단단히 얽혀 있다. 이상적 자아와 얽혀 있는 이 열정들을 규정하지 못하는 한, 우리는 자신의 진정한 자아를 알 수 없을 것이다.

이상적 자아는 우리가 가치 있게 여기는 것(열정), 우리가 세상을 이해하는 방식(신념) 그리고 이상형에 도달하기 위해 우리가 하는 일(행동) 속에서 드러난다. 우리의 열정과 신념 그리고 행동은 너무나 긴밀하게 얽혀 있기에, 나는 자신 있게 다음과 같이 말할 수 있다.

- 행동이야말로 우리가 정말로 가치 있게 여기는 것이 무엇인지 말해 준다.
- 행동으로 옮길 만큼 가치 있게 여기는 것이야말로 우리가 정말로 믿는 것이 무엇인지를 보여 준다.
- 우리가 정말로 믿는 것들이 우리가 될 모습을 형성한다.

내가 체중 조절에 실패한 경험이야말로 이것을 잘 설명해 주는 알맞은 실례다. 나는 체중을 줄이고는 싶은데, 10년 이상 그 일에 실패했다. 몸무게가 줄었다가는 꼭 다시 늘곤 했는데, 그 늘어난 몸무게를 합치면 최소한 성인 다섯 명을 만들어 냈을 분량이다. 나는 내 이상적인 신체의 이미지를 실현하는 데 실패했다. 왜냐하면 내 이상적인 신체 이미지보다 다른 것을 더 중요하게 여기기 때문이다. 나는 자못 만족스러운 포만감에 편안히 쉬고 있는 한 남자의 이미지를 중요하게 여기는 것이다. 나는 날씬한 상태보다는 배부른 상태에 더 열정을 쏟는 것이다. 그 증거는 물론 나의 행동이다.

맛난 음식을 배불리 먹겠다는 나의 열정은 내가 내 인생이나 고통을 마음대로 통제할 수는 없지만 어쨌든 뭔가를 먹을 때는 기분이 좋다는 신념에 의해 더 강화된다. 그리고 나는 보기 좋은 외모나 건강보다는 기분이 좋은 상태를 더 가치 있게 여긴다. 그러므로 체중 조절은 인생에서 무엇인가가 나를 낙담시킬 때만 효과적으로 이루어진다. 그렇지 않게 되면 나는 체중 조절을 포기하고 맘대로 먹기 시작한다.

그렇게 우리는 늘 우리가 가장 중요하게 여기는 것을 선택하며, 심지어는 그 선택이 우리에게 해가 되는 것일지라도 그렇게 한다. 우리는 자신이 마음 깊은 곳에서 가장 가치 있게 여기는 것이 무엇인지 먼저 인식한 다음 우리의 열정이 어떻게 우리가 정말로 믿는 바를 강화시키는지를 정직하게 직면하기 전까지는, 우리의 행동을 바꾸지 않을 것이다. 우리는 신념을 바꿀 수는 있지만, 그 신념이 우리의 가치관을 변화시키기 전에는 행동이 바뀌지 않을 것이다. 물론 우리의 행동을 바꿀 수는 있다. 하지만 우리의 가치관과 확신이 변화되지 않는 한 그 바뀐 행동은 지속되지 않을 것이다.

우리는 각자 다음의 질문들과 씨름하면서 그런 변화의 과정을 시작할 수 있겠다.

- 나를 가장 강렬하게 움직이는 것은 무엇인가?
- 내가 가장 즐겨 하는 것은 무엇인가?
- 내가 기쁨과 즐거움을 가장 많이 느끼는 영역은 무엇인가?
- 내가 정말 살아 있다고 느끼게 해 주는 활동, 생각 또는 사람이 있

다면, 어떤 면 때문에 그런가?

우리의 열정은 특정한 길을 선택하도록 우리를 밀어 주며, 지문만큼이나 유일하고 독특하다. 우리의 열정은 죽음도 불사하고 엄청난 신체의 위험을 감수하는 것일 수도 있고, 혹은 위험한 사람이나 상황이나 사상을 기피함으로써 고통을 피하고자 하는 것일 수도 있다. 어떤 경우이든 간에 우리는 스스로를 끊임없이 평가하는 이상형을 가지고 있으며, 어떻게 평가하느냐에 따라 결과는 실망일 수도 있고 기쁨일 수도 있다.

우리가 가장 되고 싶어 하는 자신의 모습은 또한 다른 사람들이 우리에게 기대하는 모습과 정면으로 충돌한다.

의무적 자아

우리의 이상형은 종종 다른 사람들의 기대 때문에 질식되곤 한다. 앞의 예화로 계속 설명하자면, 나는 이상적인 신체 이미지를 갖고 있지만 그것을 결코 실현하지 못하는데, 그 이유는 내가 고통받기를 원치 않기 때문이거나 운동할 시간이 없기 때문이다. 그리고 내가 운동할 시간이 없는 이유는 '다른 사람들이 나한테 요구하는 일들을 하느라 너무 바빠서'라는 아주 간단한 이유일 수도 있다. 그렇다면 이 지긋지긋한 '다른 사람들'은 과연 누구란 말인가? 그들은 내가 나에게 맡겨진 다양한 역할들을 연기하는 과정에서 나라는 인물(character)이 형성되는 데 일조한 사람들이다.

이 영어 단어는 원래 나무 판자에 홈을 새길 때 쓰던 송곳이나 연장을 말한다. 그래서 character라는 말은 송곳으로 새기거나 파낸 모든 것을 의미하게 되었고, 나아가 예술가가 원재료에 조각한 무늬를 의미하게 되었다. 마찬가지로, 우리는 일차적으로 우리 인생에서 가장 지배적이고 영향력이 큰 사람의 흔적을 갖는다. 하지만 그들이 우리에게 흔적을 남기는 작업은 우리의 참여 없이는 우리를 온전히 형성하지 못한다. 사실 우리는 우리에 대한 다른 사람들의 기대를 우리의 것으로 차용한다.

그렇지만 궁극적으로 우리의 역할은 하나님에 의해 새겨진다. 부모님은 우리가 그분들의 욕구에 순응하든 저항하든 상관없이 나라는 인물이 형성되는 데 큰 족적을 남겼을 수도 있다. 하지만 하나님만이 우리 인생에 미친 모든 영향력들을 한데 섞어서, 하나님의 목적을 드러내는 주제부가 있는 교향곡을 만들어 내신다.

우리가 선택할 배역을 만드신 분은 하나님이지만 연기하는 사람은 우리 자신이다. 그리고 우리는 극본을 함께 써 나가고 무대에서 즉흥 연기도 할 수 있는 특권을 가진다. 하지만 하나님은 그분의 창조적인 힘으로 이 배역에 한계와 가능성을 불어넣으신다. 하나님은 우리가 살아갈 시대, 출신 지역과 가정, 신체적 특성, 지적 수준 그리고 우리보다 앞서 펼쳐진 이야기들을 이미 고르셨다. 우리는 주어진 것에 제한되지도 않지만, 그렇다고 그것을 완전히 무시할 수도 없는 존재다. 우리의 배역은 첫 무대 즉 가족 안에서 경험한 것들을 통해 나타난다.

우리 인생에서 최초의 역할은 요구되는 것과 가능한 것의 틀 안에서 주어진다. 우리는 출생 순서에 따라 한 가정에 들어가며, 이것은 기준이 되는 선택안을 결정한다. (맏이는 둘째보다 책임감이 강하고 야심이 많은 반면, 둘째는 맏이에 비해 좀더 교묘하고 경계심이 많고 압박을 덜 받는다.) 그리고 각자의 열정의 체계에 대한 예민한 감각을 발달시킨다. (첫째는 자신에게 성공에 대한 책임이 부과되었다는 것을 알게 될 것이고, 둘째는 가정에 웃음과 기쁨을 선사해 주는 것이 자신의 역할임을 알게 될 것이며, 반면에 세 번째 아이는 희생양이 되어 가족의 수치와 실패를 없애 줄 책임을 지게 될 것이다.)

우리가 인생 초반에 담당했던 역할과 인연을 끊는다는 건 매우 어렵기도 하고 굳이 그럴 필요도 없다. 사실 우리가 감당하도록 형성된 그 역할은 마음 깊이 일어나는 구속과 철저한 변화의 시기를 통과한 후에는, 우리가 미래에 살아 내야 할 역할이다. 우리는 가정이라는 무대에서 받는 훈련을 싫어하거나 멀리하지 말고, 오히려 그것을 탐구해야 한다. 왜냐하면 그 훈련이야말로 우리 미래의 이름과 부르심을 암시하는 가장 초창기의 실마리이기 때문이다.

그리하여 우리는 하나의 역할을 살아 내거나, 또는 우리가 누구이며 어떻게 다른 이들과 교류해야 하는지에 관한 일련의 기대에 맞춰서 살아간다. 우리가 담당하는 역할은 주어지는 것이자 발견되는 것이다. 나는 우리 어머니와 아버지 사이에서 해설자 또는 전달자 역할을 했다. 아버지는 심각할 정도로 대화가 불가능한 분이셨다. 아버지는 종종 내게 이렇게 말씀하시곤 했다. "네가 가서 엄마 좀 다독거려라. 내가 저지른 일 때문에 몹시 화가 나 있으니 얘기할 상대가 필요할 거야." 그러면 아버지와 싸운 상황을 어머니께 모두 들은 후에 내 견해를 제시하는 것이 나의 일이었다. 그런데 문제는 이것이었다. 내가 어머니께 견해를 제시함으로써 아버지를 곤경에서 구하곤 했지만, 동시에 어머니를 죄책감과 사랑받지 못한다는 느낌에 빠지게 하곤 했다. 반면에 내가 어머니 편에 서는 경우에는, 어머니가 상처받는 것이 당연하다는 사실을 아버지께 설득해야만 했다.

그것은 승자가 없는 세계였으므로, 나는 책을 위로로 삼았고 좀더 나아가 언어가 펼치는 현란한 힘에서 위로를 얻었다. 언어 속에서 나는 긍정을 보았다. 사실 내게 위로를 가져다주고 변화에 대한 소망을 준 것은 바로 거룩한 긍정이었다. 언어의 향연 속에서 나는 가장 절절한 쾌감과 열정을 발견했다. 우리의 열정이 발견된 그 자리와 그 열정을 건드려 준 것들은 마침내 우리 배역의 일부가 될 것이다.

하지만 당신의 부모가 고집스럽고 독선적인 사람인 경우, 당신의 역할은 무엇이겠는가? 당신은 해설자가 되기보다는, 단순히 그 위험한 부모의 견해를 앵무새처럼 반복하며 무조건 맞장구쳐 주는 순응적인 청취자가 될 것이다. 그 순응적인 청취자는 오랜 세월이 흐른 뒤에는 어떤 사람이 될까? 분노에 찬 어머니에게 심하게 위협받으며 자란 한 여성은 다른 사람들에게 온유하고 부드러운 존재가 되었다. 그녀는 힘없는 자의 고통을 잘 알고 있었고, 다른 사람들을 대하는 그녀의 입장은 할 수 있는 한 그들을 높여 주는 것이었다. 문제는 그녀가 너무 두려움이 많아 다른 사람들에게 진실을 말하지 못했다는 것이었다. 따라서 그녀가 사랑을 줄 수 있는 능력은 제한되어 있었다.

우리가 태어난 가정에서 담당한 역할은 우리가 선택했다기보다는 우리에게 주어진 것이었다. 하지만 우리는 그 역할을 갈고 닦아 우리 가족들을 구하고 다음으로 우리 자신을 보존하는 방편으로 삼았다. 우리에게 주어진 역할은 종종 예측 가능하고 명확히 규정되어 있지만, 그렇다고 우리가 그 역할을 기계적인 방법으로 수행하지는 않는다. 오히려 그 역할을 우리의 존재 방식에 꼭 맞게 손질한다.

그렇다면 진정으로 우리를 움직이는 것은 무엇인가? 이상적 자아인가, 의무적 자아인가? 대답은 분명하다. 우리는 이 둘 사이에서 끊임없이 타협하며 살아간다. 요구되는 것을 위해 이상적인 것을 희생하기도 하고, 그 반대로 하기도 한다. 대부분의 경우 둘 중 어느 자아가 우리를 마음 깊이 움직이고 있는지 분별하기도 거의 불가능하다.

내가 몸무게를 줄이는 이유는 그것이 건강에 좋기 때문인가, 아니면 매력적인 남성형에 대한 일반적인 인식을 따름으로써 자신에 대해 좀더 좋은 느낌을 갖고 싶어서인가? 우리는 모두 의무 아래 있는 사람들이기 때문에, 자기가 원하는 것을 완전히 다 할 수 있는 자유로운 존재가 아니다. 남을 전혀 생각지 않는 사람은 자아 도취증 환자다. 반면에, 내가 의무적 자아로만 살아간다면 나는 남들이 요구하는 나로서만 존재할 따름이다. 그건 영혼 없는 아첨꾼에 불과하다.

나를 움직이는 것은 하나님이 내 이야기에 써 넣으신 열정이어야 한다. 그 열정이 과연 어떤 것인지, 왜 존재하는지를 완전히 다 이해하지는 못한다 할지라도 말이다. 나는 그 열정을 찾아냄으로서 진정한 내가 될 수 있다.

진정한 자아

인생의 지혜를 얻고 싶을 때, 때로는 어린이 책에 나오는 훌륭한 글들을 읽는 것이 가장 좋을 때가 있다. '진짜'란 정확히 무슨 의미인가? 마저리 윌리엄스가 『벨벳 토끼 인형』이라는 책에서 잘 말해 주고 있다.

"진짜가 뭐예요?" 하루는 토끼가 이렇게 물었습니다. "아저씨 뱃속에 들어 있는 소리 나는 그거랑 툭 튀어나온 손잡이를 말하나요?"

"진짜라는 것은 네가 만들어진 방법을 말하는 게 아니란다"라고 매끈한 말이 대답했습니다. "그건 너한테 일어나는 어떤 것이지. 어떤 어린애가 너를 아주 오래오래 사랑해 주면 말이야, 그냥 너를 갖고 노는 거 말고 너를 진정으로 사랑하면 말이지, 그러면 너는 진짜가 되는 거야."

"그거, 좀 아픈가요?"

"때로는." 말은 늘 진실만 말했거든요. "하지만 네가 진정한 토끼가 되면, 상처받는 건 아랑곳하지 않게 되지."

"그 일은 한 번에 일어나나요, 태엽 감는 것처럼? 아니면 조금씩 조금씩?" 그러자 말이 대답했습니다. "그건 한 번에 일어나지 않는단다. 서서히 일어나지. 시간이 아주 오래 걸려. 그래서 쉽게 고장나거나, 뾰족한 모서리가 있거나, 아주 조심스럽게 다뤄야 하는 이들에게는 그런 일이 종종 안 일어나기도 하는 거야. 보통은, 네가 진짜가 될 때쯤에는 워낙 쓰다듬어서 네 털은 다 빠져 버리고, 눈도 덜렁거리고, 몸 마디마디가 모두 헐거워져서 아주 초라해 보인단다. 하지만 그런 건 하나도 안 중요해. 네가 진짜가 되기만 하면 너는 밉게 보일 수가 없거든. 그걸 이해 못하는 사람들한테만 빼고 말이야."[2]

그렇다면 무엇이 정말로 우리를 움직이는가? 이 구절에 비추어 보자면, 바로 우리가 사랑하는 모든 것이다. 내가 포만감과 만족감을 사랑한다면, 음식과 같은 거짓 신이 제공하는 편안함을 사랑할 것이다. 왜 나는 체육관에서 운동할 때의 스릴보다는 도 넛 한 쪽이 주는 달콤한 만족감에 더 마음이 움직일까? 부분적으로 그 정답은, 30분간의 운동보다는 도넛을 먹는 것이 위험과 고통과 상실을 덜 요구하기 때문이다. 그리고 나는 진실하고 선하고 사랑스러운 것보다는 고통과 고생을 없애 주는 것을 더 사랑한다.

나는 진짜가 되도록 부름받았다. 만일 내가 계속 사랑받아 왔고 사랑이 슬픔보다 좋으며 죽음보다 강하고 그 어떤 것보다 진실하다는 것을 알고 있다면, 나는 진짜다. 진정한 자아는 이상적 자아가 아닌데, 왜냐하면 모든 부분들이 다 닳아 버린 후에야 진정해지기 때문이다. 진정한 자아는 의무적 자아도 아닌데, 왜냐하면 내가 담당할 배역은 다른 사람이 기대하는 것이 아니기 때문이다. 대신 그 배역은 나를 만드신 분이 주신 선물이다. 아무리 처음에 부모와 가족과 문화가 새겨 놓은 흔적이 있다 해도 말이다.

그러므로 나를 가장 열렬히 움직이는 것이 무엇인지를 먼저 규정한 다음, 다른 사람들을 위해서 그것을 살아 내는 것이 나에게 주어진 책임이다. 나의 열정이 어쩌면 자동차 수리일 수도 있고, 또는 삶에 짓눌려서 요리를 할 수 없는 사람들에게 맛있고 영양가 높은 음식을 요리해 주는 것일 지도 모른다. 나를 움직이는 것이 무엇인지 알아내는 것은 내가 할 일이다.

그렇다면 악기를 배울 것인지, 아니면 교회에서 멕시코의 티후아나 지역에 집 지어 주는 일을 하러 가기 위해 스페인어 강좌에 등록할 것인지를 어떻게 결정할 것인가? 아니면 헬스 클럽에 가입해서 체중 조절에 힘써야 할 때는 아닌지? 교회에서 소그룹 리더 사역을 위한 훈련 프로그램을 개설하고 있는데, 내가 거기 참여해야 하는 것인가? 아니면 우리 아이들과 시간을 보내는 데 좀 더 집중해야 하는 것인가? '예'라는 대답 하나가 수만 가지의 합당한 선택 사항에 대해 '아니요'라고 말하는 것임을 의미할 때, 그때야말로 선택의 진가가 드러난다. 만약 내가 일련의 단기 선교 여행에 참여하기 위해 스페인어를 배우기로 한다면, 당연히 다가올 그 외의 많은 솔깃한 기회들에 '아니요'라고 말해야 할 것이다.

그런 결정을 내리는 데 열쇠가 되는 것은 우리의 가장 큰 즐거움이 무엇인지를 정의하는 것이다. 우리의 갈망과 열정은 무엇인가? 그 해답은 자신의 비극을 읽으면서 어떤 배역에서 가장 큰 즐거움을 얻는지를 알 때 찾게 된다. 우리는 가장 중심되고 윤곽이 잘 잡힌 열정, 하나님의 아름다우심을 이끌어 내고 드러내는 열정에 '예'라고 대답해야 할 것이다. 그리고 무엇인가에 해를 끼치는 것에 대해서는 '아니요'라고 말해야 할 것이다. 하나님이 빚어 주신 성품과 역할은, 다른 사람의 이야기로는 절대 불가능한 우리 자신만의 방식으로 하나님에 관해 무엇인가를 드러낼 것이다.

나는 미국 최남부(조지아, 앨러배마, 미시시피, 루이지애나 등 미국 최남단에 있는 지역을 총칭함—역주)의 산간 지역에서 성장한 60대 여성 한 분을 상담한 적이 있다. 그녀는 오순절 계통의 목사이자 문맹인 아버지에게서 태어났다. 이 가정은 한 세대 이상을 성폭행, 알코올 중독 그리고 폭력에 시달려 왔다. 이 여자분이 겪은 학대가 어찌나 깊던지 신체에 입은 상해로 완전히 삼켜진 운명으로 보였다. 그녀의 이야기는 절절히 상실과 수치심 투성이인지라, 그런 삶을 산다는 것이 과연 어떤 것인지 상상하는 것은 고사하고 그 말을 듣고 있는 것만도 쓰라린 고통이었다. 그녀와의 상담은 짧았지만, 현재 나는 컨퍼런스에서 정규적으로 그녀를 만날 수 있는 특권을 누리고 있다.

현재 그녀는 명석하고 재능 있는 치료사다. 그녀는 학대의 독소에 감염된 수백 명의 여린 영혼들을 구해 내는 싸움을 하고 있다. 그녀는 여전사요 성자이며, 열정적이고 끔찍스럽게 재미있고 기민하며 친절하고 마음이 따스한 여자다. 그리고 나는 그녀가 아름다움을 되찾아 가는 여정에 작은 부분이나마 함께했던 것을 영광으로 생각한다. 그녀의 얼굴을 보려면 그냥 가만히 눈을 감으면 된다. 그러면 그녀의 웃음소리가 들리고, 내 인생에서 내가 '예'라고 말해야 할 것이 무엇인지 알게 된다.

내 기억으로는 내가 병적인 학대를 당한 사람들을 치료하는 일을 하게 해 달라고 하나님께 간구한 적이 없지만, 어쨌든 지금 나는 그런 일을 하고 있다. 하나님이 마치 보급 장교가 병사에게 군복과 식량과 총을 나누어 주듯이 우리에게 소명을 나누어 주신다고는 생각하지 않는다. 하나님은 우리가 열정을 가지고 있다는 사실조차 인식하지 못할 때에도 우리의 열정을 따라가도록 초대하신다.

내 역할은 가정 내의 폭력과 긴장과 가슴 아픈 일들 속에서 형성되었다. 나는 일찌감치 해설과 중재의 소명으로 부름받았다. 하나님은 나를 한 가정으로, 마음 아프고 폭력적이고 상식 밖인 이야기 속으로 부르셨다. 현재 나는 분노에 차 있고 학대당하고 마음이 상한 자들을 보살피는 일에 부름받았다. 나는 어둡고 감추어져 있고 수치심으로 가득한 학대의 늪에서 구속이 솟아오르는 것을 볼 때, 기쁨 곧 하나님의 거룩한 긍정을 깨닫는다.

그러니 내가 다음 둘 중에서 어느 것을 하겠는가? 편안함을 추구하는 것 외에는 별 목적도 없이 인생을 배회하겠는가, 아니면 설사 가슴 아픈 일들을 겪게 될지라도 거룩한 '예'와 '아니요' 속으로 뛰어들겠는가? 그것은 영화 〈매트릭스〉에 나오는 빨간 알약과 파란 알약처럼 선택의 문제다. 빨간 알약은 이 세상의 끔찍한 공포 속에서 당신을 다독여 잠재울 것이고, 반면에 파란 알약은 당신을 일깨워 남들을 구속해야 한다는 열정에 불타는 전사가 되게 할 것이다. 그리고 당신과 나는 그 구속의 시급함과 그것이 주는 흥분을 알게 될 것이다.

당신이 어떤 문제로 어디서 누구와 씨름하고 있는지는 별로 중요하지 않다. 정말로 중요한 것은, 타락의 잿더미 속에서 영광과 아름다움을 창조하는 모험을 감당할 배역들을 선정하는 일에 합류하고자 당신의 영혼 속에서 무엇인가가 영원히 맥박처럼 뛰고 있다는 사실이다. 당신이 '예'라고 말하도록 이끄는 것은 바로 구속이다. 구속은 소위 말하는 전임 기독교 사역에 한정된 편협한 것이 아니다. 구속이란, 즉 죽어 가는 영혼과 육체에 생명을 주고, 불의의 속박에서 풀어 주며, 질병을 퇴치하고, 주린 자들을 위해 농사를 짓고, 죽어 가는 자를 위로하며, 어린이에게 읽기를 가르치고, 이웃에게 따스한 인사말을 전하며, 어린아이가 신발끈 묶는 것을 도와주는 일은, 영광을 향해 거룩하게 '예'라고 대답하는 것이다. 그리고 우리 각 사람에게는 자신의 가장 깊은 열정에 맞춰 쓰인 극본이 있다. 그것은 우리의 핵심적인 역할과 가장 진실한 소명을 반영한 극본이다. 우리는 **진정한** 존재가 되도록 쓰였고, 각 사람은 마음속 깊은 곳에서 언제 자신이 진정하고 언제 진정하지 않은지 알 수 있다.

우리가 기꺼이 삶을 탐구하고자 하면, 하나님은 우리의 소명에 관한 표시와 암시를 주실 것이다. 우리가 우리 이야기, 특히 비극들을 읽어 가면 우리 열정을 형성하고 있는 것들을 좀더 잘 이해하게 될 것이다. 그리고 우리가 진정한 자신이 되어 '예'와 '아니요'를 말할 수 있도록 더 잘 준비될 것이다.

당신의 열정은 무엇인가?

나만의 이야기

당신의 인생에 대해 생각하면서 다음의 말을 곰곰이 생각해 보라. "우리가 자신의 이상적 자아와 단단히 얽혀 있는 열정들에 이름을 붙일 수 없다면, 우리의 참된 자아도 알지 못할 것이다." 당신의 삶의 영역, 즉 직장인, 친구, 배우자, 부모, 자녀, 시민, 그리고 신자로서 당신의 이상적 자아는 어떤 모습인지 말해 보라.

거룩한 장소는 왜 어두운 장소여야 할까?

_C. S. 루이스

5 우리를 형성한 비극에 직면하기

수치와 배반으로 꼬인 플롯

가슴 아픈 일은 우리가 자신의 집에 있지 않다는 진리를 얼핏 깨닫도록 우리를 각성시킨다. 인생이란 열심히 노력하기만 하면 예측 가능하고 질서 정연하다는 가정하에, 우리는 대부분의 인생을 필수품과 사치품을 추구하는 데 쓴다. 그러다가 어떤 형태로든 비극이 밀어닥치고 우리는 정신이 번쩍 든다.

   비극은 평온하고 축복된 시기, 기쁘고 즐거운 시기에는 불가능한 방식으로 열정을 일깨운다. 열정을 의미하는 단어 passion은 단어는 '고난'을 의미하는 라틴어에 뿌리를 두고 있다. 이것은 사람이 움직이도록 동력을 불어넣는 강렬한 정서를 함축한다. 우리는 고통스러울 때 움직이고 행동하게 된다. 우리는 기쁨이 올 때 춤추고 노래하지만, 시간이 흐르면서 마음은 휴식을 취한다. 반면에 비극은 우리의 마음이 행동하도록 뒤흔든다. 모든 열정은 고난이라는 기반 위에서 세워지고, 위기를 통해 성숙하며, 고난에 직면해서 내리는 결정에 의해 특징지워진다.

비극은 우리를 자신과 자신의 가장 절실한 열정으로, 그리고 '예' 혹은 '아니요'라고 반응하는 것으로 인도한다. 우리는 다른 어떤 동기보다도 열정과 갈망으로 잘 닦인, 눈에 보이지 않는 길로 움직인다. 우리는 자신이 원하는 것이 뭔지 모를 때도 결국 자신이 원하는 것을 한다. 우리가 원한다고 생각하는 것을 안 하게 되는 이유는, 그보다 더 큰 욕망 또는 결핍감이 작용하고 있기 때문이다. 우리가 제대로 행동하지 못할 때도, 우리는 행동하고 있다. 이것은 선택의 문제에서도 마찬가지다. 우리가 의도적으로 어떤 행동을 선택하는 데 실패해도, 그것 역시 선택이다. 그리고 우리가 행하는 모든 것은 열정의 자극을 받고, 이 땅에서는 만족시킬 수 없는 불가피한 욕구, 맥박처럼 뛰는 욕구 때문에 앞으로 나아가는 것이다.

나는 당신이 어떤 것에 '예'라고 하고 어떤 것에 '아니요'라고 하는지를 살펴봄으로써 당신의 가장 깊은 열정의 윤곽을 알 수 있을 것이다. 그리고 당신 인생의 열정을 추적하면, 당신의 과거와 미래에 대해 더 많은 것을 알게 될 뿐만 아니라 언젠가 하나님이 당신을 부르실 그 이름까지 들릴지도 모른다.

우리 인생은 비극으로 가득하다. 하지만 그보다 훨씬 더 놀라운 사실은, 우리가 천사의 무리와 수많은 이야기에 둘러싸여 우리 이야기를 살아 내고 있으며, 그 수많은 이야기가 우리 삶의 전후 문맥이 되고 가슴 아픈 사연에 의미를 부여해 준다는 것이다. 우리는 하나님의 마음을 알기 위해서 우리의 열정을 읽는 법을 배워야 한다. 그리고 어떻게 고난의 물줄기가 우리의 영토를 뚫고 들어와 우리 성품의 윤곽을 형성하게 되었는지를 알 수 있는 것도 바로 과거와 현재에 일어난 우리의 비극 한가운데서다. 무엇보다 비극이야말로 우리의 정체성과 성품을 형성한다.

비극 읽기

우리가 우리 이야기 속의 비극을 예외가 아니라 당연한 이치로 인정하게 될 때, 우리는 그 비극들을 읽기 시작한다. 이 세상에서 인생의 중심적인 사건들, 즉 자극적 사건—슬픔, 불의, 실패, 잔혹으로 점철된 사건, 그것을 변화시키거나 구속하기 위해 행동이 요구되는 사건들—을 피할 수 있는 사람은 아무도 없다. 다른 사람의 이야기를 듣게 될 때, 우리는 샬롬이 깨어지고 그 사람이 다시 평정을 회복해 가는 여정 안에 있음을 전제해야 한다. 하지만 우리는 다른 사람들의 이야기, 심지어는 우리의 이야기를 살펴볼 때조차, 그 인생의 플롯을 움직여 나가게 된 중추적인 비극들을 지나치고 만다.

    이런 시각을 갖지 못하는 데는 두 가지 이유가 있다. 우선은, 어떤 사람들은 깨어진 순간들이 너무나 많아서, 그들의 이야기를 듣다 보면 마치 수십만 개의 하얀 십자가와 다윗의 별이 즐비한 국군 묘지를 거닐고 있는 것만 같다. 그 묘지는 너무도 광활하기 때문에, 셀 수 없이 많은 상실을 대표할 가장 중요한 한 가지 사건을 파악하는 것조차 불가능하다. 그런가 하면 어떤 사람은 거의 아무런 역경 없이 인생을 순탄하게 살아온 경우가 있다. 그들의 인생을 규정해 줄 자극적 사건들은 어디에 있단 말인가? 대부분의 사람들은 슬프고 힘들었던 시간들이 있었지만, 아주 오래전에 있은 터라 그 사람이 현재 살고 있는 인생과 별로 연결돼 보이지 않는 경우도 종종 있다. 그리고 그 순간들을 돌이켜 보면, 많은 부분들이 그렇게 극적이거나 중대해 보이지 않기 때문에 쉽사리 밀쳐 버린다.

어떤 여성은 치아 때문에 오랫동안 불편하게 살았던 사실을 당혹스러워하며 내게 말한 적이 있다. 그녀는 웃는 적은 별로 없지만 친절했고, 그래서 나는 그녀가 활짝 웃지 않는다는 사실을 눈치채지 못했다. 초등학교 시절 그녀는 뻐드렁니 때문에 아이들의 놀림과 잔인한 말들을 수없이 들어야 했다. 이제 그녀는 60대의 독신이며, 그동안 인생을 훌륭하게 살아왔다. 하지만 그녀는 그때 겪은 해악과 오래 된 상처를 대면함으로써 그녀가 정말로 되고 싶었던 것이 무엇인지를 제대로 검토해 본 적이 없었다.

그녀의 친구가 "너는 왜 널 따라다니는 남자면 무조건 그 사람이 돈을 내게 했었니?"라고 물었을 때, 그녀는 비로소 자기의 인생을 점검하기 시작했다. 그 질문은 그녀의 독신 생활에 대한 최초의 질문이었고, 그녀의 마음을 찔렀다. 그녀는 누구에게나 상냥했지만, 자기와 데이트하고 싶어 하는 남자만은 예외였다. 그리고 비판적인 눈으로 거리를 두고 그 시점까지 자기가 표현했을지도 모르는 모든 애정을 다 철회했다.

우리는 과거의 비극들을 거부하려 할 뿐만 아니라, 그때의 상처 때문에 다른 사람들에게 그 값을 치르게 하고 싶어 한다. 우리는 샬롬을 깨뜨린 비극에 대해 투쟁적이거나, 아니면 그 비극들에 눈감아 버리거나 또는 무시해 버린다. 하지만 우리 열정을 이해하려면, 우리가 인생을 견지하는 중심적 패러다임과 인생을 살아가는 방식을 선택하는 중심적 결단 모두에 영향을 끼친 깨어짐의 순간에 다가서야만 한다.

비극은 우리의 가장 깊은 열정을 형성하고, 그 열정들은 우리의 현재 모습과 앞으로 되어 갈 모습을 형성한다. 타락한 세상에 사는 인간은 누구나 버림과 배신과 수치를 겪을 것이다. 당신도 나도, 그 누구도 이것을 피할 수 없다. 우리가 가장 진솔한 또는 가장 거짓된 자아가 되는 순간은 바로 이런 역경 속에서다.

우리가 자기 이야기 속의 비극과 전투하는 동안, 우리는 누구를 상대로 싸울 것이며 인생이라는 전쟁을 어떻게 수행해 나갈 것인지 결정한다. 우리가 보석과도 같은 자신의 정체성을 찾아 나서서 파고들 수 있는 기반을 제공하는 때가 바로 비극으로 인해 우리의 이름이 사라진 때다. 배반은 당신을 '믿을 만한 사람'이 아니라 '가치 없는 사람'이라고 이름지을 수도 있다. 당신의 진짜 이름은 '신실한 사람'에 더 가까운데도 배반 때문에 당신에게 '친구 없는 사람'이라는 딱지가 붙을 수 있다.

이름이 없어진 순간에 우리는 자아와 정체성을 잃게 되지만, 그래도 우리 자신을 발견하고 더 중요하게는 하나님을 발견하기 위해서는 그 장소로 돌아가야만 한다. 이 개념은 우리가 진실이라고 전제하는 개념과 정반대이기 때문에 이해하기가 쉽지 않다. 우리는 과거에서 도피할 수만 있다면 행복할 것이라고 생각하지만, 사실 더 진실한 개념은 우리의 과거가 없다면 우리는 밋밋한 이름과 판에 박힌 이야기들을 지닌 공허한 존재에 불과하다는 것이다. 우리가 이름을 잃어버린 그 장소에 들어갈 때, 각자의 새로운 이름 즉 하나님이 주실 이름을 속삭이는 소리를 들을 가능성이 가장 높다.

인간의 이야기에는 버림과 배신과 수치 때문에 이름을 잃어버리는 시기가 있게 마련이다. 성경에서는 그런 경험을 고아(버려진 사람), 이방인(배반당한 사람) 그리고 과부(수치를 당한 사람)로 표현한다. 그리고 하나님은 이 각 사람의 필요를 완벽하게 채우시는 인격으로서 자신을 계시하신다.

고아의 외로움

우리에게 올바른 이름을 지어 주실 수 있는 분은 하늘의 아버지 단 한 분뿐이다. 재미있게도, 고대 근동 지방에서는 아버지가 자신의 아들딸에게 이름을 지어 주었다. 아버지는 자녀들 각자에게 지어 준 이름을 통해 그 자녀의 존재에 의미를 창조하였다. 어머니는 그 자녀를 기르면서 그 의미의 열매를 가꾸었다.

이 관습은 아버지에게 터무니없는 힘을 부여하거나 어머니의 역할을 축소시키지 않았다. 하지만 의미의 궤도에서 아버지는 첫자리에 우뚝 선 존재였다. 자식 하나가 성숙하기 위해서는 어머니의 도움이 요구되었으므로, 아버지 혼자서 이 과정을 완성할 수는 없었을 것이다. 하지만 이 과정은 아버지가 먼저 시작하였다. 따라서 아버지가 부재할 경우, 그 자녀의 삶 속에서 의미의 활동은 속도가 줄거나, 엄청난 속도로 궤도를 이탈하고 말았다. 사실 고대 근동 지방에서 사내아이의 아버지가 죽으면, 그 아이는 집도 이름도 유산도 다 잃어버리고 말았다. 그리고 보호와 공급을 받지 못하는 정체성 없는 아이, 바로 고아가 되었다.

구약과 신약 시대의 고아는 위험하고 외롭게 겨우 생존하는 삶을 살았다. 가부장제에 기초한 문화 속에서 더 이상 이름이 없다는 것은 아무런 권리도 특권도 없는 이방인과 마찬가지라는 뜻이었다. 고아들은 혹독하고 비정한 세상에서 밑바닥 생활을 할 수밖에 없었다.

오늘날도 크게 다르지 않다. 사망이나 이혼으로 아버지를 잃어버린 아이는 이름이 있는 상태와 없는 상태에 끼어 고통까지는 아니더라도 엄청난 긴장 속에서 살아간다. '전에는 아버지가 계셨고, 아버지는 날 사랑하셨어. 날 공중에 살짝 던지며 놀아 주셨지. 아버지 무릎 위에 앉아 있노라면, 까끌거리던 아버지의 턱수염이 느껴졌고 남자 로션 냄새가 났어. 아버지 품에 기대어 있노라면, 아버지의 심장 뛰는 소리도 느껴졌어. 그때는 안심이었는데, 지금은 안 그래.'

아버지는 이혼이나 사망 외에 다른 형태로 잃어버릴 수도 있다. 어떤 아버지들은 그저 편안한 의자에 푹 기대 앉아서, 번쩍거리는 텔레비전에 눈이 멀어 인생과 자식들한테는 관심이 없다. 또 어떤 아버지들은 거리의 유혹과 지갑을 두둑히 채우려는 욕심에 밖으로 돈다. 또 어떤 아버지들은 전혀 말을 걸지도, 말을 들어주지도 않는다. 어떤 아버지들은 방치나 학대로 우리에게 수치를 준다.

때로 학대는 편애라는 형태로 오기도 한다. 야곱은 배반에서 배반으로 도피하는 동안 고달픈 인생을 살았다. 결국은 하나님을 만났고, 그 후로 남은 생애를 절름발이로서 하나님과 동행했다. 그러니 늘그막에 태어난 준수하고 조숙한 아들이 누구보다 귀했으리라는 것은 어렵잖게 알 수 있다. 요셉은 정말 야곱의 인생 후반기에 하나님이 주신 축복이었다. 하지만 이 아들은 기상천외한 이야기와 꿈 때문에 가정의 질서를 어지럽힌 골칫거리이기도 했다.

요셉의 측면에서 볼 때 아버지의 편애는 죽음과도 같은 저주를 불러왔다. 이런 현상은 형제들 중에 한 자녀만 유난히 더 귀하게 여기는 집안에서는 항상 일어나는 일이다. 따라서 사랑조차도—사실은 소유욕과 경쟁심에 의한 모조 사랑이지만—사람을 고아로 만들 수 있다. 가정 내에서의 편애는 항상 편애 받는 자녀가 그만큼의 보상을 받지 못하는 자녀들의 미움을 받는 원인이 된다.

당연한 얘기지만, 눈부시게 훌륭한 아버지를 둔 사람은 거의 없다. 그리고 어느 아이가 꽤 훌륭한 아버지 밑에서 자랐다손 치더라도, 그 아이 역시 목사나 교사, 코치 또는 멘토와 같은 사람으로부터 해를 입기가 쉽다. 그런 권위 있는 인물들은 자기의 보호를 받는 사람들의 육체와 마음을 훌륭하게 형성해 주어야 할 존재들이다. 하지만 그들은 오히려 학대나 오만이나 거부로써 우리를 고아로 만든다. 단 한 순간만 사람을 내쳐 버려도 영광의 옷자락은 더러워진다. 그리고 우리는 버려지는 형태들을 몇 가지씩은 알고 있다.

고아가 되는 길은 많이 있지만, 그 끝은 다 똑같다. 바로 부재하는 아버지의 얼굴을 어루만지고 그 아버지가 우리의 이름을 부르는 소리를 듣고 싶은 갈망의 소용돌이다. 그 갈망은 대부분의 사람들에게 참을 수 없이 크기 때문에, 우리는 아버지의 임재 안에서 편안함을 느끼고 싶은 갈망을 죽임으로써 그 통증을 외면한다.

나는 의붓아버지가 돌아가시고 난 지 몇 년 후 공허한 순간에 휩싸이고 말았다. 디데이(D-day) 50주년 기념으로 방영된 다큐멘터리를 보고 있었는데, 2차 대전에 참전했던 퇴역 군인들이 노르망디 상륙 작전 때의 공포와 두려움을 이야기하는 것을 듣자니 마음이 짓눌렸다. 내 의붓아버지는 태평양 전선인 이오지마에서 한 번, 펠렐리우에서 한 번, 그렇게 두 번의 상륙 작전을 수행하셨다. 아버지는 열아홉 살 난 미 육군 하사관이었다. 그 다큐멘터리에서 노르망디 상륙 작전 때의 생생한 흔적을 보고, 80대에 접어든 할아버지들의 설명을 들으면서 나는 그만 울고 말았다. 마치 수도꼭지를 최대로 틀어 놓은 것처럼 눈물이 점점 더 쏟아졌고, 마침내 "감사합니다. 감사합니다"라는 말이 튀어나왔다. 나는 아버지의 용기에 감사하다는 말을 하고 싶었고, 내가 아버지를 얼마나 존경하고 흠모해 마지않는지를 지금까지 한 번도 면전에서 표현해 보지 않은 방식으로 알려 드리고 싶었다.

아버지가 살아 계실 때 왜 그런 말을 하지 않았는지 쉽게 합리화할 수도 있었다. 그런 말을 했더라면 아버지는 아무 말씀도 없이 어색해하셨을 게다. 그리고 내 눈에서 눈물이 흐르는 걸 보셨다면 고개를 돌리고 대화의 주제를 바꾸셨을 게다. 아버지는 그런 세대이셨고, 그런 '감상'을 허용할 여유가 없으셨다. 하지만 그 다큐멘터리가 진행되는 동안 그런 합리화는 녹아 없어지고, 내 아버지의 얼굴을 어루만지고 아버지의 이름을 부르고 싶은 욕구가 아버지의 방어적 태도보다 더 크게 느껴졌다. 그리고 그 욕구는 아버지의 죽음이라는 현실보다 더 확실하게 느껴졌다.

눈물이 다 마르고 난 뒤, 나는 내가 그런 고뇌를 정말로 겪었는지 의아할 정도였다. 그 고통이 너무나 생생했기 때문에, 정말 그런 일이 있었던가 하는 의문밖에 제기할 수 없었다. 눈물은 사라져 버렸지만, 그 순간의 기억과 아버지께 말씀드리고 싶었던 내 마음은 여전히 남아 있다. 나는 아버지께 감사하다는 인사를 하고 싶지만, 그분이 살아 계셨을 때의 부재와 돌아가신 이후의 부재가 아픔만 낳을 뿐이다. 떨쳐 버리고 싶지만 떨칠 수 없는 아픔 말이다. 아버지와 결합하고 싶은 욕구는, 아버지가 살아 계실 때 내가 얻지 못했던 것에 대한 상실감과 아버지의 죽음과 함께 경험해야 했던 상실감이라는 두 가지 고통을 가중시킨다. 하지만 아버지의 부재로 인한 고통은 아버지와 관련된 것만큼이나 하나님과 관련된 것이기도 하다.

하나님은 우리가 중요한 질문을 제기하길 바라시며, 우리 모두가 직면해야 할 질문들을 제기하기 위해 육신의 아버지와 결합하고 싶어 하는 이 해갈되지 않는 덧없는 욕구를 사용하신다. '나는 누구인가? 나는 어떤 사람이 되어야 하며 어떤 일을 해야 하는가? 목숨을 바칠 만큼 가치 있는 것은 무엇인가?' 이런 질문을 하면서 우리는 새로운 여정을 시작하게 되는데, 이로써 수십 년 동안 효력 있어 보였던 피상적인 질문들을 포기하게 되기 때문이다.

의미에 대한 질문은 우리가 하루하루를 살아가는 방식의 거짓된 기초를 뒤흔든다. 우리를 둘러싸고 있는 문화는 어떤 조건을 만족시켜야 한다는 식의 해답들을 제공한다. '당신은 새로 나온 전자 수첩을 애타게 원하는 소비자다', '당신은 일주일에 한 번씩은 딸과 함께 오붓한 시간을 보낼 줄 아는 그리스도인 아버지다', '당신은 후보자가 누구건 상관없이 특정한 노선에 표를 던지는 보수당 또는 자유당 지지자다', '당신은 교회에 성실히 출석하고 위원회에서 일하며 선한 대의명분을 위해 시간과 돈을 바친다.'

그런 해답들은 당신이 오늘에서 내일로 움직이게 한다. 하지만 어떻게 그렇게 되게 하는 것일까? 그리고 당신은 왜 그런 해답들을 인정하는가? 혹시 그렇게 해 왔으니까 그렇게 하는 것은 아닐까? 옛날 어느 맥주 광고에서 잘 꼬집었듯이, "왜라는 질문을 왜 하는가?" 햄릿이 그 감동적인 독백을 한 뒤에 독이 묻은 단도로 스스로를 찔러 죽지 않고, 존재에 관한 그 단순한 질문을 함으로써 얻어 낸 것은 무엇인가?

우리는 그렇게 까다로운 질문을 던지기를 회피하는데, 왜냐하면 그런 질문을 하게 되면 결국 그 해답들이 우리를 변화시키리라는 것을 알고 있기 때문이다. 우리가 고아라는 사실이 적나라하게 드러나게 되는 것이다. 우리는 아버지의 대리 역할을 해 주던 권위적인 문화로부터 떨어져 나와 방황할 것이다. 우리는 늘 원하는 바였으나 결단코 얻지 못했던 아버지 역할을 문화가 대신해 준다는 사실에 만족하면서 그 품에서 편히 쉬던 일도 다시는 못하게 될 것이다. 그렇게 방황하면서, 우리의 이름은 사라진다. '내가 누군지 알고 있다고 생각했는데, 지금은 전혀 모르겠네.' 아브라함처럼 우리도 안락한 우르를 떠나는 것이다. 단, 그것은 무모한 믿음을 취하고자 할 때에만 가능하다. 아버지의 부재로 인해 이름이 없어지게 되면서, 우리는 아버지의 얼굴을 만지기 위한 여정을 시작하라는 믿음의 요청을 받게 된다.

그리고 그 여정 중에 우리는, 그동안 인생의 외로움을 떨쳐 버리기 위해 다른 사람들에게서 자아 개념과 안전감과 동료를 찾으려 했다는 것을 깨닫기 시작한다.

이방인의 질투

우리가 받는 상처 중에 많은 부분은 친구나 형제 자매와 관련된 것이다. 우정은 명랑 쾌활한 기쁨도 주지만, 또한 우리를 멀리 추방시켜 버릴 수도 있다. 시편 기자도 잃어버린 우정 때문에 고뇌하며 슬퍼했다.

나를 비난하는 자가 차라리

내 원수였다면,

내가 견딜 수 있었을 것이다.

나를 미워하는 자가 차라리

자기가 나보다 잘났다고 자랑하는 내 원수였다면,

나는 그들을 피하여서 숨기라도 하였을 것이다.

그런데 나는 비난하는 자가 바로 너라니!

나를 미워하는 자가 바로

내 동료, 내 친구, 내 가까운 벗이라니!

우리는 함께 두터운 우정을 나누며,

사람들과 어울려 하나님의 집을 드나들곤 하였다.[1]

안 좋게 끝난 우정은 사람의 마음을 병들게 한다. 시편 기자는 성전에만 가면 자기가 한때 친구와 나누었던 대화와 기쁨이 떠오르곤 했다. 이제는 예배도 전과 같지 않을 것이다. 그들이 전에 함께 걸었던 길은 배반의 피로 더럽혀졌다. 이제 그의 친구는 그가 죽거나 파멸되기를 바란다. 그의 마음은 공포로 떨리고, 비둘기처럼 날개가 있다면 날아가 버리고 싶은 심정이다.[2]

우정을 상실하면 마음이 방황하게 된다. 그로 인해 우리는 이국 땅에서 떠도는 이방인이요 나그네가 된다. 함께 커피를 마시던 장소와, 같이 읽고 토론했던 책들은 이제 다시는 돌아갈 수 없는 나라에 속하고 만다. 서로 얽혀 있던 친밀한 관계들과 인간 관계도 끊어지고, 서로 공유했던 이야기들을 이제는 그 누구도 들을 수 없을 것이다. 그 이야기들은 무관심과 굶주림 속에서 서서히 죽어 갈 것이다.

우리가 상실한 우정은 한 사람으로 끝나지 않을 수도 있다. 그것은 마치 산사태처럼 가파르게 곤두박질하기도 한다. 내가 오랫동안 쌓아 왔던 우정이 와해되고 난 후, 우리 두 사람이 다 알고 지내던 친구 한 명마저 내게 이렇게 말했다. "나는 자네랑 계속 친구로 있으면서 그 친구와도 친밀한 교제 관계를 가질 수는 없어. 자네에 대한 험담이 사실이건 거짓이건, 아니면 둘 다 섞여 있건, 나한테는 별로 중요하지 않아. 알고 싶지도 않고. 내가 그 친구 편에 서 있는 한, 그쪽 입장만 알고 있는 게 가장 좋겠지." 이리하여, 나는 친구 둘을 잃었다.

나는 이 사람의 솔직함과, 우정을 노골적으로 정치화하는 태도에 아연해졌다. 다른 친구가 나보다 더 힘이 있었기 때문에 나는 버림을 받았다. 그 친구가 줄 수 있는 것이 나보다 더 많았으므로, 나는 두 번째 친구마저 잃은 것이다. 관계란 영구적일 것 같지만, 땅처럼 지진이 나면 흔들릴 수밖에 없다.

요셉 역시 버림받은 사람이었다. 그는 자기를 미워하는 형들의 마음을 인식하지 못했고, 형들을 점점 더 소외시키는 방향으로 자기의 위치와 세도와 영예를 휘둘렀다. 그래서 형들은 처음으로 기회가 주어지자 요셉에게 앙갚음을 해 버렸다. 그리고 요셉은 이방인이요 나그네가 되었다. 그렇게 버려지는 것은 쓰라린 아픔을 가져온다. 그 결과 많은 사람들은 겁나서 새 친구를 못 사귀고 마음이 굳어져서 다시는 하나님의 집에 가려 하지 않는다. 옛 친구를 거기서 만나게 될까 봐 말이다. 상실감을 잘라 버리고 과거의 추억과 화해의 꿈을 단절시켜 버리는 것이 더 쉽다.

배반은 우리의 눈을 열어 웅어리진 외로움을 보게 해 준다. 우리는 외로운 존재들이고, 아무리 다른 사람이 우리를 잘 알아 준다 해도 우리가 오늘 희생을 베푼 대상들이 내일도 우리를 사랑해 줄 것이라고는 아무도 장담하지 못한다. 우정에는 고통과 배반의 가능성이 도사리고 있다.

외로움을 느낄 때, 우리는 죄를 극복하고 일어설 관계가 이 세상에 과연 있는지 질문하기 시작한다. '나는 진정한 친구인가? 사람에게 관심을 갖고 함께한다는 것이 뭔지 나는 알고 있는가? 관계의 실패와 후회감, 현재의 아픈 마음, 내일은 또 무슨 일이 닥칠까 하는 두려움을 가지고 어떻게 살아가야 하나?' 그런 질문을 하다 보면 우리는 해답을 찾아 나서게 된다. 어떤 시점에서는 우리의 질문이 우리를 편안한 관습에서 내쫓아 우리가 놓친 것을 찾아 나서도록 강하게 밀어붙인다. 찾아 나선다는 것은, 사명을 가지고 방랑하되 그 길이 어디로 가는지는 모르는 것이다. 희망은 내가 한때 친구의 웃음소리 속에서 맛보았던 달콤함을 찾기 위해 현재 나의 쓰라림 너머를 바라볼 것을 요구한다.

우리 이야기는 친한 친구나 형제 자매와 맺었던 관계의 상실뿐만 아니라 인생의 모든 배반과 정면으로 마주 대하는 것이다. 그런 상실로 인해 우리는 길을 떠나게 되고, 그렇게 방랑하는 동안 사랑하던 사람을 잃은 상실감에 고통스러워하면서 비로소 자신의 이름이 없어진 상태를 가장 절실히 의식하게 된다.

과부의 수치

우리의 인생 드라마는 아버지와 어머니로 시작된다. 그분들은 우리에게 이름을 지어 주고 우리 인생의 의미에 윤곽을 잡아 준다. 그러면서 드라마는 친구들과의 관계를 통해 더욱 발전된다. 친구들은 우리에게 관심을 가져 주고 우리를 보호해 주며 쾌활함을 선물한다. 하지만 가장 친밀하고 강력한 드라마는 우리의 연인, 우리의 배우자와 함께 이루어져야 한다(미혼인 경우, 인생 드라마의 상당 부분은 왜 자기를 좋아하고 선택해 주는 사람이 없었는가 하는 문제와 관련된다). 우리는 한 남자의 여자, 한 여자의 남자가 되고 싶은 갈망과 고뇌로 갈등한다.

사람이 배우자를 잃는 이유에는 두 가지가 있다. 바로 죽음과 거리감이다. 죽음은 우리의 연인을 다른 나라로 데려가고 우리를 홀로 버려둔다. 우리는 가장 사랑했던 그 사람을 따라갈 수도, 연락할 수도, 단 한 순간이라도 함께하는 기쁨도 더 이상 누릴 수 없다. 그저 즐거웠던 추억들, 다시 돌아오길 바라는 꿈속에서 허우적거릴 뿐이다. 과부는 과거와 미래 두 세계 속에 끼어서, 사랑하는 사람에게 돌아가는 그날까지 기쁨을 포기하지 않는다.

과부가 되는 또 다른 방법은, 신뢰할 수 없고 멀게만 느껴지는 배우자와 결혼한 경우다. 아침이면 잠자리에서 일어나 양치질을 하고 아침 식사를 기다리고 새로 맞은 하루를 불평하는 산송장과 같은 사람과 매일 같이 자야 하는 사람들이 많다. 아침에 잠자리에서 일어났을 때, 내가 사랑하지도 않고 나를 사랑하지도 않는 사람이 옆에 있다는 것은 상상만 해도 끔찍하다. 이것은 살았으나 죽은 홀몸 신세다. 슬프게도, 부부는 살아 숨 쉬고 있으나 결혼 생활은 죽어 있는 경우가 많다. 그럴 때 많은 사람들은 그 공허감을 견디기 위해 자신의 드라마를 포기하고 다른 사람들의 인생을 구경하는 쪽으로(텔레비전, 운동 경기, 교회 생활, 연애 소설 등) 관심을 돌려, 대리 만족과 환상을 추구하는 인생을 산다.

또 무기한으로 과부 상태인 독신자들이 있다. 그들은 아직 이루어지지 않은 것에 애통해하며 불안한 미래 때문에 현재를 희생하는 경우가 많다. 문란한 독신자(지속적으로 또는 불규칙적으로)는 자기 육체를 일시적인 상대에게 주는데, 그 상대는 그저 자기의 쾌락에만 관심이 있을 뿐이다. 그 결과 사람이 줄 수 있는 가장 친밀한 선물을, 현재나 미래에 대한 아무런 헌신 없이 선물을 받아 포장을 찢고 선물을 강탈해 버릴 사람에게 주어 버리는 것이다. 사전에 충성과 헌신을 서약하지 않은 성관계는 모든 의미를 상실해 버린다. 왜냐하면 거기엔 과거의 추억이나 미래의 약속이 없기 때문이다. 그건 혼란스런 마구잡이 행위에 지나지 않는다. 그런 의미에서 본다면, 모든 문란한 성행위는 폭력의 일종이다. 물론 양쪽의 동의하에 서로에게 지극한 쾌락을 줄 수는 있지만, 거기에는 신뢰가 결여되어 있다. 그러므로 그런 행위에는 헌신과 약속이 결여되어 있는 것이다.

그리고 과거에 겪은 폭력을 기억하며 또다시 학대받을지도 모른다는 불안감으로 살아가는 독신자들도 많이 있다. 이것도 과부의 한 유형이지만, 배우자와 함께 보낸 과거의 은총도, 죽은 다음에 다시 만나리라는 기대도 없는 유형이다.

문란하지 않은 독신자도 과부 상태를 경험한다. 독신 여성은 그녀를 선택해 주는 사람이 없었기 때문에 독신이 된 면이 일부 있다. 부부 중심인 우리 사회에서 아무도 자기에게 헌신하지 않았다는 것을 알면서 파티에 참석하고 교회에 나가고 장을 보는 것은 고통스러운 일이다. 아파트 계단을 올라가면서, 자기를 위해 불을 켜 줄 사람이 아무도 없으며 침입자로부터 안전하게 지켜 줄 사람도 없음을 의식해야 한다. 차를 정비소에 맡길 때도, 수리공이 바가지 씌우지 않고 책임 있게 일하도록 신경 써 줄 사람이 없다. 그리고 차를 수리하는 동안, 누가 당신을 직장까지 차로 데려다 주겠는가? 이런 실제적인 문제뿐만 아니라, 침대에는 왼쪽 오른쪽 두 자리가 있지만 자기가 좋아하는 자리를 고를 사람은 자기 혼자다. 셀 수 없이 많은 경우에 독신 여성은 과부와 비슷한 고통을 겪는데, 거기다가 선택받지 못했다는 아픔까지 더해진다.

과부 된 상태는 친밀함이 주는 기쁨을 빼앗긴 상태다. 그것은 우리에게 이름을 주고 그로 인해 지구상에서 가장 친밀한 존재감을 주는 영혼과 연결되는 기쁨을 앗아 간다. 하루를 지내면서 내 아내는, 세상 누구도 부르지 않는 여러 가지 이름으로 나를 부른다. 그리고 내 아내가 아무도 듣지 못하게 나한테만 부르는 이름―남들은 모르는 한 가지 이름―도 있다. 아내는 우리가 멀리 떨어져 있을 때, 그리고 자기가 나를 얼마나 생각하고 있는지 그 깊은 마음과 장난기를 나에게 표현하고 싶을 때 그 이름을 사용한다. 아내가 노래하듯 그 이름을 부를 때, 나는 좀더 마음 깊이 귀 기울여 아내의 말을 들어야 한다는 것을 알고 있다. 왜냐하면 그다음에 이어질 말들은 내 이름을 가장 자주 부르는 사람, 미래의 내 이름이 무엇이 될지 가장 잘 감지하고 있는 사람에게서 나오는 말이기 때문이다. 내 아내는 이 세상에서 나에게 가장 많은 이름을 지어 준 사람이다.

장차 다가올 아내의 죽음을 생각하면, 그 이후의 내 인생은 도저히 상상조차 할 수 없다. 아내 없이 사는 삶을 단 하루도 헤아릴 수가 없다. 아내의 부재는 불시에 나를 귀먹고 눈멀게 할 것이며, 내 육체와 영혼이 경험했던 가장 진실한 기쁨을 차단할 것이다. 그것은 나의 말할 능력까지 앗아 가 버릴 것이다. 히브리어로 **과부**란 '혀가 말라붙었다'는 의미다. 그것은 말할 능력을 상실한다는 뜻으로서, 그런 상실을 겪은 사람이 '나를 이 상실감에서 건져

다오'라는 말 외에 더 무슨 말을 하겠는가?

  과부로서의 수치는, 홀로 있을 때 자신의 적나라한 욕구를 가릴 수 없다는 점이다. 과부가 된 사람은 한때 누렸으나 다시는 줄 수도 받을 수도 없는 추억으로 맥박이 뛸 뿐이다. 나는 혼자가 된 70대 할머니와 대화한 적이 있는데, 그분은 아직도 아침에 커피를 내리는 동안 컵을 두 잔 준비한다고 한다. 남편과 함께 산 50여 년 동안 그렇게 해 온 습관 때문이었다. 그 할머니는 주름진 얼굴에 눈물을 흘리면서 이렇게 말씀하셨다. "그 사람이 가 버렸다는 걸 머리로는 아는데, 내 손은 자주 잊어버린답니다." 할머니의 손이, 그 남편 되시는 분의 자리를 계속 기억해 주길 바라노라고 내가 말씀드렸다. 그랬더니 할머니는 낯을 붉히며 고개를 돌리셨다. 오랜 상실의 세월에도 불구하고 사그러들지 않는 갈망에 할머니는 얼굴이 붉어지셨다. 그게 바로 사랑이 감수해야 할 위험이자 무게다. 사랑은 우리로 하여금 벌거벗은 채 홀로 살게 한다. 사랑하는 이가 돌아와 주기를 바라는 간절한 바람과 함께 말이다.

  사랑이 있는 곳에서 우리는 알맞은 이름을 부여받는다. 사랑이 있는 곳에서 우리는 가장 진실한 우리의 이야기를 발견한다. 하지만 부재와 배반과 양가감정으로 이름이 없어질 때―아버지나 친구나 사랑하는 사람과의 관계 속에서―비로소 우리는 벌거벗은 채 새로운 이름과 새로운 이야기로의 부르심에 마음을 열게 된다. 우리는 이름이 없어질 때 다시 이름을 얻고, 그리하여 우리의 진정한 이름을 알게 된다. 고아나 이방인이나 과부라는 이름으로 불리게 될 때, 우리는 자신의 진정한 이름을 찾아 나서는 여정을 시작하게 된다. 하나님이 우리 마음에 부어 주신 열정에 '예'라고 말함으로써 고아나 이방인이나 과부가 되는 비극에 도전해 보면 어떨까? 비극을 끌어안고 이를 통해 뭔가를 배우기보다 비극을 피하려고만 하면 이중으로 상실을 겪는다. 최초의 비극을 상실할 뿐만 아니라 게다가 마음까지 닫아 버리게 되니까 말이다.

우리의 마음을 상하게 하는 것은 무엇이든 우리에게 분노를 일으킨다. 그리고 우리가 '아니요!'라고 소리칠 수 있는 능력은 바로 이 분노에서 나온다. 우리를 해치는 것을 거부할 수 있어야 그것이 다른 사람까지 해치는 폭력의 악순환으로 번지지 않는다. 우리가 열린 마음으로 비극을 직면한다면, 자신과 다른 사람들에게 좀더 온유해질 것이다. 그런 온유함이 있을 때, 우리는 마음이 상한 사람과 부드러운 보살핌의 손길을 필요로 하는 사람들에게 '예'라고 말할 자유를 누리게 된다. 우리는 비극을 통해 우리가 되어야 할 모습으로 준비되는 것이다.

나는 비극과 맞서 싸울 때 내 이름과 이야기를 발견한다. 비극으로 인해 나는 이름 없는 사람이 되고, 그 비극 때문에 내 이름을 완전히 잃어버리거나 또는 그 비극을 직면함으로써 나의 진정한 이름을 발견하게 될 것이다. 인생의 비극들은 크건 작건 간에 우리의 인격 안에 여러 윤곽을 새겨 놓으며, 그 윤곽들은 우리를 다른 삶의 방식으로 이끈다. 하나님이 사용하시고 변화시키시기를 원하는 그런 방식으로 말이다.

비극은 이렇게 묻는다. "당신은 마음에 상처를 준 일들과 맞붙어 싸울 각오가 되어 있는가?" 그리고 이렇게 촉구한다. "그 싸움의 한가운데서 하나님이 당신을 변화시키도록 자신을 내어 드리겠는가?" 이 두 질문은 하나님이 우리의 인생을 위해 써 넣으신 배역과 부르심을 향해 가는 노정을 결정한다.

나만의 이야기

하나님이 당신의 인생에서 침묵하신 시기는 언제였는가? 당신이 다음과 같은 상태를 경험한 적이 있다면 생각나는 대로 적어 보라.

- **고아**(아버지를 잃고 보호받지 못한 경험)
- **이방인**(친구 없이 혼자였던 경험)
- **과부**(거부당하거나 선택받지 못한 경험)

하나님은 인간의 역사 속에서 그리고 당신과 나의 역사 속에서, 꼭두각시 인형을 다루듯이 무대 장치를 해 놓고 인형 줄을 잡아당기는 분이 아니다. 그분은 운명이 우리에게 어떤 역할을 맡기건 우리가 눈과 귀와 마음을 활짝 열고만 있으면, 또 심지어는 닫고 있을 때조차도, 그 역할을 제대로 해낼 수 있는 방법을 무대 옆에 서서 가르쳐 주시는 분이다. 모든 것을 합쳐, 그리고 작지만 중요한 우리의 역할까지 합쳐 더욱 풍부하고 고귀하고 거룩하게 광대한 드라마를 만드는 방법을 말이다.

_프레드릭 뷰크너

6 소명에 붙들리다

인생의 주제를 통해 하나님 드러내기

드디어 결단을 내려야 할 날이 다가왔다. 평판 좋은 신학대학원 교수직을 수락할 것인가, 아니면 시애틀에 새로운 대학원을 설립하는 일에 합류할 것인가? 아내와 나는 몇 주일 동안 다양한 선택안을 놓고 고심했고, 결국 문제는 안전이냐 미친 짓이냐 둘 중의 하나로 귀결되었다. 이미 자리가 잡힌 그 신학대학원에서는 나에게 안정성과 괜찮은 보수 그리고 내가 원하는 과목들을 가르칠 수 있는 기회를 제시하였다. 반면에 새로운 대학원 설립은 터무니없는 일이었다. 최소한 3억 원을 모금해서 시작한다 해도, 실패하기 십상인 일이었다.

나는 어느 쪽으로 헌신할 것인지 최종 결정을 내려야 하는 순간에 도달했다. 아내의 다음과 같은 말이 결국 우리 논의에 종지부를 찍었다. "당신은 한 번도 평범한 인생을 살아 본 적이 없잖아요. 근데, 왜 이제 그런 인생을 살려고 해요?" 그 찰나의 순간에 나는 생각의 나래를 펴고, 우리 부부가 어떻게 만나게 되었는지,

내가 어떻게 신학대학원에 끌리게 되었는지, 어떻게 래리 크랩을 만나서 상담을 공부하게 되었는지, 어떻게 상담 프로그램을 시작하고 결국 이 결단의 지점까지 오게 된 여러 사건들을 겪었는지를 떠올리게 되었다. 무슨 이유에선지, 내 생각은 내가 그리스도인이 된 후 처음으로 들은 설교 내용에 머물렀다.

나는 문제 많은 스무 살 청년으로, 오랫동안 불법 약물 거래에 연루되어 있었다. 나와 동업하던 작은 카르텔은 새 공급자를 통해 마약을 팔기로 약속이 되어 있었다. 그 후 나는 그 마약이 조직범죄 단체와 연루된 제조업자에게서 오게 될 거라는 사실을 알게 되었다. 갑자기 나는 가내 공업 수준의 소규모 마약 딜러에서 '거물급'으로 들어가게 된 것이다. 그리고 거물급이 된다는 것에는 총기를 소지하고 판사와 경찰을 매수하며 미숙한 딜러를 협박해야 한다는 뜻이 내포되어 있었다. 나는 거기서 빠져나오고 싶었고, 그러자면 목숨을 잃을 수도 있다는 것을 알고 있었다. 어떻게 그 세계의 질긴 속박에서 빠져나올 힘이 생겼는지는 설명할 수 없지만, 어쨌든 나는 빠져나왔다. 나는 내가 만약 죽는다면 지옥에 갈 것임을 알고 있었다. 좀더 정확히 말하자면, 만약에 지옥이 있다면 나는 분명 지옥으로 갈 사람임을 알고 있었다.

내 영혼 깊은 한 구석에서는 하나님을 믿고 있었지만, 내 존재의 98퍼센트는 하나님에 관한 모든 것이 말도 안 된다고 생각했다. 하지만 내가 무슨 결정을 내리든 결국 내 앞에는 죽음이 기다리고 있었기에, 나는 하나님께 "그러겠습니다"라고 말했다. 그게 내 기도의 전부였다. "그러겠어요." 그게 사실이라면 그런 거고, 설혹 사실이 아니라 해도 내가 잃을 것은 별로 없었다.

나는 가장 친한 친구였던 트렘퍼에게서 복음에 대해 여러 번

들었던 터라, 복음에 대해 잘 알고 있었다. 사람들이 예수님을 믿기로 결단하는 것도 보았고, 성경 공부 수련회에도 몇 번 가 보았으며, 신학대학원 교정에도 이미 가 본 적이 있었다. 결국 그 신학대학원을 다니게 되었지만 말이다. 나는 기독교의 기본 진리를 알고는 있었지만, 마음에 그리 다가오지 않았다. 다만 내 가장 친한 친구가 그것을 진리로 받아들인다는 사실을 좋게 생각하고 있었다.

내가 신앙을 결단한 그날 밤, 나는 제법 큰 환각제 한 알을 일찌감치 복용한 터라 기분이 알딸딸한 상태였다. 그래서 시골에 있는 그 작은 장로교회에 들어갈 때는 마음이 몹시 불편했다. 사람들은 친절하고 따뜻했다. 트렘퍼와 나는 사람들이 들락거리는 중간 지점쯤 되는 줄에 앉아 있었다. 나는 그 줄 맨 끝자리에 앉은 것을 다행으로 생각했다. 여차하면 쉽게 빠져 달아날 수 있는 자리였던 것이다.

예배가 시작되었다. 사람들은 가끔 자리에서 일어서곤 했는데, 언제 일어서고 언제 앉는 건지 나는 도대체 파악할 수가 없었다. 그리고 맨 앞 높은 데 서 있는 말쑥한 사람과 무엇을 번갈아 가며 읽곤 했다. 또 노래를 부르더니, 고개를 숙이고 눈을 감고 하는 그 모든 것이 마치 미리 다 짜여져 있는 듯했다. 앞에서 신호하는 손짓이나 은밀한 지시 사항을 나만 놓치고 있는 건 아닐까? 이 장면을 다 이해하려면 확실히 시간이 좀 필요할 것 같았다.

그러고 나서, 가운을 입은 그 남자가 말을 하기 시작했다. 우리는 앞에 놓여 있던 시커먼 책을 폈고, 그 남자가 뭔가를 읽더니 자기가 방금 읽은 내용에 대해 말을 하기 시작했다. 나는 책을 읽지도, 그 남자의 말을 듣지도 않았다. 하지만 어째서인지 그가 발람의 나귀 어쩌구 하는 소리가 들렸다. 나는 호기심에 귀를 쫑긋 세웠다.

그는 발람의 나귀가 어떻게 발람에게 말을 걸었는지 설명했다. 나는 환각 상태가 왔다. 하지만 주변을 둘러보니 이 괴상한 현상에 관심 두는 사람은 아무도 없었다. 설교가 중간쯤 왔을 때, 설교자는 갑자기 말을 바꾸어서 "발람의 당나귀"라고 말하기 시작했다. 나는 너무나 편안한 상태가 되어 그만 의자에서 나동그라질 뻔했다.

사실 나는 너무 편안해져 그만 울음을 터뜨릴 것 같았다. 말하는 짐승이라…. 그럴 수도 있었다. 환각제를 먹고 나면 가끔 동물이 말하는 소리가 들리기도 했으니까. 하지만 말하는 기관이 달린 몸으로 종교 생활을 해 나간다는 것은 사람이 견뎌 내야 하는 수준을 넘어서는 것 같았다. 어쨌든 말이 좀 안 되는 것 같긴 하지만, 그날 밤에 나는 믿음의 결단을 내렸다.

점차 믿음이 내 삶의 중심이 되어 갔고, 몇 년 후에 아내와 나는 직업을 바꾸는 결정 앞에 직면하게 되었다. 아내가 "당신은 한 번도 평범한 인생을 살아 본 적이 없잖아요. 근데, 왜 이제 그런 인생을 살려고 해요?"라고 말했을 때, 왜 그 시골 교회에서의 한 장면이 떠올랐던 것일까? 이야기는 이야기에게 의미를 전달한다. 아내와 나는 새롭게 전개될 이야기 한가운데 있었던 것이다. 그리고 새로운 이야기의 핵심이 될 결정을 할 때 지나간 이야기가 다시 찾아와 우리에게 도움을 준 것이다. 드디어 결정을 내렸다. 우리에게 가장 중요한 사안들이 무엇인지를 가려내기 위해서는 여러 대안을 비교하고 기도하고 조언을 구하는 일이 매우 중요했지만, 결국은 아내가 나의 인생을 읽고, 우리가 함께 부르심 받은

'평범하지 않은' 길을 규정하고 환영함으로써 결정적인 결단을 내릴 수 있었다.

미래는 과거의 유형에 비추어서 쓰이게 마련이다. 우리는 미래를 예견할 수 없지만, 하나님이 자신의 목적을 위해 우리에게 어떤 흔적을 새겨 두셨는지 알기 위해 과거의 유형을 읽어 낼 수는 있다. 하나님은 우리의 미래를 열기 위해 과거를 사용하신다. 우리는 그 유형을 읽는 법을 배워 나가면서 우리의 부르심에 대한 통찰을 얻게 된다.

유형 읽기

아내와 나와 우리의 친구 크리스티는 함께 반나절 코스의 여행을 하고 있었다. 우리의 대화는 즐겁고 자유로웠다. 다양한 주제를 한참 이야기하다가, 아내가 우리 둘에게 이런 질문을 했다. "각자 자신을 알파벳에 비유한다면, 어느 알파벳이라고 생각해요?" 나는 그 질문이 엄청난 시간 낭비로 느껴졌다. 화재와 폭풍과 재난을 함께 겪어 낸 삼인조에게 그런 분위기를 풀기 위한 유치한 질문을 던지다니. 우리는 풀어야 할 어색함이 전혀 없었다. 하지만 유감스럽게도 크리스티가 적극적으로 뛰어들었다. "자기가 말하기 전에, 상대방이 어떤 알파벳이라고 생각하는지 말해 주는 건 어떨까요?" 나는 흥미가 없었지만, 수적으로 열세였으므로 그에 동참했다.

우리는 서로의 알파벳을 점찍어 보고 왜 그 알파벳을 찍었는지 설명했다. 아주 재미난 대화가 되었고, 마침내 나에게서 연상되는 알파벳이 무엇인지 알아맞힐 차례가 되었다. 아내가 X라고 말하자 크리스티가 깔깔 웃기 시작했다. 자기도 X를 생각했다는 것이다. 아내는 X-treme(극단적이라는 뜻의 extreme을 의미함-역주) 이라는 단어 때문에 X를 선택했고, 크리스티는 내가 경계선 또는 교차로에 서서 항상 한계에 도전하고 다른 사람들까지 그 길을 건너도록 촉구하는 사람이기에 그렇게 생각한다고 했다.

나는 웃긴 했지만, 적나라하게 딱 걸려든 기분이었다. 나는 종종 다른 사람들보다 극단적이다. 나는 반추하는 명상보다는 극적인 치열함과 결단의 위기 속에서 사는 때가 더 많다. 나는 두 여자가 나와 함께 있는 시간을 좋아하면서도 나에게 약간 약을 먹여 두는 게 좋겠다고 생각하는 것처럼 느껴졌다. 나는 자신이 존중받으면서도 왠지 노출된 것 같아 얼굴이 화끈 달아올랐다. 우리는 현재로부터 얻은 정보가 없이는 과거의 유형을 읽으려 하지 않을 것이다. 그리고 그 현재의 정보도 다른 사람을 통해 듣지 않으면 완전하고 정확할 수 없다. 누구나 자기의 얼굴을 직접 볼 수는 없으니까.

자신에 대한 진실을 알고 싶다면, 관계 속에서 대화해야 한다. 하나님이 우리를 그렇게 만드셨다. 자신이 어떤 사람인지 알고 싶다면 우리는 열심을 내고, 호기심을 품고, 마음을 열어야 한다. 사람들이 우리에게 어떤 질문을 할 때 그 속에서 바람처럼 스쳐 지나가는 뭔가를 잘 들어야 한다. "항상 그렇게 치열하게 사세요?" 또는 "정말 자신감 있어 보이네요. 스스로를 의심해 본 적은 없으신가요?" 또는 "어쩜 그렇게 늘 한 걸음 물러서서 다른 사람의 말을 먼저 들은 다음에야 자기 의견을 개진하시나요?"와 같은 질문들이 그렇다.

우리는 일평생에 걸쳐 온갖 사람들이 지어 주는 이름을 가진다. 그중 어떤 이름은 우리에게 수치심을 주려고 일부러 잔인하게 지어지기도 한다. 또 어떤 사람들은 우리에게서 자기가 원하는 어떤 것을 얻어 내기 위해 키스를 하고 칭찬하기도 한다. 그런가 하면 무심코 또는 순수하게 이름을 지어 주는 사람들도 있는데, 그런 정보야말로 신중히 고려해 볼 만한 최고의 것들이다. 지금 잠깐 멈추고, 다른 사람들이 당신에 대해 무엇인가를 말했던 순간들을 생각해 보라. 그들이 무엇이라고 말했는가? 그런 언급들에 대해 당신은 어떻게 반응했는가? 거기서 어떤 진실이 보이는가?

그 정보에다가 좀더 의도적인 정보들, 즉 당신이 찾아낸 정보들을 추가해 보라. 당신을 잘 알고 사랑하고 존중하는 사람들의 말을 들어 보는 것은 반드시 필요하다. 당신이 최상의 상태일 때와 최악의 상태일 때, 그들은 당신을 어떻게 보고 있는가? 당신이 상처 입고 화났을 때, 두려워하거나 외로울 때, 또는 자신만만하고 쾌활할 때 그리고 휴식 중일 때, 그들이 느끼는 당신은 어떤 사람인가? 다른 사람들이 느끼는 당신의 모습을 들어 보면, 장담하건대 당신은 깜짝 놀라고 겸손해질 것이다.

점선 연결하기

당신을 관찰한 여러 사람들에게서 정보를 수집해 보면, 그중에서 서로 겹치는 단어나 어구 또는 개념들이 눈에 들어올 것이다. 대강 그려지는 일차적인 유형은 바로 이렇게 겹치는 부분, 즉 동시발생적인 공통적 특징들이다. 일단 당신의 모습에 그런 대로 부합되는 유형을 규정하게 되면, 다음으로는 과거를 돌아보면서 '그런 유형이 어떻게 존재하게 되었을까'를 질문해 보는 것이 현명하다.

그러므로 사람들이 관찰한 것 중에 서로 겹치는 부분부터 찾으라. 하지만 당신을 묘사하는 단어나 어구나 이미지들이 때로는 일관성이 없다는 점을 기억하라. 그렇게 분명한 모순이 있을 수밖에 없는 이유는 간단하다. 우리 자신이 복잡하고 일관성 없고 모순되는 존재이기 때문이다. 우리는 사랑하고 미워한다. 남을 위해 자기를 희생하면서 또한 자기에게 몰입하는 존재다. 우리는 일관되게 일관성 없는 모순 덩어리다. 그러므로 우리 유형을 읽어 내는 과정 중에 우리가 반드시 받아들여야 할 현실은, 우리의 존재 속에는 연결해야 할 점들만큼이나 벌어진 간격도 많다는 점이다. 일관된 것과 일관되지 못한 것을 읽어 가면서, 우리 자신에 대한 진정한 척도를 얻기 시작한다.

점과 간격

당신이 몇몇 친구들, 특별히 배우자나 자녀들과 의미심장한 대화에 들어갔다고 가정해 보자. 당신의 상태가 가장 좋을 때와 가장 나쁠 때 그들이 당신 곁에 있으면 무엇을 느끼는지에 대해—때로는 감정을 섞어—하는 말을 들었다고 하자. 이제 당신은 일정 분량의 정보를 얻었고, 자기 방어나 의심이나 거부를 넘어 앞으로 나아간다. 그 정보들을 대조, 정리해서 그것들이 상당 부분 당신의 현재 모습을 묘사하는 것으로 받아들였다. 그렇다면 이제 해야 할 일은 무엇일까?

이제는 그 점들을 연결하고 간격을 메울 차례다. 점들을 연결한다는 것은 여러 단어와 어구들을 일관된 유형으로 연결시키는 것이다. 그것들이 아무리 입에 발린 칭찬이나 혼란스러운 것이라 할지라도 말이다. 여기서 간격이란 이례적인 단어나 어구, 사람들이 당신에 대해서 느끼는 큰 그림에 비추어 볼 때 낯설거나 모순되어 보이는 것들을 말한다. 그렇게 당신의 유형을 읽어 나가며 일관성 있는 것과 일관성 없는 것 모두를 알아 가면서 자신의 인생 주제를 어렴풋이 감지하게 된다.

주제를 드러내는 유형들

당신의 인생에 귀 기울여 보라. 그러면 당신의 존재 방식, 관계 맺는 방식, 다른 사람들과 연루되는 방식들에 대해 수없이 많은 단어들이 들릴 것이다. 그런 단어들은 당신이 자신의 성격과 인생에서의 역할을 규정하는 데 도움을 줄 것이다.

당신의 이야기들에 귀 기울여 보라. 지금까지 인생에서 당신이 해 온 역할들의 유형이 드러날 것이다. 당연히 그 속에는 불일치와 믿기지 않는 모순이 있을 것이다. 발전과 변화도 있지만, 사람의 세 살 적 모습 중에 여든이 되어서도 여전히 그 내면 세계에 간직되어 있는 부분들이 있게 마련이다. 일관된 자아감은 일평생 지속되며, 그렇게 일평생 간직된 것이야말로 당신이 하나님의 무대에서 펼치게 될 고유의 역할이나 배역이 무엇인지 시사하는 바가 크다. 더 큰 영광을 향해 자라고 성숙하면서 오래 지속되는 것이 바로 당신의 소명의 주제를 드러낸다.

주제란 어떤 이야기 내내 반복되는 일치된 개념 또는 동기를 말한다. 반복되는 것이 무엇인지 주목하면서, 그것들이 이야기의 복잡한 요소들을 어떻게 연결시켜 일관성 있는 통합체로 만들어 가는지를 살펴보라. 주제란 이야기의 핵심 내용이나 교훈 정도가 아니다. 사실 이야기나 인생을 하나의 도덕적 교훈으로 압축해 버리면, 그 감칠맛은 다 없어진다. 다시 말해서 교훈만 들어 있는 이야기는 반전과 복잡함과 의외성과 논란의 여지가 많은 복음의 이야기를 제대로 반영하지 못한다. 복음과 함께하는 인생은 결말에 이를 때까지 풍성하고 복잡하고 의외로울 것이다. 이 점이 바로 복음을 실제적인 진리가 되게 한다. 이 점이 바로 당신을 **진짜**가 되게 한다.

주제란 또한 인생의 의미를 말하는 것으로서, 진리가 무엇인지를 좀더 잘 기술하기 위해 늘 다시 쓰여야 하는 그 무엇이다. 주제는 말로 할 수도 있지만, 우리가 인생 전체는 차치하고라도 어떤 이야기 하나라도 부호화할 수 있다고 생각한다면 그것은 주제 넘은 생각이다. 사실은 이와는 거의 정반대다. 우리 인생의 이야기를 탐구하는 과정에서 우리는 주제부가 발전되는 것, 의미가 확대되는 것을 점진적으로 감지하게 된다. 우리는 경험을 통해 의미가 드러나는 중대한 과정 속에 사로잡혀 있음을 느끼게 되고, 결국 경험을 좀더 깊이 발견하고 있다는 느낌으로 인해 인생에 대한 흥미를 느끼게 된다. 진정한 이야기들은 다 이런 식이다. 픽션은 단지 머릿속의 생각을 묘사하는 것이 아니다. 픽션은 바로 이런 인생의 과정을 보여 주는 창조된 이미지로서, 그것을 통해 우리는 자신의 경험 속에서 의미를 향해 나아가고 있음을 느낀다.[1]

인생의 주제는 우리의 사명도 교훈도, 또는 목적도 아니다. 그것은 우리 인생이 하나님의 성품을 드러내느냐 그러지 못하느냐를 충분히 감지할 만큼 우리와 가까이 있는 사람들에게 드러나는 우리 인생의 의미다.

인생의 주제를 제대로 읽기 위하여

내가 알고 있는 한 여성이 있는데 그녀 인생의 사명은, 가정 폭력 때문에 가정에서의 안전과 기쁨을 상실한 사람들 편에 서도록 다른 사람들을 촉구함으로써 하나님을 드러내는 일이다. 그녀의 이름은 낸시 머피로서, 노스웨스트 가정생활 상담소와 마스 힐 대학원의 가정 폭력 방지 프로그램이라는 두 기관의 대표다. 그녀는 끔찍한 학대의 현장을 누구보다 잘 알고 있다. 그녀의 첫 남편은 신혼 여행 둘째 날부터 10년 동안 그녀를 학대했던 것이다.

 낸시의 이야기는 침묵과 수치, 거부와 처절한 소망이라는 비극으로 점철되어 있다. 그녀가 결혼 생활을 계속 유지한 이유는, 하나님이 그녀에게 다른 대안을 주시지 않고 계속 신실하게 순종하며 그 생활을 유지해 나가라고 말씀하신다는 확신 때문이었다. 하지만 폭력이 자녀들에게까지 이어지자, 그녀는 결국 모국인 캐나다에서 도망쳐 학업과 개인적인 치유의 과정을 시작하게 되었다. 그 여정의 결과 그녀는 미국 내에서 신앙에 기초한 치유 센터로 손꼽히는 한 기관을 이끌게 되었다. 그녀의 이야기는 그 어떤 할리우드 영화보다도 흥미진진하지만, 나는 그녀가 하고 있는 일에 대해서 그것이 인생의 주제 또는 소명이라고 명명하지는 않았다. 우리의 직업이나 사역 또는 우리가 가정이나 친구 관계 속에서 하는 일들은 단지 우리의 부르심을 위해 설정된 상황일 뿐이다. 나는 소명이 회사의 사장, 어떤 사역의 창설자, 또는 상담 센터의 책임자 등이라고는 생각하지 않는다. 그런 것들은 다 좋은 직업이나 경력이라고 표현할 수도 있겠지만, 우리의 소명은 우리가 무엇을 하느냐가 아니라 그것을 어떻게 하느냐다.

 낸시는 서부 해변의 밴쿠버섬에서 자랐다. 그 지역은 험하고 황량하고 세상과 동떨어진 곳이었다. 세계에서 가장 험악한 해안선인 그 해변을 오르내릴 수 있는 몇 안 되는 수단 중 하나는 바로 배였다. 낸시는 15미터짜리 배 위에서 형제 자매들과 함께 자랐으며, 그녀의 부모님은 섬 마을에 거주하는 인디언 원주민들을 대상으로 하는 선교사였다. 낸시는 아홉 살이 될 때까지 자기가 백인이라는 사실을 몰랐다. 그녀의 영혼과 세계관은 캐나다 원주민과 동일한 것이었다.

캐나다 원주민들은 누구에게만 따로 상을 주거나 특출한 일을 했다고 인정함으로써 사람들을 분류하는 법이 없었다. 한 사람을 우대하는 것은 다른 많은 사람들을 평가절하하는 일이었다. 하지만 낸시는 온유하고, 말투가 부드럽고, 현실적이며, 배꼽 빠질 정도로 재치 있고, 지혜롭고, 그러면서도 용감한 여성인데, 내가 그녀에 대해 이렇게 말하면 그녀는 어쩔 줄 모른다. 내가 이렇게 말하는 것을 그녀가 허용하는 딱 한 가지 이유는, 이 말을 통해 그녀가 자신의 사생활이나 안락함보다 더 소중히 여기는 것, 바로 복음이 드러나기 때문이다.

오늘날 가정 폭력은 그리 인기 있는 주제가 아니다. 이 단어가 풍기는 이미지들은 끔찍하다. 이 단어는 또한 일을 만들고 싶어 안달하며 격분해 있는, 변화를 부르짖는 지지자들을 끌어들이는 경향이 있다. 이 수치스런 주제는 선동적인 행동주의자들에 의해 한층 가열되었다. 결국 그런 행동은, 대부분의 사람들이 가정 폭력으로 상처 입은 사람들 편에 서기보다는 그들과 소원해지는 결과를 낳았다.

따라서 낸시의 활동 노선에서 보면, 그녀는 일종의 수수께끼다. 그녀는 온유하면서 열정적이다. 그녀는 상당히 전문적인 여성이지만, 항상 따스하고 다가갈 수 있는 존재다. 그녀는 미 상하 양원 연합 의회와 헬싱키 컨퍼런스에서 연설한 적이 있는데, 가정 폭력과 성매매와의 상관 관계라는 문제를 집중적으로 다루었다. 일반적으로 그런 대단한 자리에 초대받으면, 과학적 객관성을 가지고 감정이 개입되지 않은 거리감이 느껴지는 분위기로 강연하기 마련이지만, 낸시는 열정과 인간애가 느껴지는 분위기로 그 주제를 다룬다. 그녀는 사람들이 다 함께 고통을 느끼고 희망을 품으며, 꿈을 꾸고 위험을 감수하도록 촉구한다. 그것도 경쟁적인 양쪽 진영의 방어벽을 슬며시 뚫고 들어가는 부드럽고 깊이 있는 태도로써 그렇게 한다.

마음이 상한 자와 연약한 자, 가난한 자는 복이 있으며 그들이 위로를 받을 뿐 아니라 이 땅을 다스릴 것이라는 산상수훈의 말씀을 그녀보다 더 풍성하게 살고 있는 사람이 또 있을까? 낸시의 인생의 주제는, 마음이 상하고 어리석은 자가 승리할 것이며, 이는 바로 예측 불가능하고 엄청난 사랑의 역설 때문이라는 것이다. 낸시와 그녀의 현재 남편인 탐의 삶은 그들의 인생의 주제가 온유함을 통해 폭력을 파괴하려는 하나님의 뜻임을 드러낸다. 이 두 사람은 매우 격정적이고 위험천만한 사람들이다. 가정 폭력과 맞서 싸우는 것이 낸시의 소명인가? 대답은 "그렇다"이다. 그녀는 상담하고 훈련시키고 교육하고 연구 조사를 총지휘하고, 다른 사람들이 눈을 열어 가정 폭력의 끔찍함은 물론, 그 속에서—그리고 그것을 넘어서—하나님의 영광이라는 소망을 보도록 촉구한다.

하지만 낸시의 소명이 정말로 가정 폭력에 대한 것인가? 이에 대한 완전한 대답은 복잡할 수밖에 없다는 것이 나의 생각이다. 낸시의 소명은 가정 폭력에 대한 것이지만, 동시에 그보다 훨씬 더 큰 목표이기도 하다. 그 목표란 바로 사람들을 하나님의 온유하심이라는 신비로 초대하는 것이다. 그녀의 이야기에 귀 기울이면, 가정 폭력이라는 끔찍한 고초를 겪으면서 그녀가 체험한 모든 것들을 듣게 될 것이다. 하지만 그녀의 인생의 주제는 하나님의 뜻밖의 손길을 드러낸다. 가장 의외의 사람들을 사용하셔서 가장 비상한 변화를 일으키시는 하나님 말이다.

인생의 주제는 우리 인생의 궤도를 정해 주고, 그 궤도는 우리가 감당할 역할 속에 함께 짜여진다. 구체적인 할 일들은 우리가 하나님의 무대로 올라서기 위해 통과하는 관문일 뿐이다. 그렇다면, 사람 수만큼 많은 인생의 주제가 있다는 사실도 당연하다. 하지만 가장 진실한 주제는, 우리 각자가 하나님의 성품에 대해 고유하게 드러내는 것들과 연결되어야 한다. 우리의 소명은 하나님이 우리의 배역을 통해 짜 넣으신 주제를 통해 하나님을 드러내는 것이다. 어디서(장소) 어떤 상처에 직면할 것이며(문제), 누구와(사람) 어떻게(과정) 그것을 해 나갈 것인지는 대체로 우리의 선택과 재능에 달려 있다. 어떤 사람이 밴쿠버섬에서 백인이자 캐나다 원주민으로 태어났다고 해서, 언젠가 미 상하 양원 앞에서 증언하지 말라는 법은 없다. 지역과 시대, 국적, 성별 그리고 나이가 하나님의 창의성이나 유머 감각을 제한하지는 않는다.

일단 우리 인생을 읽기 시작하면, 하나님은 우리가 무엇인가를 더 하도록 부르시는데, 바로 우리의 이야기로 작업을 해 나가라는 부르심이다. 우리는 우리의 운명을 직접 쓰고, 그렇게 쓴 것을 공동체 속에서 편집하도록 부름받았다. 그보다 훨씬 더 나은, 더 진실한 이야기가 되도록 말이다. 하지만 우선은 우리 이야기가 어떤 쪽으로 움직여 가는지 방향 감각을 가져야 한다. 최소한 우리의 소명을 나지막하게 속삭여 주는 소리 정도는 들어야 한다는 말이다.

하나님의 부르심: 부르심이 아닌 것은 무엇인가?

하나님은 우리를 부르신다. 이 말은 우리가 귀 기울여 듣고 반응해야 한다는 의미다. 하나님은 우리를 과업과 섬김으로 부르시지만, 가장 중요한 것은 그분과의 관계로 부르신다는 사실이다. 하지만 대부분의 사람들은 **소명**이라는 단어를 사용할 때, 주로 해야 할 일의 목록, 직업 또는 소원 목록 등을 의미하는 경우가 많다. 하지만 소명에 관한 진실은, 소명은 이런 것들과는 전혀 무관하다는 사실이다.

소명은 할 일 목록이 아니다

소명은 하나님이 우리가 마치기를 원하시는 일들의 목록이 아닌데도, 우리들 대부분은 '소명' 하면 할 일 목록표를 생각하는 경향이 있다. 우리는 복잡한 목표들을 손쉽게 해낼 수 있는 작은 일로 쪼갠 다음, 다시 합쳤을 때 완성된 하나의 목표가 되게 하면 일이 훨씬 수월하다고 생각한다. 예를 들면, 누가 내게 어떤 식으로 책을 쓰냐고 물으면 나는 이렇게 대답한다. "저도 몰라요. 그런 거 해 본 적 없거든요. 할 능력도 없고요." 책 한 권을 쓴다는 것은 불가능한 일이지만, 열두 개의 장을 쓰는 것은 그렇게 어렵지 않다. 인생의 목표들과 해야 할 일들을 작게 세분화하는 기술을 배우지 못한 사람은 불리한 점이 상당히 많다. 해야 할 일들이 다 너무 커 보이기 때문이다.

그러므로 해야 할 일의 목록을 작성하는 것은 꼭 필요한 기술이지만, 그렇다고 그것이 하나님이 우리에게 하라고 부르신 일은 아니다. 하나님의 부르심이 우리의 할 일과 관련되는 것은 사실이지만, 우리는 어떤 한 가지 일, 더 나아가서는 한 가지 중요한 일을 하라고 부름받는 적이 거의 없다. 하나님이 우리에게 하라고 부르시는 것은 더 광범위한 것 즉 존재의 문제와 일치되는 것이다. 우리는 하는 일로 규정되는 존재가 아니라, 우리가 섬기는 대상을 닮아 가는 존재다. 이 과정이 좀 복잡하게 보일 수도 있지만, 사실 상당히 간단하다. 어떤 탁월한 피아니스트가 별로 열정 없이 어떤 악곡을 연주할 수 있다. 아주 실력 있는 테니스 선수가 프로 선수만큼 모든 공을 잘 쳐 내지만 최고 선수 100명의 명단 안에는 한 번도 들어가지 못할 수 있다. 왜 그런가? 이는 마음의 문제이기 때문이다. 그리고 마음의 문제는 항상 우리가 누구를 또는 무엇을 예배하느냐와 관련되어 있다.

영화 〈씨비스킷〉 같은 이야기는, 심지어 동물의 세계에서도 손에 만져지지는 않지만 관찰 가능한 마음의 문제를 계속 생각하게 해 준다. 숫기 없는 어린 말 한 마리가 선천적 결함 때문에 헐값에 팔리게 되었다. 그런데 한 지혜로운 조련사가 서서히 그 말의 힘을 이끌어 내고 그 결함을 이용해 오히려 맹수성을 키움으로써, 지혜롭게 다루기만 하면 누구도 꺾을 수 없는 말로 만들었다.

이 이야기에는 일말의 진실이 있다. 누구의 이야기든 이와 마찬가지다. 하나님은 우리 마음의 문제에 대해 통렬하게 말씀하신다.

주님께서 말씀하신다. "무엇하러 나에게 이 많은 제물을 바치느냐? 나는 이제 숫양의 번제물과 살진 짐승의 기름기가 지겹고, 나는 이제 수송아지와 어린양과 숫염소의 피도 싫다.…옳은 일을 하는 것을 배워라. 정의를 찾아라. 억압받는 사람을 도와주어라. 고아의 송사를 변호하여 주고 과부의 송사를 변론하여 주어라."[2]

나는 너희가 벌이는 절기 행사들이 싫다. 역겹다. 너희가 성회로 모여도 도무지 기쁘지 않다. 너희가 나에게 번제물이나 곡식 제물을 바친다 해도, 내가 그 제물을 받지 않겠다. 너희가 화목제로 바치는 살진 짐승도 거들떠보지 않겠다. 시끄러운 너의 노랫소리를 나의 앞에서 집어치워라! 너의 거문고 소리도 나는 듣지 않겠다. 너희는 다만 공의가 물처럼 흐르게 하고, 정의가 마르지 않는 강처럼 흐르게 하여라.[3]

하나님은 백성에게 번제물을 바치라고 명령하시고는, 또 그것들이 "역겹다"고 말씀하신다. 하나님은 우리가 정의를 추구하는 열정 어린 마음으로 살아가길 원하신다. 그것이 전부다. 종교적 행위는 기도든 금식이든 기부든 희생이든 노래든 춤이든, 의를 갈구하는 마음 없이 할 때는 하나님의 속을 뒤집어 놓는다. 그리고 의로움을 살아 낸다는 것은 바로 영광이 점점 자라날 수 있는 거룩하고 아름답고 성스러운 공간을 창조해 내는 것이다. 하나님은 우리에게 할 일 목록을 주시지 않는다. 그 대신 우리의 마음이 거룩함과 정의를 추구하도록 부르신다.

소명은 직업이 아니다

대부분의 사람들은 소명을 하나님이 우리를 특정한 직업으로 부르시는 것으로 이해한다. 물론 하나님은 청년기의 예레미야를 부르셔서 다가올 심판을 외치게 하셨다. 그리고 하나님은 바울을 부르셔서(당시에는 사울이었지만) 그가 열심에 눈이 멀어 다 몰살시키려 했던 바로 그 사람들을 섬기라고 하셨다. 하나님은 우리를 특정한 일이나 직업으로 부르시긴 하지만, 우리가 그 일에 유난히 적합한 자들이어서 부르시는 것이 아니다. 하나님이 우리를 특정 일이나 직업으로 부르시는 이유는, 우리가 약하고 상처 입고 그 일에 제대로 준비되지 않았기 때문이다.

나는 사람이 어떤 직장이나 직업으로 부름받는다고는 생각하지 않는다. 인생에서 내 소명은 작가나 치료사나 강연가나 교사나 훈련가나 또는 행정가가 되는 것이 아니다. 내 소명은 하나님의 영광을 드러내기 위해서 하나님이 내게 주시는 문이라면 어떤 문이든 통과하는 것이다. 내가 대학원 학장이라 해도 그것은 한 시절뿐이요, 내 인생은 영원히 지속되는 것이다. 내가 의사나 자동차 수리공이라 해도 마찬가지다. 나는 그저 한 시절에 한 목적을 위해 하나님의 부르심을 받은 것이 아니라, 그분의 영광을 드러내기 위해 영원히 부름받았다. 그렇다면 나의 소명은 무엇인가? 내 소명은, 나만의 고유한 얼굴과 이름과 이야기에 얽혀 있는 하나님에 관한 그 무엇을 세상에 알리는 것이다. 내 배역을 통해 하나님을 드러내는 것이다.

소명은 소원 목록이 아니다

하나님은 우리가 가장 바라는 소원 50가지를 들어주는 그런 일에는 관심 없으시다. 우리 딸이 대학 첫 학기 때 받은 숙제 중에 하나는, 인생에서 꼭 하고 싶은 일 50가지를 적어 보는 것이었다. 딸애가 적은 목록이 내 맘에 쏙 들었다. 나도 그 나이 때 누가 그런 걸 시켜 주었더라면 싶었다. 물론 어느 때 하더라도 늦진 않지만 말이다. 다만 성경에 나오는 인물들 중 그런 요청을 받은 사람이 한 명도 없었다는 것이 우리의 딜레마일 뿐이다. 이런 숙제는 오로지 서구 자본주의 안에 있는 중산층 또는 중간 계층 문화에서만 말이 된다. 갓 이민 온 가족들이 무엇이라고 적었을지 상상해 보자. "직장을 잡고, 의식주를 해결하고, 교육을 받았으면 좋겠어요."

딸애의 목록에는 쾌락과 희생, 성장과 배움, 세우기와 무너뜨리기, 관계와 이상 등이 다 들어 있었다. 그애는 자기가 정말 하고 싶은 것이 뭔지를 규정한다는 면에서는 훌륭하게 해냈지만, 나는 이렇게 말해 주었다. "하나님은 네가 꿈을 이룰 수 있도록 도와주는 일에는 별로 관심이 없으시단다. 심지어 하나님의 목적을 위해서 너 자신을 희생하는 일일지라도 말이야." 사실 나는 하나님이 우리의 꿈들을 다 해체해 버린 후에 비로소 다시 창조하신다고 확신한다. 하나님은 먼저 우리 안에 꿈을 탄생시킨 다음, 우리가 그 갈망을 따라 움직이게 하신다. 그렇게 우리의 꿈을 추구하는 과정 속에서 우리는 비극도 맞닥뜨리게 되고, 상실과 가슴 아픈 일을 겪어 보아야만 알 수 있는 더 깊은 갈망을 만나게 된다.

하나님이 우리가 발견하기 원하시는 우리 존재의 가장 깊은 갈망은 무엇인가? 그것은 오로지 하나님만을 단순히 사랑하라는 것이다. 우리는 하나님이 우리 마음속에 엮어 놓으신 주제와 꿈들을 통해 하나님을 드러내라는 부르심을 받았다. 그러므로 우리의 소명을 알기 위해서는 우리 이야기의 고유한 궤적에 이름을 붙일 수 있어야 한다.

소명에 붙들리다

늘 그렇듯이, 우리는 이야기로 시작한다. 그러므로 당신의 이야기를 읽고 또 읽으라. 때가 되면 당신 인생의 궤적과 몇몇 유형들이 안개를 뚫고 모습을 드러내기 시작할 것이다. 처음에는 그저 모양만 드러나겠지만, 시간이 지나고 기도와 묵상이 더해짐에 따라 당신의 길이 점점 더 분명한 윤곽으로 드러나는 것이 보일 것이다. 이것은 그저 지적인 연습이 아니다.

우리가 우리 소명을 발견하는 것이 아니라 소명이 우리를 찾아내는 것이다. 소명이 우리에게 돌진해 올 때 우리가 소명을 붙잡을 수도 있겠지만, 대부분은 소명이 있다는 것을 인식하기 훨씬 전에 우리가 이미 소명의 그물에 걸려 있다. 우리는 자신이 맡은 배역의 배우이자 작가이지만, 대부분은 우리가 발견한 것이 우리가 창조해 낸 것이라기보다는 오히려 우리에게 주어진 것임을 이내 감지한다. 물론 두 가지 모두가 사실이다. 우리는 발견하면서 동시에 창조한다. 이런 이중적 시각을 가지고 우리는 다음과 같은 질문을 할 수 있다. "나를 움직이는 것은 무엇인가? 나는 무엇에, 그리고 누구에게 '예'라고 대답할 것인가? 헤아릴 길 없는 내 마음의 갈망을 어떻게 따를 것인가?"

하나님은 우리에게 갈망과 의미를 주신다. 그것들은 우리가 굳이 만들어 내려고 애쓰지 않아도 소명과 함께 우리 안에 존재한다. 내가 소명에 붙들린 바 될 때, 나의 선택 사항은 간단하다. '나는 누구를 섬길 것인가?(사람) 어느 지역에서 그 공동체를 섬길 것인가?(장소) 그 공동체와 그 장소에서 직면하게 될 타락의 영향력은 어떤 부분일까?(문제) 그리고 그 문제를 해결해 나가기 위해 어떤 방법을 쓸 것인가?(과정)' 인생에서 우리의 소명은 항상 사람과 장소, 문제 그리고 과정과 맞물려 있다.

하나님은 당신의 이야기와 주제와 소명을 보여 주시기 전에 이 네 가지 항목 중에서 어느 한 가지를 이미 당신과 연결시켜 주심으로써, 당신이 자신의 소명을 감지할 수 있게 해 주셨는지도 모른다. 예를 들면, 하나님은 당신의 마음속에 라틴 아메리카의 사람들과 그 문화에 대해 크나큰 열정을 이미 심어 두셨을 수도 있다. 아니면 당신 가족이 베일에 다녀온 이후로, 산악 지방이 당신의 상상력을 온통 사로잡았을는지도 모른다. 어떤 방식이든, 당신의 마음은 어떤 구체적인 것에 대한 신비와 마력에 이끌린 것이다.

<u>스스로</u> 어떤 질문을 던져 보라. 왜 당신은 장애인 올림픽 광고를 볼 때마다 그렇게 가슴이 아픈 걸까? 당신의 인생 가운데 발달 장애를 가진 사람이 없었는데도, 당신의 교회에서 장애아 사역이 시작될 때, 그 일이 당신의 머릿속에서 떠나지 않을 수 있다. 당신은 보통 사람들에 비해서 일을 훨씬 빨리 잘한다는 것을 오래전에 깨달았을지도 모른다. 당신은 천재는 아니지만 끈기의 은사가 있다. 세세한 사항을 잘 다루고 혼란 속에서 질서와 아름다움을 창조해 낸다. 새로운 아이디어는 잘 내놓지만 그것을 서류상으로 잘 정리할 줄 모르는 사람들에게 당신은 생명줄처럼 요긴한 사람이 된다.

당신은 재능 있는 사람이다. 그리고 부르심을 받았다. 당신은 이야기를 풀어낼 사람이다. 당신이 자신을 더욱 명확하게 알아 갈수록, 당신의 소명을 붙잡고 또 그 소명에 붙들리는 여정에 좀 더 가까이 다가설 것이다. 그리고 사람과 장소와 문제와 과정에 '예'라고 말하는 순간, 당신은 소명에 붙들리게 되는 것이다.

나만의 이야기

당신이 인생에 귀 기울이는 순간, "당신의 존재 방식, 관계 맺는 방식,

다른 사람들과 연루되는 방식들에 대해 수없이 많은 단어들이 들릴 것이다. 그런 단어들은 당신이 자신의 성격과 인생에서의 역할을 규정하는 데 도움을 줄 것이다." 당신 인생의 주제와 유형들은 하나님에 관해 어떤 점들을 드러내는가? 당신이 바로잡고 싶은 것은 무엇인가? 당신이 더욱 키워 나가기를 꿈꾸는 선한 것들은 무엇인가?

3부
이야기 쓰기

우리가 볼 수만 있다면. 하나님의 편지를 읽을 수만 있다면.
높은 곳에 앉아 우리 운명의 저자들 사이에서,
우리 인생의 책을 읽을 수만 있다면.
글로 쓰인 책, 이미 다 쓰여 완성된 그 책을.
그러나 우리는 우리 이야기를 절대 알 수 없으리라.
우리는 다만 그 이야기 속의 배역들일 뿐.
그리고 우리의 책을 읽을 독자들이 있으리라고 생각할 뿐.

_엘렌 식수

7　당신의 목적 쓰기

종이와 펜을 들고 하나님을 따라 나서라

2001년 9월 11일 테러리스트들의 공격 후, 대부분의 미국인들은 텔레비전에서 눈을 떼지 못했다. 하루 안에 뉴스 매체들은, 무너져 버린 국제무역센터 주변의 벽에 실종된 사랑하는 이들의 사진을 붙여 놓은 이들의 이야기를 보도하기 시작했다. 불과 며칠 안 되어, 미국은 이야기의 나라가 되었다. 이 사건 자체만으로도 너무 슬프고 가슴 아픈 일이지만, 죽어 간 사람들과 그들을 떠나보낸 사람들의 얼굴을 직접 보고 이야기를 직접 들으면서, 이 사건은 우리에게 더욱 개인적이고 현실감 있게 다가온다.

사고나 고의적인 폭력으로 수십 명의 사람이 죽고 다치는 소식은 그 자체로도 끔찍하지만, 최소한 한 개인의 이야기를 직접 접하지 않고서는 그런 이야기 자체가 마음을 크게 움직이지는 못한다. 누군가의 이야기를 알지 못하고서 그 사람의 고통을 느낀다는 것은 거의 불가능하다.

마찬가지로, 우리도 자신의 이야기를 모르고서는 자기 인생의 고통 속으로 들어갈 수 없다. 이 책의 앞 장들에서는, 당신이 자신의 이야기 속에 뛰어들어 당신이 겪은 비극과 가정 내에서의 역할을 통해 당신의 이야기가 어떻게 쓰여 왔는지를 살펴보았다. 그렇게 당신의 이야기를 읽어 나가는 동안, 당신은 인생의 다양한 선택 속에서 어떤 것에는 '예'라고 또 어떤 것에는 '아니요'라고 대답하게 만든 특정한 유형과 주제를 파악할 것이다. 나는 하나님이 당신을 조성해 오신 여러 차원을 살펴보면서, 당신이 자신과 자신의 이야기에 대해 좀더 큰 호기심과 슬픔을 느끼기 시작했으면 좋겠다.

이 시점에서는 다음과 같은 질문을 해 보는 것이 적절할 것이다. "너무 고통스럽게 느껴지는 장들, 내가 싫어하는 장들에 대해서 이제 나는 무엇을 해야 하는가?" 이해가 잘 안 되고 아직 구속의 부드러운 빛으로 조명되지 않은 장들은 누구에게나 있게 마련이다. 자신의 이야기를 좋아하게 되려면, 그런 과거조차도 하나님의 뜻이었으며 이미 완성된 장들도 궁극적으로는 하나님의 영광을 위해서 또 그 구속의 역사에 당신을 동참시키기 위해서 쓰였음을 믿어야 한다. 참혹한 일들과 악에 관한 한 우리는 하나님의 뜻을 절대로 다 헤아릴 수 없으며, 다만 하나님은 죄의 저자도 아니시며 그렇게 일어난 일들 중에서 하나님의 궁극적인 목적을 방해할 수 있는 것은 아무것도 없다는 사실을 알 뿐이다. 하나님은 샬롬을 사용하시듯, 고통과 상한 마음도 사용하신다.

하나님은 세상의 기초를 놓을 때부터 우리의 인생을 써 나가신다. 하지만 우리가 하나님께 합류하여 우리 인생을 함께 써 나가기 시작한 후 오랜 시간이 지날 때까지, 그리고 궁극적으로는 우리가 얼굴을 맞대고 하나님을 만날 때까지는 그 이야기의 결말을 조금이라도 우리에게 보여 주지 않으신다. 이생에서 우리는, 일차적으로는 이미 일어난 일들을 뒤돌아보는 것으로 하나님의 뜻을 알 수 있다. 하나님이 모든 것을 다스리시며 그분의 시야에서 벗어나는 것은 아무것도 없음을 알고 있지만, 우리가 이 진리를 알고 있다고 해서 과연 우리 인생 속에 쓰인 모든 것을 사랑할 마음 자세가 갖추어지는 걸까?

우리는 피하고 싶고 후회스러운 부분을 포함한 우리의 과거를 사랑할 수 있다. 다만 이것은 우리 이야기가 장차 다른 사람들의 이야기에 유익이 되게 하려고 그렇게 쓰였다는 것을 이해할 때에만 그렇다. 우리는 우리 이야기가 새롭고 더 영광스러운 이야기를 탄생시키는 것을 볼 때에만 진정으로 우리의 인생을 사랑할 수 있다.

인생을 해석하는 것―이미 일어난 일들을 통해 형성된 의미의 윤곽들을 볼 줄 아는 것―은 인생을 사랑하는 법을 배우는 첫 단계다. 두 번째 단계도 반드시 필요한데, 당신은 이제 자기 인생을 쓰기 시작해야 한다는 것이다. 그렇게 써 나가면서 가슴 아픈 일을 대면할 때 당신의 감수성은 더욱 풍부해진다. 인생을 써 나가다 보면, 하나님이 당신을 구속하기 위해 하신 일들 그리고 다른 이들의 인생 속에서 하나님이 당신의 이야기를 사용하시는 모습을 보면서 더 심오한 경외감을 느끼게 될 것이다. 그렇기 때문에 하나님은 당신에게 종이와 펜을 들고 그분을 따르라고 초대하신다.

한 손에 펜을 들고

우리는 우리 과거를 미래와 한데 엮도록 부르심을 받았다. 이 과업은 너무나 엄청나서 부담감이 상당하다. 우리는 아직 드러나지 않은 미래의 이야기를 쓰기 위해 이미 들은 과거의 이야기를 따라 펜을 들어야 한다. 우리 인생을 쓴다는 것은 그 함축하는 의미가 지대하다. 따라서 종이에 글로 적어 보면, 우리 이야기의 현실을 깨닫는 데 훨씬 도움이 된다. 하나님은 우리의 이야기 안에서 우리의 이야기를 통해 이미 자신을 드러내셨다. 따라서 우리는 우리의 주제 및 부르심과 관련해서 이미 드러난 것들이 무엇인지에 초점을 맞추어 이야기를 써야 한다. 그렇다고 오로지 과거만 들여다볼 수는 없다. 아직 드러나지 않은 미래도 직시해야 한다. 우리는 이미 주어진 과거는 물론, 아직 완성되지 않았고 쓰는 데 고통이 따르는 미래도 살펴보도록 부름받았다.

내가 내 운명을 써야 한다면, 내가 이 땅에 도착하기 전에 이미 많은 부분이 쓰여 있었다는 사실과 내가 탄생한 이후에도 많은 부분은 내가 쓴 것이 아니라 나를 위해 쓰인 부분이라는 사실을 인정해야만 한다. 하지만 그럼에도 나는 내가 원하는 대로 쓸 수 있는, 놀라우리만큼 자유로운 존재다. 왜냐하면 하나님은 내 이야기에 관한 한 전적으로 책임지는 존재로 나를 쓰셨기 때문이다.

하나님은 우리를 꼭두각시 인형처럼 다루지 않으신다. 줄을 잡아당기면 안경을 머리 위에 걸치고 한쪽 바짓가랑이가 신발에 끼인 채로 어슬렁어슬렁 걸어 나오는 그런 인형 말이다. 하나님은 우리를 플라스틱 장난감처럼 취급하지도 않으신다. 무대 위에 온통 늘어놓고 게임을 하다가 게임이 끝나면 주섬주섬 장난감 상자 속에 던져 버리는 그런 장난감들 말이다.

우리는 하나님의 영광에 초점을 맞추어 단 한 번뿐인 인생을 쓰도록 부름받은, 놀라울 만큼 상호 의존적인 존재들이다. 하나님은 우리 이야기를 어떻게 써야 하는지 우리에게 말씀해 주시는가? 아니다. 하나님이 우리에게 말씀은 하시는가? 그렇다. 그렇다면 우리가 무엇을 써야 할지 말씀해 달라고 매순간 물어보아도 될 만큼 그렇게 자주 분명하게 말씀해 주시는가? 그건 아니다. 하나님은 그분이 존재하신다는 사실을 기억할 수 있을 만큼은 말씀해 주시지만, 그것도 우리가 보이는 것이 아니라 믿음에 의거해서 행동할 수 있도록 어느 정도 모호하게 말씀하신다. 우리 이야기를 써 나가는 과정은 불확실성과 위험과 아직 설명되지 않은 이야기가 주는 긴장감으로 가득하다.

하지만 우리가 이야기를 써 나가는 동안 우리에게 방향을 가르쳐 주는 표지판이 있는데, 그것은 바로 하나님이 우리 마음에 심으신 꿈이다. 하나님은 우리를 부르셔서 꿈을 꾸고 계획하고 쓰게 하신다. 우리는 하나님이 쓰시는 인생보다 앞서거나 뒤처지거나 곁길로 샐까 봐 겁낼 필요가 없다. 하나님은 우리에게 이렇게 말씀하신다.

> 계획은 사람이 세우지만, 결정은 주님께서 하신다. 사람의 행위는 자기 눈에는 모두 깨끗하게 보이나, 주님께서는 속마음을 꿰뚫어 보신다. 네가 하는 일을 주님께 맡기면, 계획하는 일이 이루어질 것이다. 주님께서는 모든 것을 그 쓰임에 알맞게 만드셨으니, 악인은 재앙의 날에 쓰일 것이다.…사람이 마음으로 자기의 앞길을 계획하지만, 그 발걸음을 인도하시는 분은 주님이시다.…제비는 사람이 뽑지만, 결정은 주님께서 하신다.[1]

세상을 주관하시는 하나님은 악한 동기나 고집스러운 계획 또는 불의한 자들의 꾀에 방해받지 않으신다. 그분은 우주를 다스리시며, 심지어 악까지도 자신의 계획을 이루는 데 사용하신다. 그러나 하나님의 전능하심이 우리의 수동성을 정당화하지는 않는다. 오히려 그것은 지혜롭고 모험적인 창의성으로의 부르심이다. 우리는 계획하고, 하나님은 인도하신다. 부르심은 분명하다. 우리는 깨닫게 하시는 성령의 격려에 부합하는 꿈을 품고, 계획하고 써 나가야 한다. 이는 하나님이 우리 이야기 속에 써 넣으신 열정과 주제들에 걸맞게 써야 한다는 말이다.

당신의 꿈을 좇아

당신의 꿈은 도피하거나 뛰어드는 것 둘 중 하나다. 중간 지점은 없다. 당신은 하루하루 고달픈 삶이나 해결되지 않은 과거 또는 불확실한 미래로부터의 도피를 꿈꾸거나, 아니면 자신의 유익보다 더 큰 유익을 위해 전쟁터로 뛰어들 방법을 꿈꾼다. 물론 오랫동안 기다려 온 유럽 여행을 꿈꾸는 것이 잘못은 아니다. 대학 졸업장이나 낚싯대를 바라고 꿈꾸는 것이 잘못은 아니다. 하지만 우리가 품는 모든 꿈들은 거창하건 속되건 상관없이, 고대하던 에덴 동산으로의 복귀이거나 다가올 에덴 동산에 대한 간절한 바람이다.

하나님이 우리에게 주시는 꿈, 즉 우리가 써야 할 꿈은 우리의 가장 열정적인 '예'와 '아니요'를 이끌어 내는 꿈이다. 우리에게 가장 깊은 상처를 주었던 것은 무엇이든지, 우리가 큰 소리로 '아니요!'라고 외치는 데 일조할 것이다. 그리고 우리에게 가장 큰 희열과 기쁨을 주었던 것은 무엇이든지, 우리가 가슴에서 우러나

'예'라고 환영하고 축복하도록 우리를 이끌어 간다.

꿈이 단선적이거나 명료한 경우는 거의 없다. 당신이 성폭행을 당했던 사람이라고 해서 성폭행에 대해 '아니요'라고 말하는 데 인생을 바치지는 않을 수도 있다. 그 대신 당신의 분노는, 사람을 집단으로 따돌리거나 약자를 괴롭히는 데 힘을 쓰는 자들에게 '아니요'라고 말하고 싶은 갈망을 키워 줄 수도 있다. 당신의 이야기로 인해 반드시 당신이 학대받은 자들을 상담하는 일에 헌신하게 될 것이라고 볼 수는 없지만, 당신은 패자가 승리하고 약자가 자기 목소리를 내고 새로운 힘을 얻는 모습을 보며 더욱 큰 기쁨을 느끼게 될 것이다.

우리의 가장 깊은 꿈은 항상 잘못된 것을 바로잡고 선을 확장시키는 일들과 관련되어 있다. 사실은 매우 간단한 것이다. 당신은 어떤 잘못된 일들을 멈추게 하고 싶은가? 당신에게 딱 들어맞는, 선을 확장시키는 일은 무엇인가? 우리가 아무리 개인적인 목적을 달성해도, 그 목적이 다른 사람들을 위하는 더 큰 선과 맞닿아 있지 않은 한, 우리는 행복할 수 없는 존재다.

단 하나의 '예'라는 열정 위에 세워진 당신의 꿈 때문에, 당신은 주사위를 던지고 하나님이 바라시는 번호가 나오게 할 것이다. 그 꿈은 어쩌면 동네에서 성경 공부 모임을 시작하는 것과 같은 단순한 꿈일 수도 있다. 아니면 당신은 "기름때에 절어 가며 자동차를 고치는 게 정말 재미있어요" 하고 말할 수도 있다. 그렇다면 당신은 과부나 독신 여성 또는 기계에 문외한인 남성들에게, 자기 자동차만이라도 완전 정복할 수 있게 도와주는 일을 감히 시도하게 될 것이다. 꿈이 있으면 펄펄 살아 있는 인생의 현실 속에 뛰어들게 된다. 당신의 꿈에 이름을 붙이고, 계획을 세우고,

물속으로 뛰어들라.

당신의 꿈속에서 솟아나는 계획이 있다면 그것이 무엇이든 결국 다음의 네 가지 핵심 질문에 답변해야 한다. 이제 그 네 가지 질문을 살펴보도록 하자.

누구를 섬길 것인가?

간절한 꿈이란, 따사로운 남해안의 고적한 섬으로 떠난다거나 에베레스트산을 등반하거나 수백억 원을 버는 것이 아니다. 우리의 가장 간절한 꿈이 다른 사람들에 관한 것이 아니라면, 우리는 그저 권력과 성취와 자아 몰입적인 나르시시즘에만 관심이 있는 것이다. 가장 절실하고 진실한 꿈은 정의나 화해나 소망을 필요로 하는 사람에게 선을 가져다주는 것이어야 한다. 우리 섬김의 대상으로 이미 다양한 종류의 사람들이 정해져 있을 수 있지만, 어쩌면 소수에만 집중해야 할 경우도 있다. 그 중심 대상은 구체적인 인종, 국적, 지역 또는 필요에 의해 한정된 특정 집단이기 쉽다. 우리는 항상 자신이 속한 집단을 넘어서서 더 나아갈 각오를 하고 우리와 다른 집단의 사람들에게 나아가려는 열정을 계속 추구해야 한다. 예를 들어 자전거 경주자들, 교회 성가대, 학대받는 여성 등이 있을 수 있다. 우리는 구체적인 대상과 연결된 꿈을 꾸어야 한다.

어디에 있을 것인가?

이것은 꿈의 공간적 측면을 말한다. 우리는 모두 시공간의 제한을 받는다. 나는 전 세계를 비행기로 날아다닐 수는 있지만, 그래도 매일 밤 내가 자야 할 곳은 한 장소다. 내가 부름받아 사랑하고 섬겨야 할 사람들이 일차적으로 속한 곳은 어디인가? 이 장소의 개념에는 주소 또는 지역이 있다. 그러므로 어떤 도시나 지역의 관습에 제약받을 수밖에 없다. 우리는 모두 지역적 한계에 묶여 있다.

'장소'의 문제는 선택의 문제이며 우리를 제한한다. 우리는 가능한 한 모든 선택의 가능성을 열어 두려 하지만, 그럴 수는 없다. 어느 한 장소에서 섬기기로 선택한다는 것은 다른 선택의 가능성을 닫는 것이다. 물론 그 한 가지 선택을 통해 새로운 선택의 지평이 열리겠지만, 그 각각의 결정 또한 '예'라고 말하는 것보다는 '아니요'라고 말하는 것이 더 많다.

감당해야 할 짐은 무엇인가?

누구나 싸워야 할 그 사람만의 고유한 타락의 결과가 있게 마련이다. 우리 모두는 이 세상에서 문제를 가지고 있으며, 그 문제는 처음에는 우리를 눈물 쏟게 하고 분노를 가중시키다가, 나중에는 일시적으로나마 잠잠해지면서 영혼에 기쁨을 가져다준다.

사람과 장소에 관한 문제에 답변을 하게 되면 대처해야 할 문제를 파악하는 데 도움이 된다. 예를 들어, 미시시피주의 시골 지역에서 가장 부자들이 사는 동네의 침례교회를 섬기기로 결정했다면, 계속 커져 가는 중서부의 한 도시 외곽 지역에서 사무용품 가게를 열기로 결정했을 때와는 전혀 다른 필요들에 직면할 것이다. 이 지역에 사는 사람들과 저 지역에 사는 사람들은 그 필요가 서로 다르다. 심지어 이 두 지역이 몇십 킬로미터밖에 안 떨어져 있다 해도 그렇다.

당신이 섬기도록 부름받은 대상의 필요들(재정적, 신체적, 심리적, 법적, 영적, 관계적, 창의적, 지적 필요와 여가 선용 면에서의 필요)은 하나님이 당신으로 하여금 개발할 수 있게 해주신 은사들과 밀접한 관련이 있다. 그렇게 당신이 개발한 기술들 중에서 어떤 것은 당신이 좀 지겨워하는 것일 수도 있다. 당신은 행정적인 면에서는 달인이지만 사무실에서 종이나 뒤적거리는 지루한 일은 싫어할지도 모른다. 이것은 대체로 당신의 기술이나 은사를 무시하는 것이라기보다는, 당신이 정말 중요시하는 세계에서 그 은사들을 잘 활용하지 못하고 있다는 의미다.

마찬가지로 은사는 변하기도 하는 법이어서, 인생의 어떤 시기에는 당신이 받은 은사의 새로운 영역을 시도해 보도록 하나님이 인도하실 수도 있다. 예를 들면, 아주 탁월한 판매 사원이 오랜 세월 그 일을 하다가, 설득과 정보 전달을 잘하는 재능으로 회사의 직원이 되는 대신 교육자가 되거나 자기 사업체를 시작하게 될 수도 있다. 우리가 짚고 넘어가야 할 문제들을 점검할 때, 이 모든 고려 사항들이 영향을 미친다.

그 일을 어떻게 할 것인가?

과정의 문제에 대답한다는 것은, 당신의 꿈을 어떻게 다루어 나갈 것인지를 규정함을 의미한다. 당신이 구체적인 장소와 섬길 대상을 잘 파악한 가운데 타락으로 인해 발생할 문제까지도 제대로 규명하게 되면, 이제 그 상황에만 독특하게 들어맞는 일을 곧바로 하게 된다. 당신이 사람과 장소 또는 문제와 관계 맺는 방식은 독특하다. 당신이 하는 모든 일에는 당신만의 존재 방식이 찍히게 된다.

하나님은 우리가 고통을 덜어 주고, 정의를 추구하며, 화해를 촉진하고, 사람들이 사랑할 수 있게 도와주기를 바라시지만, 우리가 하나님의 성품을 드러내는 방식으로 그렇게 하길 열망하신다. 다른 사람들을 잘 돕는다거나, 또는 일을 잘하는 것으로는 부족하다. 가장 의외인 것 같은 통로를 통해 변화를 가져오길 기뻐하시는 하나님의 광대한 창조성을 드러내기 위해, 우리는 자신만의 고유한 방식으로 이 일을 해내야 한다.

그러므로 우리가 일하는 방식은 기도, 행정, 교육 또는 섬김 등일 수 있다. 아니면 마술 보여 주기, 노래하기, 무언극 하기 또는 그림 그리기 등이 될 수도 있다. 또는 인도하기, 도전하기, 수리하기, 양육하기 등일 수도 있다. 우리 각자는 자기의 일을 하되 다른 사람은 절대 하지 못할 방식으로, 그러면서 하나님에 관해 무엇인가를 드러내는 방식으로 할 것이다.

한 가지 좋은 예를 들자면, 내 딸 아만다는 성격이 부드럽고 예술적이고 기발하다. 그애는 삶의 세세한 부분에서는 비교적 산만하고 뒤죽박죽인 편이다. 하지만 다방면으로 독서를 하고 철학적 성향이 짙으며, 세계의 성매매 현황에 대해서는 웬만한 어른 뺨치게 잘 알고 있다. 그애가 있으면 유쾌하면서도 듬직하다. 한번은 그애가 벌벌 떨고 있는 데이트 상대의 가슴을 손가락으로 가리키며 유신론에 반대하는 그의 빈약한 주장을 통렬히 비난하는 것을 본 적이 있다. 그러더니 언제 그랬냐는 듯 깔깔 웃으며 상대의 어깨를 툭툭 치더니, 같이 데이트하러 나가야 하니까 문을 열라고 하는 것이 아닌가. 그때 나한테 들었던 생각은 이렇다. '오늘 밤 저 남자애 호된 맛 좀 보겠구만.'

***

우리가 살펴본 네 가지 질문은 사람과 장소, 문제 그리고 과정의 문제를 다룬다. 우리는 이 질문들에 답변을 해야 하지만, 그 답변들이 모두 명쾌하고 간단하리라고 기대할 수는 없다. 우리가 섬길 대상이 고아들이라는 것은 알고 있지만, 그들이 어디에 있단 말인가? 그리고 우리가 헤아려야 하는 그들의 어려움은 어떤 차원의 것인가? 어떤 방법으로 그 싸움 속에 뛰어들 것인가? 한 가지 영역에서는 명쾌하지만, 나머지 세 영역에서는 애매모호할 수도 있다. 하지만 네 가지 문제 모두와 관련해서 보장할 수 있는 한 가지 사실은, 한 영역에서만이라도 해답이 있으면 하나님과 좀더 연결된다는 점이다. 그리고 우리의 미래는 그렇게 발견된다는 점이다. 바로 다른 사람들을 위해서 우리 이야기를 읽고 사랑하고 써 나감으로써 말이다.

두 눈으로 보는 미래

우리는 미래를 써 나갈 때, 한 눈은 먼 지평을 바라보고 다른 한 눈으로는 우리에게 가장 가까이 있는 구체적인 것들을 본다. 우리는 코앞과 먼 곳을 모두 보아야 하지만, 그렇다고 이 둘을 동시에 또는 똑같이 명확히 볼 수는 없다. 왜냐하면 우리의 초점이 제한되어 있기 때문이다. 하지만 시장에 가는 짧은 거리에서조차도, 우리는 종종 코앞과 먼 곳을 번갈아 가며 초점을 맞추어야 한다.

우리는 대부분의 시간 동안 바로 앞에 있는 것들에 집중하지만, 그렇다고 우리 결정이 그 순간에만 의지해서 이루어지는 경우는 거의 없다. 길을 건너려고 할 경우, 나는 거의 항상 그 순간의 물리적인 상황을 보고 길을 건널 것이다. 하지만 하루에 이루어지는 대부분의 결정들은 좀더 멀리 보고 심사숙고해서 내려진다. 나는 이메일로 받은 초대에 바로 대답하는가, 아니면 기다렸다가 그날 저녁 아내와 의논한 뒤에 대답하는가? 그리고 그 초대에 관해 아내와 의논할 때는 내가 이 책 쓰는 일을 어떻게 끝낼 수 있을지를 고려할 것이다. 왜냐하면 원고 마감일이 넉 달밖에 안 남았기 때문이다. 따라서 내가 오늘 이메일로 받은 초대장은 여러 달 뒤인 원고 마감일과 느슨하게나마 함께 고려해야 할 것이다. 우리는 종종 코앞과 먼 곳을 같이 놓고 고려한다.

우리가 의식하든 못하든, 우리의 즉각적인 결정은 미래를 인식하는 방식과 엮여 있다. 좀더 큰 집을 살 것인가 아니면 은퇴를 대비해서 돈으로 비축해 둘 것인가? 지금도 바쁜 생활인데 대학원까지 다닐 것인가, 아니면 안정적으로 돈을 벌 수 있는 현 직장에 눌러앉을 것인가? 앞으로 10년이나 그 일을 더 해야 한다고 생각하면 몸서리가 쳐지긴 하지만 말이다. 매일의 삶 속에서 결정을 내릴 때, 우리는 현재와 미래를 유동적으로 오간다.

마찬가지로 현재와 미래를 써 나갈 때도, 우리는 코앞과 먼 곳을 저울질해 보아야 한다. 이 과정이 매우 복잡해 보일 수도 있지만, 미래의 큰 이야기가 현재를 어떻게 쓸 것인지를 결정한다. 그리고 현재의 이야기는 우리가 내일과 그 이후에 관한 더 큰 이야기를 쓰는 방식을 끊임없이 제한하기도 하고 확장시키기도 한다. 우리 이야기는 마치 책과 같고, 현재의 이야기들은 한 장(章)을 구성하는 여러 장면과 같다. 현재와 미래라는 두 초점은 끊임없이 상호적 관점에서 조명되어야 한다.

큰 이야기: 주제와 갈망

큰 이야기는 당신 인생의 이유를 드러낸다. 즉, 당신이 하나님에 관해서 드러내야 하는 것이 무엇인지를 보여 준다는 말이다. 당연히 이런 관점은 눈에 보이지 않는 것을 볼 수 있게 해 주는 소망의 눈을 필요로 한다. 당신은 확률의 범주 너머에 있는 것들을 상상해야 한다. 인생에서 중요한 몇 가지 목표를 성취할 것을 꿈꾸는 정도로는 불충분하다. 당신의 이야기를 써 나가는 동안, 한 인간의 삶의 위업은 그럴 법한 차원 이상이어야 함을 명심해야 한다. 여행이나 탐험 또는 공부나 배움을 계획하는 정도로는 부족하다. 꿈은 상상 불가능한 것을 드러내야만 한다. 즉, 다른 사람들의 인생 속에 하나님의 성품과 영광을 반사해야 하는 것이다.

이제 단순한 꿈을 넘어서서 개인적인 사명 선언문을 작성해야 할 때다. 이 일은 그저 일련의 목표들을 끄적거리기보다는 미래의 저자가 되는 것과 훨씬 비슷하다. 사명 선언문이란 맨눈으로는 보이지 않는 수평선을 보여 주는 망원경이다. 훌륭한 사명 선언문은 작성하는 데 몇 년씩 걸릴 뿐 아니라, 자신의 과거를 읽고 미래를 상상하는 힘든 작업 없이는 완성될 수 없다. 사명 선언문을 작성하기 위해서는 자신의 갈망을 파헤치고 열정을 말로 표현해 보며, 하나님이 쓰신 인생 이야기의 굴곡을 따라가 보아야 한다. 자기 인생의 남은 부분을 저술해 나가기 위해서는, 반드시 개인적인 사명 선언문을 작성해야 한다.

사명 선언문은 조심스럽게 접근해야 한다. 너무 거창한 비전을 내세우다 보면 쉽게 삶의 흔적을 놓치고, 너무 추상적이면 미래의 모습을 제대로 그려 내지 못한다. 설상가상으로, 너무 포괄적인 미래를 제시하려다가 그만 이도 저도 아닌 것이 될 수도 있다. 당신이 높이 평가하는 몇몇 기관들의 웹 사이트에 들어가 그들의 사명 선언문을 읽어 보라. 그 사명 선언문에 감동이 되는가? 그 기관이 존망의 기초로 삼고 있는 것, 소망을 명시하고 자원을 집결시키는 기초로 삼고 있는 것이 무엇인지 잘 드러나 있는가? 아니면 같은 분야의 다른 기관들이 이미 말하고 있는 것을 그저 앵무새처럼 흉내 낸, 예측 가능하고 종교적으로 건전할 따름인 선언문을 내걸고 있지는 않은가?

교회의 사명 선언문에 대해서도 생각해 보자. 대부분의 교회들은 전도하고, 제자 삼고, 예배하고, 공동체를 세우고, 어려운 사람을 돌보아 주고, 의를 추구하고, 사람들에게 커피를 제공한다. 모든 교회가 다 똑같지 않다는 사실은 누구나 알고 있지만, 각 교회의 사명 선언문은 근본적으로 동일하다. 왜 그럴까? 왜냐하면 종종 우리는 우리 마음에 가장 근접하고 지배적인 주제에 맞게 우리 미래의 범위를 좁히고 싶어 하지 않기 때문이다.

내가 알고 있는 교회 중에는, 오늘날 교회들이 전체적으로 얼마나 이교도적이고 불경스러워졌는지를 신도들이 마음껏 성토할 수 있는 장소가 되고자 하는 교회가 있다. 이 교회는 오늘날 그리스도인들 사이에서 눈에 띄게 일고 있는 영적인 퇴조 현상에 대해 명쾌한 대안을 제시하고 싶어 한다. 그렇지만 이 교회의 사명 선언문은 대위임령과 세상을 향한 사역에 중점을 두고 있다. 또 어떤 교회는 격한 교회들로부터 거부당한 사람들을 받아들이는 일을 전문으로 하는 곳도 있는데, 그 사명 선언문은 사람들을 거부하는 그 격한 교회의 사명 선언문과 거의 동일하다.

많은 사람들이 자기 인생에 대한 사명 선언문 작성을 거부하는데, 그 이유는 그 방법을 잘 모르거나 내용에 핵심이 없어지는 것이 두렵기 때문이다. 우리는 이야기라는 개념을 과정으로 이해하는 데 실패했기 때문에 사명 선언문이 발휘하는 능력도 제대로 파악하지 못하고 있다. 내가 어떤 사람이냐가 내가 무엇을 하느냐보다 더 중심이 되어야 하는 것과 마찬가지로, 이야기 주제는 항상 사명보다 선행되어야 한다. 그러므로 주제 선언문이 사명 선언문보다 선행되어야 한다.

주제가 사명보다 우선한다

내 인생 이야기는 수치심과 폭력과 오만을 중심으로 펼쳐진다. 그러므로 내 주제 선언문은 내 이야기를 어느 정도 조리 있게 엮어 가는 이 씨실을 잘 표현해 내야 한다. 다음 문장은 현재 나의 주제 선언문이다. **내 이야기는 놀랍고도 예측 불가능한 하나님을 드러내며, 그 하나님은 어리석음을 통해 수치심을, 온유함을 통해 폭력을, 약함을 통해 오만을 변화시키는 분이시다.**

내가 무엇을 어떤 방법으로 하든, 누구를 섬기든, 나는 그 이야기의 주제를 살아 내야 한다. 가장 중요한 것은, 하나님이 쓰신 이야기(우리를 초대하셔서 미래를 위해 쓰게 하신 것과 동일한 이야기)를 우리가 살아 내고 있는가 하는 것이다. 나는 대학원장으로서 아니면 대도시 빈민가 교회의 부목사로서, 동일하게 진정으로 내 사명을 살아 낼 수 있을까? 그렇기도 하고 아니기도 하다. 우리가 무엇을 하느냐도 중요하지만, 그것을 **어떻게** 하느냐에 비하면 무엇을 하느냐는 별로 중요하지 않다.

내 주제 선언문을 가지고서는, 질서와 예측 가능성과 공식이 창의성과 혼란과 복잡함보다 더 가치 있게 여겨지는 환경에서 섬기기가 어려울 것이다. 내 이야기는 수치심과 폭력과 오만에 관한 것이다. 그러므로 수치심을 규명하고 폭력을 고백하고 오만을 노출하기를 거부하는 환경은, 마치 나라는 삼각 대갈못을 망치로 두들겨서 원형 구멍에 끼워 맞추려는 것과도 같다.

또한 주제 선언문은 한 사람의 마음을 움직여 "그래서 어떻게 됐는데?"라고 질문하게 만들어야 한다. 이 선언문이 세상을 위해 그리고 세상 속의 몇몇 사람들을 위해 어떤 변화를 가져왔는가? 어떤 사람들은 주제 선언문은 아주 비슷한데 사명 선언문이 전혀 다를 수 있다. 당신의 주제는 중요하다. 그것이 당신의 사명을 형성하기 때문이다.

나의 사명은 '진리를 말하는 자(truthteller)를 훈련시켜 자신의 이야기를 끌어안게 함으로써 다른 사람과 관계 맺는 방식에 변화를 가져다주는 것'이다. 나는 교육자이자 이야기하는 사람(storyteller)이다. 교육자로서 나는 사람들이 마음에서 우러나는 이야기에 귀 기울이고 그 이야기에 말을 걸도록 훈련시킨다. 하지만 나처럼 이야기하는 사람이면서 교육자인 사람들 중에도 나와는 다른 인생 주제와 사명 선언문을 가진 사람들이 있다. 결과적으로 그들은 자신만의 독특한 방식으로 교실 안에서 자신의 재능과 책임을 발휘한다. "나는 교사로 부름받았습니다"라고 말하는 것으로는 절대 충분치 못하다. 교사들은 자신의 이야기가 어떻게 자기만의 교육 방식을 형성하는지, 그리고 그 교육 방식이 어떻게 자기만의 고유한 사명 선언문을 형성하는지 알아야 한다. 나의 소명과 관련해서 내가 가장 바라는 바는, 사람들의 마음이 변화되어 열정과 투쟁과 순종으로 충만한 방식으로 하나님 및 다른 사람들과 관계 맺는 능력을 얻는 것이다. 그 개인적인 사명이 내 인생의 꿈과 목표들을 형성한다.

지금까지 내가 기술한 것은 나의 큰 이야기였다. 하지만 내가 당장 내 앞에 놓인 장면들, 즉 현재의 이야기 속에서 살지 않는 한 나의 큰 이야기는 의미가 없다.

현재의 이야기: 상황과 사람들

우리가 큰 이야기를 꿈꾸지 않으면 우리의 사명은 숨이 멎고, 우리의 큰 이야기가 실제 상황에 뿌리내리기 전까지는 사명을 깊이 있게 개발할 수 없다. 우리 이야기가 먼저 나는 실제 삶 속에 새겨져 있지 않다면, 우리는 환상만 먹고 살다 끝날 것이다. 사실 혼자 편안한 방에 누워 꾸는 꿈과 안전함 속에서 자기의 인생을 마모시키는 사람들도 많다. 그 가장 비극적인 예는 복권 당첨만 한없이 꿈꾸고 있는 사람이다. 좀더 다양한 실례를 든다면, 백마 탄 기사가 나타나기만을 기다리는 여성, 또는 가련하리만치 평범한 이력을 소유한 남자가 언젠가는 자기만의 사무실을 얻을 꿈을 꾸는 경우 등이다. 우리가 미래를 위해 피 흘림과 위험을 감수하지 않는 한, 꿈은 쉽게 환상이 되고 만다.

동시에 우리가 처한 현실은, 그저 의지만 있다고 해서 우리가 속한 구체적인 세상에서 마음대로 몸을 뺄 수는 없는 존재라는 것이다. 우리는 타고난 결함을 의지력만으로 없앨 수는 없다. 과거의 흡연으로 생긴 폐 손상을 의지력으로 없앨 수는 없다. 하나님은 우리가 펜을 들고 하나님을 따르도록 써 놓으셨으며, 우리는 상황을 고려한 구속의 꿈을 품고 그렇게 해야 한다.

예를 들면, 내가 지역구 수준의 정계에도 전혀 발을 들여놓지 않았으면서 대통령이 되기를 꿈꾼다는 것은 어리석은 일일 것이다. 이야기를 쓸 때는 상황을 고려해야 한다는 말이다. 이것은 마치 그림을 그릴 작은 캔버스를 받은 화가와 비슷하다. 그 화가가 그 캔버스에다가 복잡한 전쟁 장면을 그리려 한다면, 그것은 어리석은 일일 것이다. 그리고 그에게 주어진 물감이 서너 가지에 불과하다면, 그것만을 사용해서 뭔가 아름다운 것을 창조해 내야 할 것이다.

과거의 비극과 고통은 우리가 인생의 미술 작품을 창조하는 데 사용할 물감과 캔버스다. 과거의 흔적들은 우리를 짜릿함과 신비와 의미로 가득한 피조물이 되게 하는 윤곽을 형성한다. 내 큰 코와 곱슬머리와 꿰뚫어 보는 듯한 두 눈을 어찌 자랑스러워하지 않을 수 있겠는가? 물론, 그것 때문에 내가 문제에 빠지기도 했지만, 금발과 파란 눈에 납작코의 사내아이라면 절대로 말할 수 없을 이야기들을 나에게 부여해 준 것도 사실이다.

현재 속의 우리 이야기로 돌아와 보자. 그 속에는 육체와 공간과 시간과 사람이 있고, 우리는 더 큰 이야기의 지평에 계속 초점을 맞추면서 동시에 현재의 이야기를 살아 내야 할 존재다. 그렇다면 우리는 현재의 상황에 대해 무엇을 해야 하는가? 이 질문에 대답하려면, 우리는 지금 바로 우리 앞에 놓인 것들이 무엇인지 숙고하면서, 다음의 세 가지 핵심 질문을 던질 필요가 있다.

- 나는 현재의 내 상황을 끌어안고, 돌아보고, 감사하고 있는가?
- 나는 나에게 주어진 동시에 내 손으로 창조한 세상에 대해 책임감을 느끼는가?
- 나는 내 이야기와 사명 속에 현재가 반영되도록 하고 있는가?

이 점을 기탄없이 설명해 보자. 우리는 대부분 현재 상황에 밀리고 압도당하고 있다고 느낀다. 우리는 문제에서 해방되어 즐거움만 추구하고 싶어 한다. 하지만 하나님은 이와 다른 계획을 갖고 계시다. 하나님은 우리의 문제가 하나님을 더 잘 알게 해 주고, 자신의 영광을 위해서 우리로 하여금 쓰게 하시는 이야기를 살아낼 수 있는 상황으로 쓰임받기를 바라신다. 이 말은 현재라는 것이 일차적으로는 굳이 해결되어야 할 것, 심지어는 교훈을 주는 그 무엇이 아니라, 우리가 다른 사람들에게 하나님을 드러내고 하나님이 자신을 우리에게 드러내는 방식으로 써 나가야 하는 것임을 의미한다.

현재에 대해 감사하는 마음이 없으면, 우리는 현재에 의해 변화되기보다는 그 현재를 바꾸려 하게 된다. 하지만 감사와 배려하는 마음을 가지면, 자신의 현재를 인정하고 다음과 같은 분명한 사실을 선언할 수 있게 된다. 즉, '나의 현재 모습이 내가 원하는 모습의 전부는 아닐 수도 있다. 그리고 상황이 그러하다면, 나는 새로운 문장을 쓰고, 나아가서 새로운 단락과 새로운 장을 쓰기 시작하면 된다.' 나의 모습인 것과 아닌 것을 다 내 것으로 인정함으로써, 나는 이미 알고 있는 과거와 아직 눈에 보이지 않는 미래의 관점에서 내 이야기를 쓸 공간을 창조하게 된다.

하나님과 더불어 쓰기

현재 나는 마스 힐 대학원 학장으로 재직하고 있다. 처음에 나는 학장 자리를 원치 않았고, 재임 기간 동안 대부분의 학장들이 저지른 것보다 훨씬 많은 실수를 저질렀다. 나는 마지못해 겨우 학장 자리에 앉아 있었고, 우리 대학은 현실적이고 책임감 있는 지도자가 없어서 고생을 면치 못하고 있다.

나는 왜 그렇게 지도자가 되는 것을 주저했을까? 그 이유 중 하나는 바로 나의 이야기다. 나의 생부가 자동차 사고로 돌아가신 후 어머니는 재혼을 하셨는데, 생부와는 전혀 다른 남자를 고르셨다. 새아버지는 말이 없고 얌전하신 분이었다. 가정 생활 속에서 명령을 한다든지 카리스마적으로 행동하지 않으셨으므로, 의사 결정은 손쉽게 이루어졌다. 어머니 인생의 최대 관심사는 바로 나였으므로, 내 욕구가 모든 것을 좌지우지했다. 한 가지 기억나는 일은, 내가 겨우 여덟 살밖에 안 되었을 때인데도 부모님이 나에게 여름 휴가를 가고 싶냐고 의견을 물으신 적이 있다. 그렇다고 하자 어디로 가고 싶냐고 물으셨다. 나는 지도를 보고 싶다고 말했고, 결국 캘리포니아로 가자는 결정을 내렸다. 나는 책임을 지기에는 너무 어렸고, 그런 권력은 좋아했지만 책임지기는 싫어했다.

결국 나는 그 권력에서 도망쳐 나왔다. 그에 따르는 책임을 지고 싶지 않았기 때문이다. 40 평생의 내 인생은 지도자가 되는 상황으로부터의 도피라고 할 수 있다. 물론 지도력을 발휘하긴 했지만, 사상과 이야기 속에서였지 기관이나 사람들 사이에서가 아니었다.

따라서 하나님은 내가 궁지에 몰리도록 이야기를 쓰셨다. 하나님은 우리가 갈림길에 설 수밖에 없는 상황을 우리 인생 속에 기가 막히게 새겨 넣으시는데, 그때는 그분의 영광과 손잡고 끝까지 써 나가든지 아니면 그 꿈에 찬물을 끼얹고 우리 미래를 상상하기를 거부하든지 둘 중 하나를 선택해야 한다. 생각해 보면 웃기는 것은, 아니 최소한 역설적인 것은, 내가 어렸을 적에는 지도자였다가 그다음에는 지도자 되기를 거부했고, 그러다가 다시 어쩔 수 없이 지도자가 되어야만 하는 상황 속에 던져졌으며, 이제 나는 이 지도자 자리를 넘겨받을 최고 행정 책임자를 찾아내야 하게 되었다는 것이다.

모든 인생이 복잡해 보여도 하나님의 계획은 상당히 단순하다. 하나님은 다음과 같이 하시고자 우리를 부르신다.

- 우리가 어디서든 시작하게 하시고, 그분이 데려가고 싶은 곳으로 우리를 이끄신다.
- 우리의 힘으로 시작하게 하시고, 우리의 약함을 드러내어 그 약함을 사용하신다.
- 우리의 갈망을 따라가게 하시고, 우리 안에 하나님의 열정을 키우신다.

그건 그렇다 치고, 우리는 현재 직면해 있는 엄청난 재정적 또는 신체적 재난 앞에서 무엇을 해야 할지 감조차 못 잡을 수도 있다. 그런 문제는 우리를 힘 빠지게 하고 기쁨을 앗아 가 버린다. 그럴 때 우리는 무엇을 해야 하는가? 써야만 한다.

첫 단계는 펜과 종이를 또는 컴퓨터 자판과 스크린을 준비하고 쓰는 것이다. 일단 시작할 때는 분명한 것부터 명시하라. **현재 내가 거부하고 있는 것은 무엇인가?** 그러고 나서 당신의 갈망에 이름을 붙여 보라. **나는 어떤 일이 일어나기를 원하는가?** 동일한 재난에 대해 느끼는 서로 다른 갈망들을 써 보는 것이 현명하다. 물론 당신은 당신의 빚이나 질병이 없어지기를 원한다. 하지만 그렇게 분명한 사실을 쓴 다음에는, 그 상황으로 영향을 받을 사람들과 당신 자신과 관련해서 당신이 정말로 더 원하는 것은 무엇인지를 물어야 한다. 이 부분을 명시하고 나면, 당신은 또 하나의 어려운 질문을 던져야 한다. **이 상황에서 내 꿈을 실현하는 데 자극이 될 수 있는 유익한 것들은 무엇인가? 또 내 꿈이 실현되는 것을 방해하는 것들은 무엇인가?**

이 모든 글쓰기는 가장 어려운 다음의 질문으로 나아가는 서곡이다. **나는 무엇이 되기 원하는가, 그리고 이 과정을 통해서 나는 하나님에 관해 어떤 부분을 드러내고자 하는가?** 당신은 현재를 쓰는 동안에도 미래를 상상하기 위해 과거를 이끌어 내야만 한다.

인생을 살아오면서, 내가 왜 지도자 역할을 하고 싶어 하지 않는가 하는 문제를 직시하는 가운데 내가 직면하고 싶지 않았던 과거에 대해 많은 부분이 드러나게 되었다. 그러나 나의 이야기를 감사하는 마음으로 끌어안고, 현재 맡은 책임을 영광스럽게 여기며, 앞에 놓여 있는 위험을 기꺼이 감수하는 과정에서 내가 분명히 보게 된 것은, 내가 매일매일의 행정적인 결정을 내려야 하는 인생 속으로 나 자신을 써 나갈 존재는 아니라는 사실이었다.

마지막으로, 이 글쓰기 작업은 역시 자기의 인생을 써 나가고 있는 다른 사람들로부터 고립되어 이루어지는 것이 아님을 알아야 한다. 우리는 공동체 속에서 써 나가야 한다. 우리의 초안을(그리고 두 번째, 세 번째, 네 번째 원고까지도) 좋은 편집자들에게, 좋은 친구들에게 제출해야만 한다. 그들은 우리의 현재뿐만 아니라 우리가 장차 이야기하도록 쓰여 있는 더 큰 이야기를 알고 있는 사람들이다. 우리가 더 깊고 넓게 우리 이야기를 쓰게 해 주는 것은, 하나님과의 공동 저술뿐만 아니라 공동체와의 공동 저술을 통해서다. 따라서 다음 장에서는, 다른 사람들과 더불어 쓰고 편집하는 것에 대해 알아보기로 하자.

나만의 이야기

당신의 인생 이야기를 써 나가는 동안, 당신은 고통과 상실의 장면 속으로 더 깊이 들어가게 된다. "자신의 이야기를 좋아하게 되려면, 그런 과거조차도 하나님의 뜻이었으며…궁극적으로는 하나님의 영광을 위해서 또 그 구속의 역사에 당신을 동참시키기 위해서 쓰였음을 믿어야 한다.…하나님은 샬롬을 사용하시듯, 고통과 상한 마음도 사용하신다." 이 말을 염두에 두고, 당신이 겪은 것과 비슷한 고통을 겪고 있는 사람들에게 당신은 어떻게 도움을 줄 수 있겠는가?

좋은 글쓰기란 엄청난 수고로 시작된다. 어디서부터든 시작은 해야 하므로,
무엇이건 일단 쓰라. 뭐든 종이에 적으라. 어떤 친구는 첫 번째 초고는
'내려가는 초고'라고 했다. 뭐든지 써 내려가야 하니까.
두 번째 초고는 '올라가는 초고'라고 했다. 글을 다시 보며 고치는 과정이니까.
이 단계에서는 해야 할 말을 좀더 정확히 하려고 애쓰게 된다.
그리고 세 번째 초고는 치과 초고라 했다. 흔들리는 이나 덧니, 충치는 없는지
그리고 혹여 건강한 이도 있는지 일일이 검사해 보는 단계니까 말이다.

_앤 라모트

8 함께 편집하기

사람들이 "그래서 어떻게 되는 거지?"라고 묻게 하라

내 친구 하나는 이 책의 전반부 일곱 장 분량을 읽고 나더니 이렇게 내뱉었다. "자네, 내가 정말 이야기를 쓸 거라고 생각하나?" 나는 황당했다. 대화를 나눈 결과, 그 친구는 자기 인생에 대해 단 한 마디 말도 쓸 수 없다고 저항했다. 그는 이렇게 말했다. "자네가 '쓴다'는 단어를 비유로 사용하고 있다고 생각한 동안은 그 책을 즐겁게 읽었지. 하지만 내가 정말로 무엇을 쓰기 바란다는 것을 확실히 알고 나자 난 없었던 걸로 하기로 했지."

이 친구는 자기 분야에서 똑똑하고 잘나가는 유능한 전문가다. 그는 보고서와 고객에 관한 정리 문서를 매일 작성하는 친구다. 하지만 무슨 이유에선지 그 친구는 자기 인생에 대해서 글을 쓴다는 생각에는, 그만 마음이 얼어붙고 말았다. 그 친구만 그런 것이 아니다. 글을 쓸 수 없다는 변명은 한도 끝도 없다. "맞춤법이 엉망이라서요. 제 국어 실력이 형편없거든요. 지루하네요. 왜 꼭 써야 하는 건데요? 누가 읽을까 봐서요. 시간이 없네요. 너무 자기에게 매몰되는 것 아닌가요? 제 이야기들은 너무 고통스러워요. 글쓰는 게 부담스러워요…." 이런 갈등은 기도나 금식이나 우리의 것을 다른 사람에게 내주어야 하는 상황과 비슷한데, 우리는 그런 것을 잘 못하니까 아예 안 하는 게 낫다고 생각한다. 우리는 잘된 글, 심지어는 완벽한 글(또는 완벽한 기도, 금식, 나눠 주기)에 대한 이미지를 갖고 있고, 그렇게 이상화시킨 모습을 실현할 수 없을 바에야 그런 모험을 하지 않는 것이 더 편하다고 생각한다.

내 친구가 글쓰기를 거부하는 이유는 좌절감과 허무감 그리고 두려움으로 집약될 수 있다. 그는 이전에 몇 번 마음에서 우러나 글을 써 보았으나 결국 자기가 느낀 것을 제대로 표현할 수 없다는 것을 깨닫고 나서는 그런 좌절감을 느끼게 되었다고 한다. 매번 글을 쓸 때마다, 자기가 경험하고 있는 현실에 비해 자기의 글은 왠지 밋밋하고 허전해 보였던 것이다. 글쓰기란 항상 본래의 텍스트를 옮겨 쓰는 일종의 번역이다. 마음에 담긴 것을 머리로 꺼내어 종이 위에 옮기는 작업인 것이다. 그렇게 옮겨지는 번역에서는 항상 많은 것들이 표현되지 않은 채로 남는다. 그걸 다시 말하고 게다가 더 잘 말하려니 고된 작업일 수밖에 없는 것이다. 그래서 이야기의 깊이가 단어를 통해 떠오르기도 전에 포기하는 사람들이 많다.

내 친구의 그런 좌절감은 결국 허무감으로 이어진다. 친구는 퉁명스럽게 말했다. "그렇게 힘들고, 잘 못할 게 뻔한 일을 도대체 왜 해야 하는데?" 여기서의 실패는 비단 마음에 있는 것을 제대로 표현하지 못한 것뿐만 아니라, "그래서 어쩌라고?" 하는 허무감과 연결되어 있다. 내가 내 인생에 대해 뭔가를 썼다 치자. 그래서 어쩌라고? 내가 초등학교 5학년 때 새 학교로 전학 가서 얼마나 힘들었는지, 중학교 때 체육 시간에 창피를 당한 것이 얼마나 괴로웠는지를 새삼스럽게 깨달았다고 해서, 무엇이 달라지는가? 감사하게도, 그 힘든 시절은 이제 끝났다. 그리고 지금 당장의 이 힘든 시기에 필요한 것은 글쓰기가 아니라 문제를 해결하는 행동이다. 글쓰기는 무의미하게 느껴진다.

그런 질문들에 제대로 응수하는 것도 쉽지 않다. 하지만 내 친구는 꾸준히 체력 단련을 하는 훌륭한 운동 선수이기도 했기에, 나는 글쓰기를 달리기에 비유해 설명했다. 달리기를 한다고 기분이 환상적으로 좋아지는 것은 아니지만, 조금씩이라도 매일 꾸준히 달리면 힘이 축적되고 단단해져서, 매일의 할 일들을 좀더 잘 해 나갈 수 있도록 심신에 활력을 준다. 마찬가지로, 다만 몇 문장 또는 몇 단어일지라도 글을 씀으로써, 우리는 현재의 삶에 직면할 수 있게 되고 그렇게 쓰지 않았더라면 너무나 쉽게 간과했을 진실들에 관심을 갖게 된다고 말이다. 그러자 내 친구는 그렇게 주저하는 이유는 사실 두려움 때문이 크다고 인정했다.

우리 중에 과거를 파헤치고 싶어 하는 사람은 아무도 없다. 특히나 과거의 상처와 비극 그리고 학대 등은 더더욱 그렇다. 그리고 그것을 하나의 문장으로 씀으로써 그 인생의 현실은 도피하기가 더 어려워진다. 내 친구는 과거의 일들을 겨우 서너 가지 쓰기 시작했는데도 모든 것이 더 실제적으로 다가왔노라고 고백했다. 그런 글쓰기는 마음을 돌려 상처와 갈등을 피하게 하기보다는, 마음을 집중시켜 그것들을 흑과 백으로 정확하게 보게 해 주는 뭔가가 있다. 우리는 그 어떤 곳에서보다도 우리가 쓴 단어들 앞에서 더 발가벗겨지고 가난해진다. 그것이 두려워서 글쓰기를 피하는 것이다.

하지만 하나님은 바로 현실 속에 나타나신다. 현실은 고통스러울 수도 있지만, 하나님을 만나기 원한다면 그 현실로 가야만 한다. 글쓰기는 우리가 하나님께 드리는 두렵고도 근사한 선물이며, 구속의 소망 안에서 드리는 희생 제물이기도 하다.

글쓰기는 몇 시간이 걸릴 수도 있고 몇 초가 걸릴 수도 있다. 하루의 일과나 여러 장면들, 꿈, 계획, 수필, 시, 사명 선언문, 목록표를 쓸 수 있고 자신을 학대했던 고인이나 친구, 부모님 또는 하나님께 편지를 쓸 수도 있다. 우리가 한 문장을 쓰는 순간, 세상은 변한다. 왜냐하면 우리는 단 한 문장만 쓸 수는 없기 때문이다. 솔직한 단어들로 채운 문장 한 줄은 문법적으로 옳건 그르건 맞춤법이 맞건 틀리건 상관없이, 제 짝을 불러들이게 마련이다. 그리고 두 개의 문장은 또 세 번째 문장을 애타게 기다린다. 당신이 세 문장까지만 쓰게 되면, 결국은 더 쓸 수밖에 없게 된다. 그리고 일단 쓰게 되면, 진실을 전달하고 당신의 인생을 인도할 그런 글은 결국 편집자에게 읽혀야 한다는 사실을 깨닫게 된다.

오, 신실한 편집자

우리는 우리 이야기, 우리 인생에 관한 글을 다른 사람에게 보여 주어 읽게 해야 한다. 그리고 그 대상은 우리가 아주 깊이 신뢰하는 사람이어야 한다. 그렇지 않으면 다른 사람에게 우리의 이야기를 다 노출시켰다는 벌거벗은 느낌 때문에 수치심을 느끼고 도망치게 된다.

몇 년 전에 나는 『'타고나는' 부모는 없다』(How Children Raise Parents)이라는 책을 썼다. 그 초고의 일부를 처음으로 어느 그룹에게 읽어 주었는데, 상상했던 것보다 훨씬 힘들다는 것을 깨달았다. 나는 나약하게 벌거벗겨진 느낌이었다. 사람들이 내 말을 어떻게 받아들일지 궁금해졌고, 원고를 읽는 동안은 거의 고개를 들 수가 없었다. 거기 있는 사람들의 표정을 보기가 두려웠다.

친구가 내 앞에서 내가 쓴 것을 읽을 때의 경험도 이것과 별로 다르지 않다. 그 친구가 펜으로 어떤 단어에 동그라미를 치거나 어떤 표현에 X표시를 하거나 또는 여백에 무엇을 쓰는 것을 보면, 나는 "그래, 글이 어떤 것 같아?" 하며 끼어들지 않을 수 없다. 당신의 창작품을 다른 사람이 보고 평가하도록 초청하는 것은 겸허한 행동이며, 우리가 우리 이야기에 대한 진실을 알고자 한다면, 반드시 그렇게 해야만 한다.

내 책들은 여러 편집자들의 엄청난 배려와 너그러움을 듬뿍 받았다. 그 편집자들이 뿌린 노고를 생각하면 가슴으로 눈물을 흘리지 않을 수 없다. 각 책마다 전문 편집자가 한 명씩 배당되지만, 그 외에도 내가 받은 축복은 내 원고가 편집자의 책상에 전달되기 전에 이미 각 장을 읽어 줄 친구들이 많다는 것이다. 이 친구들은 책의 탄생을 지켜봐 주었을 뿐만 아니라, 이후에도 지속적으로 내 책의 일생에 배려를 아끼지 않았다.

훌륭한 편집자는, 그리고 초기에 작성한 초고를 읽어 주는 사람은 산파와도 같다. 그 사람은 신음소리를 부끄럽게 만들거나 피 흘림을 무시하지 않을 만큼 온유하면서도, 제때에 힘을 주어 밀어붙이도록 요구할 만큼 강경하다. 우리의 초고를 읽고 어렵지만 좋은 질문을 해 주는 소중한 친구 덕택에, 우리는 좀더 깊이 파고들고 먼 수평선을 바라볼 수 있으며, "그래서 어떻게 되는 거지?"라는 질문에 대한 해답을 찾아가게 된다.

좀더 깊이 파고들기

일기를 쓰거나 하루의 일과를 정리할 때는, 글을 다시 쓸 필요가 별로 없다. 그런 종류의 글쓰기는 하루의 리듬, 우리 내면 세계의 리듬에 더 중점을 둔 것이며, 다른 종류의 글쓰기의 소재가 된다. 하지만 우리가 인생의 어느 한 장면을 글로 쓴다든지, 우리 이야기의 주제에 이름을 붙인다든지 또는 사명 선언문을 작성할 때에는, 쓰고, 다시 쓰고, 다시 쓴 것을 또다시 쓰는 작업이 필수적이다. 자꾸 다시 쓰다 보면 우리 이야기의 토양을 더 깊이 파고들게 된다.

그렇게 파고드는 작업이 중요한 이유는, 모든 글쓰기에는 공백이 남기 때문이다. 이런 공백들은 자꾸 반복해서 접해야만 발견되는 깊은 구멍이다. 하지만 우리 이야기의 공백 속으로 들어가기 위해서는 외부에서 그 글을 새롭게 읽어 줄 훌륭한 편집자가 꼭 필요하다. 그렇게 새롭게 읽어 줌으로써 그는 우리가 전에는 보지 못했던 시각을 갖게 해 준다.

마스 힐 대학원생 중에 주디라는 학생이 있었는데, 한번은 내 연구실에서 20분 정도 이야기를 나눈 적이 있다. 우리의 대화는 유쾌하긴 했지만, 그 학생이 단어 하나하나를 정확하게 잘 구사하려고 너무나 애쓰는 통에 5분쯤 지나자 나는 그 학생에게 완전히 지쳐 버리고 말았다. 어느 시점에서 나는 이렇게 물었다. "학생은 누구와 대화를 하면서 편안한 마음으로 젊은이답게 대화해 본 적이 있나요?" 그녀는 흠칫 놀란 듯했지만, 눈깜짝할 사이에 평정을 되찾았다.

나는 좀더 밀어붙였다. "내 생각에 학생은 가족 중에서 언제나 가장 책임감 강하고 부지런한 사람이 아니었을까 싶은데. 별로 쉬지를 못하는 것 같아요." 그 학생은 아무 말도 하지 않은 채 고개만 끄덕였다. 내가 물었다. "마스 힐에서 우리와 함께 지내는 동안만이라도 다른 사람들이 학생보다 더 많은 책임을 지게 놔둬 보면 어떨까? 전과목 A를 받는 것보다, 제일 먼저 대답하는 것보다, 좀 놀아 보면 어떨까? 아니면 학생이 과거에는 절대 용납하지 않았을 방식으로 모든 걸 엉망으로 만들어 보는 건 어떨까?"

몇 달이 지난 뒤에 나는 주디와 만나 이야기를 나누었다. 그녀는 우리가 처음 대화한 날, 내가 차라리 자기에게 마약을 하고 머리를 분홍색으로 염색하고 공산당에 가입해 활동하라고 조언하는 것이 더 나을 뻔했다고 말했다. 주디는 무척 기분이 상했고, 내가 자기의 인생을 잘못 읽었다고 느꼈던 감정을 훨씬 넘어서서 뭔가 자기를 아프게 찌르는 것이 있음을 규명하기까지 몇 주가 걸렸다고 한다. 하지만 주디는 자기 인생을 새로운 각도에서 보기 시작했다. 그 학생은 집안에서 장녀였고, 어린 나이에 이미 자기 엄마가 가볍고 정직하지 않은 사람임을 알게 되었다. 엄마는 거짓말을 하거나, 돈도 안 내고 가게에서 빵을 집어 오기도 했다. 책을 읽기 시작하면 가족들에게 저녁밥을 차려 주는 것도 잊어버리곤 했다.

주디는 엄마에게는 안전망이요 동생들에게는 부모나 마찬가지였다. 그러니 주디가 나이 스물넷에 이미 청소년 담당 사역자로, 캠프 지도 요원으로, 교회 비서로, 판매 사원으로 성공했다고 생각하는 것도 무리가 아니었다. 주디는 교회에서 차기 여성 사역 담당자로 이미 내정되어 있었다. 그녀의 소명은 탄탄하고 분명해 보였다.

하지만 내가 읽어 낸 주디의 인생은, 그리고 내가 편집자로서 제시한 질문과 논평은 그녀를 궁지로 몰아넣었다. 그녀는 스스로 이런 질문을 던지게 되었다. '이게 정말 나의 소명일까, 아니면 늘 가장 책임감 강한 사람이었던 내 과거의 습관을 반복할 기회가 주어졌을 뿐인가?' 주디의 이야기는 지금도 발전되어 가고 있지만, 그녀는 익숙하나 닳아 빠진 쳇바퀴를 돌리기보다는 자기가 되고 싶은 모습의 새로운 장을 써 나가기 시작했다. 그녀는 여성 사역 담당자로 결론을 낼 수도 있고, 아니면 그녀의 인생에서 전혀 낯선 새로운 이야기를 쓰게 될 수도 있다.

주디는 나를 초대해서 자기의 인생을 읽게 하고 자기의 이야기 속에 들어가 공백과 불일치, 즉 잘 이해되지 않는 부분들을 생각해 보도록 했다. 그녀는 나에게 편집자가 되어 달라고 요청한 것이다. 훌륭한 편집자는 햇빛도 보지 못한 채 죽어 버린 것들에게 생명을 주기 위해, 말로 표현되지 않은 것들을 끌어낸다. 우리는 우리 이야기 속에서 이름을 얻지 못한 것들에 이름을 붙여 줌으로써 진실이 표현되도록 해 줄 친구가 필요하다. 훌륭한 편집자는 또한 우리가 진리를 삭제하지 않도록 확실하게 지켜 주기도 한다. 그리고 우리 이야기가 우리 자신에 대해 무엇이라고 말하는지 그 의미를 생각하게 해 준다.

수평선 보기

좋은 친구는 우리의 이야기를 점점 더 큰 원을 그리면서, 그리고 높낮이를 달리해서 살펴봄으로써, 우리가 어디에서 왔는지는 물론 어디로 가게 될 것인지도 알게 해 주는 편집자다. 편집은 우리 이야기의 의미를 통해 우리를 사명의 장소로 데려다 준다.

나는 성폭행에 시달렸던 남녀들을 대상으로 일주일 동안 열리는 반추와 치유의 프로그램을 인도하는 일에 16년 동안 참여해 왔다. 사람들이 자신의 고통의 역사를 직면하고 다른 사람들과 함께 애통해하며 어두운 세력에 저항해 분노하는 것을 지켜보는 일은 내 일생에서 가장 큰 특권 중의 하나였다. 이 시간은 모두에게 깊은 변화의 시간이 되었다. 그 일주일짜리 프로그램에 참여한 사람들 중에는 일주일만 더 그런 프로그램을 할 수 없는지 물어보는 사람들이 많았다. 당시는 나도 글쓰기의 위력과 이야기에 대해 숙고하던 터라 그러기로 했다.

문제는, 이번에는 나 자신이 겪었던 성추행의 경험을 써야 한다는 점이었다. 내가 참석자들에게 각자의 인생에서 겪었던 것을 쓰게 했던 것처럼 말이다. 전에도 성추행에 관한 글을 쓴 적이 있었지만, 성추행 행위 자체에 관해서는 써 본 적이 없었다. 드디어 글을 쓰려고 하니, 그때 그 장면이 나타나면서 구토와 분노와 엄청난 두려움이 엄습해 왔다. 그 추행이 정말 있었던 일인가 하는 의구심마저 들었다.

다음은 그 주에 내가 썼던 글이다.

9주 동안 생긴 일

8평이 채 안 되는 숙소 한 쪽에는 이층 침대 두 개가, 널빤지를 깐 바닥 뒤쪽에는 책상 두 개가 놓여 있었다. 때는 6월 중순, 우리는 웨스트 버지니아에 있었다. 창문은 모기가 들어오지 못하도록 모두 방충망 시설이 되어 있었다. 숙소는 한 구역에 최소한 여덟 개씩은 있었는데, 한 구역은 강을 뒤로한 채 강변 쪽에, 다른 한 구역은 거기서 20미터가량 떨어진 안쪽에 자리 잡고 있었다. 숙소의 배열 방식은 군대 막사를 본뜬 것 같았다. 야영장 초입에는 깃대가 꽂혀 있었고, 밤늦은 시각 뜨거운 바람이 숙소의 방충망을 통해 불어오면, 깃발이 팽팽해졌다가 펄럭이곤 하는 소리가 들려왔다. 그 소리를 듣고 있노라면, 어둠 속에서 무슨 일이 일어나건 내일 아침은 어김없이 떠오르고, 우리는 모두 차렷 자세로 '국기에 대한 맹세'를 외쳐 대겠구나 하는 생각이 들었다.

내가 늘 소망했던 것은, 아침이 왔을 때 내가 전날 밤 잠을 잘 잤기를, 낡은 스프링 침대에서 삐걱거리는 소리에 잠을 깨지는 않았기를 바랐다. 혹은 신음처럼 작은 숨소리가 점점 빨라지다가 결국은 화를 내며 서두르는 소리에 잠을 깨지는 않았기를 바랐다.

하지만 밤이 무서운 이유는 또 있었다. 그건 바로 지도 요원들이 먼저 왔던 캠프 참석자들에 관한 이야기를 해줄 때였다. 그 이야기는 종종 꾸지람과 공식 순서가 다 끝난 시간에 숙소를 이탈하지 말라는 쓸데없는 경고와 함께 시작되곤 했다. 전깃불이 다 꺼진 시간에 감히 밖을 나다닐 사람은 아무도 없었다. 그런데도 밤이면 밤마다 우리는 똑같은 이야기를 조금씩 변조된 형태로 들어야만 했다. 주로 캠프 참석자들이 함부로 밖에 나갔다가 강둑에서 미끄러지면서 강물에 빠져서 다시는 발견되지 못했다는 이야기였다. 한두 가지 형태로 변조된 이야기에는 반드시 시체 이야기가 포함되었고, 그것도 야생 짐승한테 찢겼다, 퉁퉁 붓고 고름투성이였다, 강물에 둥둥 떠다녔다 하는 식이었다. 『허클베리 핀의 모험』에 나오는 짐과 허크가 낡고 썩은 보트를 타고 시체 가까이에 다가갈 때 느꼈던 공포를 떠올리는 것만으로도 충분했다. 하지만 바로 내 몸이 그런 시체가 될 수 있다고 생각하니, 그런 운명을 피할 수만 있다면 숙소를 이탈하지 않는 건 물론이고, 시키는 건 뭐든지 하리라 생각했다.

나는 곱슬머리에 작고 통통하며 여드름이 난 열한 살짜리 어린애였다. 내 성기의 존재를 깨달은 것도 불과 4개월 전쯤, 보이 스카우트에서 캠프를 갔을 때 스카우트 지도자가 나더러 자기의 발기된 그것을 만져 보라고 했던 그때였다. 나는 그 순간 마치 그 어떤 보통 사람이 보아도 남근 숭배의 세상으로 보일 그런 세계에 눈을 뜬 것 같았다. 전에는 전혀 의식에 없었던 이야기들이 귀에 들리기 시작했다. 성적인 유머, 은근한 암시, 욕설, 그리고 유혹의 말들이. 마치 세상은 그때까지도 내가 전혀 들어 보지 못한 언어로 말을 하고 있었던 게 아닌가 싶었다. 이런 '신고식'을 거쳐서 나는 들을 귀뿐만 아니라 말할 입도 얻게 되었다. 나는 놀라기도 하고 저항하기도 했으며, 흥분되기도 하고 묘하게 끌리기도 했다.

내가 웨스트 버지니아로 캠프를 떠나기 전에 아버지는 이렇게 말씀하셨다. "그 캠프에서 9주 동안 있을 거라고 네 엄마한테는 말하지 말아라. 일단 거기 도착한 다음에 우리한테 전화를 걸어서 거기 계속 있게 해 달라고 졸라. 그러면 내가 그렇게 해 줄게." 아버지가 우리 엄마를 겁낸다는 건 알았지만, 그런 속임수를 쓰실 줄은 몰랐다. 난 그저 장단을 맞춰 드렸다.

캠프에 도착하자 나는 전화를 걸었다. 주사위는 던져졌고, 나는 곧 고통의 첫 순간을 경험하게 되었다. 밤늦은 시각에 모든 남자 아이들은 무조건 침대에서 나와 지도 요원들 앞에서 옷을 벗어야만 했다. 지도 요원들은 캠프장에서 쓰는 승마용 채찍으로 벌거벗은 우리 몸을 쿡쿡 찔러 댔다. 그 가죽 물건이 이제는 우리를 치욕스럽게 하고 비인간화시키는 데 사용되었다. 우리는 꼼짝 말고 조용히 서 있어야 했고, 자기 옆에 서 있는 캠프 참석자에게 무슨 일이 일어나고 있는지 모르는 척하고 있어야 했다.

그런 다음 그들은 우리에게 뜀박질을 하라고 시켰다. 발가벗은 남자애들 무리가 찢겨진 달에서 비추는 빛을 받으며 야구장을 향해 달렸다. 우리 숙소가 맨 꼭대기에서 두 번째였기 때문에 나는 거의 맨 앞줄이었지만, 조금 달리자 긴 다리에 홀쭉한 또래들이 나를 앞지르기 시작했고, 나는 이내 맨 뒤쪽에 끼게 되었다. 지도 요원 한 명이 목에 걸었던 호루라기를 빼더니 거기 달린 줄로 나를 때리면서 늦게 달리는 나를 비웃었다. 나는 있는 힘을 다해 달렸다. 늘어진 뱃가죽이 앞뒤로 출렁거리는 게 느껴졌고, 내가 아무리 애쓰고 원해도 날 괴롭히는 그를 앞지를 수가 없었다. 그가 나를 때리면 때릴수록 나는 더 열심히 뛰었고, 그럴수록 속도는 더 느려졌다. 허파 속으로 바람이 획획 들어오며 점점 무겁게 느껴지고, 고통을 떨쳐 버리려고 내달리는 두 다리가 마구 꼬여 들었다. 하지만 내 엉덩이에 난 매자국보다도 더 마음을 찌른 것은 그 지도 요원의 웃음 속에서 느껴지던 순수한 희열이었다. 그는 재미있어서 큰소리를 내지르다 작게 쿡쿡거리다 했다. 나는 그가 정말 싫었다. 그 킬킬거리는 웃음과 사특한 쾌락이 싫었다. 남부 특유의 그 느린 말투도, 꿰뚫어 보는 듯한 푸른 눈동자도 싫었다. 그는 끈질기게 나를 괴롭히며 재미를 즐기는 나의 고문자가 되었다. 그는 내 살을 손에 움켜쥐고 꽉 쥐어짜는 걸 재미있어 했다. 그리고 내가 그 캠프를 떠날 때쯤에는 비쩍 마르고 못된 성격이 되게 해주겠다고 장담했다. 그는 자기가 한 말은 지키는 사람이었다. 그는 길고 외롭고 두려운 아홉 주 동안 나를 바짝 쥐어짜 말렸다.

***

　나는 내 생애 처음으로 그 장면을 글로 썼다. 성폭행 치유 모임의 두 번째 주에 참여한 사람들은 내 이야기를 읽고 또 들었다. 한 사람은 울고, 또 한 사람은 나를 쳐다보지 못했다. 우리의 대화는 밀도 있고 풍성했으며, 그때 제기된 질문들은 내가 첫 번째 초고를 쓸 때 미처 생각하지 못한 것들을 서로 연결해 볼 수 있게 자극하였다. 어떤 사람은 내가 아버지의 속임수와 마주치면서 순수성을 상실한 것에 대해 물어보았다. 또 어떤 사람은 내가 그 어린 소년의 몸을 경멸했을 것 같은데 그런 것을 감지하지 못했느냐고 묻기도 했다. 대화가 계속됨에 따라 참석자들은 내가 수치심과 결부되어 있을 그 공포감 속으로 들어갈 수 있도록 격려했다.

　이 모임의 인도자로서 나는 다른 사람들에게 내가 쓴 글을 보여 주는 것이 중요하다고 느끼긴 했지만, 글을 읽으면서 그렇게 강렬한 감정을 느낄 줄은, 또 대화를 통해 그렇게 새로운 사실들이 떠오를 줄은 전혀 예상치 못했다. 나는 나의 새아버지를 조용하고 수동적인 분으로만 생각했지 속임수를 쓰는 사람으로는 전혀 생각지 않았다. 내가 직접 글을 썼는데도 그 사실이 믿기지 않았다. 내가 쓴 글이지만, 그 글은 아버지에 대한 이미지를 거스르는 것이었다. 그 장면에서는 속임수를 쓰셨는지 모르지만, 그렇다고 속임수에 능한 분은 아니셨다. 참석자들이 내게 물었다. "아버지에 대한 당신의 이미지를 바꾸어야 할 경우, 당신이 포기해야 할 것은 무엇이라고 생각하시나요?" 그 질문을 한 문장으로, 그 다음엔 한 단락으로, 그리고 마침내 여러 단락으로 숙고해 보니, 고아가 된다는 것의 의미와 하나님이 고아들의 부르짖음을 들으신다는 의미가 새로운 차원으로 마음에 와닿았다.

내 편집자들은 내가 좀더 파고들어 내 이야기를 좀더 광범위한 의미에서 볼 수 있도록 끌어 주었다. 그들은 우리 아버지가 속임수를 쓰신 면을 파헤치기 위해 나와 함께 더 깊이 파고들어 가 주었지만, 나는 그 진면목을 보고 싶어 하지 않았다. 그들은 좀더 나아가, 내가 먼 수평선을 바라보도록 요청했고, 진실에 도달하는 이 여정을 계속하기 위해 내가 지불해야 할 대가가 무엇인지 규명해 보게 했다. 그들이 나에게 그 대가에 이름을 붙여 보라고 했을 때, 내가 직면한 진실은 간단했다. 아버지는 어머니가 울적하고 속상해할 때, 나를 이용해서 어머니를 달래고 진정시키셨다. 아버지는 나에게 모든 것을 털어놓으셨고, 나는 아버지의 비밀을 간직한 사람으로서 두 분의 결혼 생활이 손상되지 않고 지속되도록 힘썼다. 그런데 아버지는 나를 배신한 것이다. 아버지는 내가 비밀을 지키도록 훈련시키셨고, 나는 악용되는 것을 감수해 가면서까지 그 일을 아주 잘 해냈다. 나는 그것에 대해 말하고 글을 씀으로써 침묵을 깼고, 내가 악용된 것에 이름을 붙였다고 생각했다. 물론 그렇긴 했지만, 내가 그 말을 종이에 옮겨 적기 전까지는 그 해악이 함축하는 의미 속으로 들어가지 못했던 것이다.

훌륭한 편집자는 수평적인 질문을 할 것이다. '이 여정은 당신을 어디로 이끌어 가는가?' 그리고 그에 대한 답변은 늘 우리가 볼 수 있는 것을 넘어선다. 말과 관련해서도 마찬가지다. 우리는 우리 안에 있는 모든 것을 다 말할 수는 없다. 사안이 중요할수록 오히려 더 더듬거린다. 하지만 편집자는 우리가 말로 표현한 것을 넘어 말이 우리를 이끌어 가는 곳까지 응시할 수 있도록 우리를 압박한다. 편집자는 우리를 좀더 밀어붙여 아직 태어나지 못한 단어가 있는 고통 너머까지 나아가게 함으로써 그 단어들이 말로 표현되게 한다.

    우리 아버지의 조작적인 배신에 직면함으로써, 나는 나보다 연로하신 분들과 멘토들 그리고 리더들이 저질렀던 일련의 배신 행위에 이름을 붙일 수 있게 되었다. 애통하는 가운데서도 나를 놀라게 했던 것은 창조주 내 아버지의 돌보심이었다. 그분은 나의 격렬한 분노에도 놀라거나 두려워하지 않으셨다. 그리고 그런 상실을 통해 그분이 내 안에 쓰신 이야기들을 내가 무시하도록 내버려 두지도 않으셨다. 그분의 온유하심으로 내 마음은 가라앉았고, 내가 당한 것과 마찬가지로 내가 다른 사람들에게 저질렀던 많은 배신 행위들에도 이름을 붙일 수 있게 되었다. 심지어는 내 죄로 인해 더욱 절실히 애통해하고 있을 때에도, 하나님은 나의 수치심에 놀라거나 두려워하지 않으셨다. 그분의 임재와 강한 포옹이 빙하처럼 얼어붙은 차가운 내 마음을 녹여 주었다.

    그렇다. 훌륭한 편집자는 당신에게 수평선을 바라보라고 촉구한다. 하나님의 임재로 돌아오는 여정 중인 당신을 맞으려고 하나님이 기다리고 계시는 그곳을…. 편집자가 가장 어려운 질문 중 하나인 "그래서 어떻게 되는 거지?"라는 질문을 할 수 있는 것도 바로 이 귀소본능 때문이다.

"그래서 어떻게 되는 거지?"

당신은 누군가가 길고 지루한 이야기를 계속하는 것을 들으면서 "이 이야기가 언제나 끝나려나?" 하고 생각한 적이 분명 있을 것이다. 마찬가지로, 훌륭한 이야기를 들으면서도 여전히 "그래서 핵심이 뭘까?"라는 의구심이 들 수 있다. 이 두 질문은 사실상

"그래서 어떻게 되는 거지?"라고 묻는 것이다. 이야기가 재미있건 잔디가 자라는 것을 지켜보는 것보다 더 지루하건 간에, 핵심을 알고 싶은 우리의 마음은 어쩔 수 없다. '내가 방금 들은 이야기가 나와 무슨 상관이 있는가?'

어떤 글을 읽었다고 해서 바로 구체적인 행동으로 이어지는 경우는 극히 드물다. 어쩌면 증권 소식을 읽은 사람은 바로 온라인으로 들어가서 몇 분 안에 그 주식을 살지도 모르겠다. 하지만 예를 들어 시를 읽고 나서 바로 즉각적인 행동에 돌입하는 독자는 거의 없다.

게다가 사람들은 시나 소설 또는 잡지 기사들을, 기분 좋게 시간을 보내는 방편으로 읽고 즐기는 경향이 강하다. 우리는 거대한 정보 창고에 좋은 정보 몇 조각을 더 채웠다가 이내 잊어버리고 마는 식으로 텔레비전 프로그램과 영화, 시와 소설을 보고 읽는데, 그때마다 "그래서 어떻게 되는 거지?"라는 질문을 한다면 무슨 일이 일어날까? 생각건대, 우리는 단지 오락을 위해 그렇게 많은 시간을 허비하지는 않게 될 것 같다.

"그래서 어떻게 되는 거지?"라는 질문을 통해 나는 의미와 창조의 세계로 들어가고, 더 이상 소비자가 되지 않는다. 이 질문은 나로 하여금 내 인생을 직접 읽으면서 그 관점을 통해 내 인생을 창조하고 내 인생의 저자가 되지 않을 수 없게 만든다. 시를 쓰는 것은 차치하고, 시를 읽고 있다고 상상하면서 다음과 같은 질문을 던져 보라. '나는 어떤 사람이 될 것인가? 내가 쓰거나 읽은 것에 내 마음이 움직인다면, 그에 대한 반응으로 내 속에서는 과연 어떤 것들이 솟구쳐 오를까? 내가 읽거나 쓴 것으로 인해 내 안에서 요동치는 것들은, 결혼 생활과 우정 관계 혹은 직장과 관련해서 내가 살아가는 방식에 대해 무엇을 말해 주는가? 또 만약 나의 글 읽기나 쓰기가 내 마음에 감동을 주지 못할 경우, 내가 놓치고 있는 것은 무엇일까? 어떻게 하면 내 인생을 변화시켜 주는 이야기들에 도달할 수 있을까?' 좋은 친구란 이 모든 질문들이 내포하고 있는 "그래서 어떻게 되는 거지?"라는 질문에 대답할 수 있는 귀를 가지고 우리가 쓴 글을 읽고 우리 이야기를 들어 주는 편집자다.

우리의 현실에 이름을 붙이고 나면, 우리는 더 나아가서 우리 이야기가 함축하는 의미들을 숙고하게 되는데, 여기서 멈추면 안 된다. 우리는 다음과 같은 질문을 주고받아야 한다. '당신이 쓴 것을 가지고 이제 무엇을 할 것인가? 그것이 당신을 움직인다면, 당신은 기꺼이 움직일 텐가? 그리고 움직인다면, 어디를 향해 갈 건가? 거기에 따르는 위험 요소들은 무엇인가? 그리고 당신이 목적지에 도달했는지는 어떻게 알 수 있겠는가?' 우리는 친구들의 공동체를 초청해서 그들이 우리의 이야기를 충분히 알고 "그래서 어떻게 되는 거지?"라는 질문에 의미 있게 참여하게 해야 하는데, 우리들 대부분은 그렇게 하지 않는다. 그 결과 우리의 이야기는, 그리고 종종 우리의 삶 자체는 변화를 향해 온전히 나아가는 데 실패하고 만다. 과감히 행동하지 않는 한, 그리고 우리 이야기의 궤도를 따라 행동하지 않는 한 우리는 절대로 변화되지 못할 것이다. 좋은 편집자인 친구들이야말로 우리가 그 위험을 감수하도록 초대한다.

우리 이야기 속에는 살펴보아야 할 것도 많고 삭제해야 할 것도 많지만, 깊이만이 문제는 아니다. 훌륭한 편집자는 또한 우리의 이야기를 확장시키고 우리 세계관을 넓히는 데 관심을 둔다.

우리는 우리가 걷고 있는 곳을 제대로 보게 도와줄 편집 작업이 필요하다. 그리고 이것은 초점의 문제다. 내 이야기의 상세한 부분만 너무 자세히 들여다보다가 내 인생을 보는 폭넓은 시각을 잃어버릴 수 있다.

편집자란 분명 역설적인 역할을 수행하는 사람이다. 당신으로 하여금 당신의 이야기의 핵심을 보게 해 주면서도 그것에만 너무 고정되지 않게 해 주는 사람이다. 훌륭한 편집자는 글쓰는 이가 결말이 어떻게 날지에 대해 너무 집착하지 않게 하면서도, 계속 결말을 향해 나아가야 한다고 일깨워 준다. 글이 어디를 향해 가는지에 대한 방향 감각은 있어야겠지만, 그 과정에는 너무도 많은 뒤틀림과 변화가 있으므로, 결말을 존중하고 그 결말이 우리의 예견이나 방해 없이 자연스럽게 일어날 수 있게 해야 한다. 그러기 위해서 우리는 무던히 견디고 무한히 열려 있어야 한다. 이야기가 완결될 때까지 노새처럼 고집스럽게 기다려야 하는 때가 바로 이때다. 그리고 그렇게 기다리는 동안 우리가 기억해야 할 것은, 모든 결말은 새로운 시작을 기약하는 달콤한 선물이라는 사실이다. 심지어 이 세상의 결말도 남은 영원의 시작에 불과하지 않은가.

하지만 편집자는 우리로 하여금 일시적이고 불완전한 결말에 도달하게 해 준다. 우리는 결말을 잔인하다 싶을 만큼 방치해야 하지만, 또한 결말을 향해 유보 없이 움직여야 한다. 영원히 글만 쓸 수는 없는 노릇이다. 결국은 행동하는 모험을 감수해야 한다. 그리고 모험은 고독한 행동이다. 친구도 배우자도 동지도, 행동하는 모험에 우리와 동행할 수는 없다. 물론 하나님은 우리와 함께 하시지만, 그분의 임재가 있다고 해서 우리가 모험과 믿음을 발휘해야 할 당위성이 사라지지는 않는다.

역설적인 사실은, 글이란 홀로 쓰되 남을 위해 쓴다는 사실이다.

공동체 속에서 글쓰기

내 이야기를 잘 읽고 잘 쓰는 일, 공백 속으로 깊이 파고들어 가는 일, 하나님이 내 인생에 써 넣으신 갈망과 열정과 주제를 발견하는 일은 오롯이 나의 몫이다. 동시에 나는 혼자서 글쓰기를 할 수는 없다. 나는 공동체에 속해 있는 것이다. 좋든 싫든 내 이야기는 다른 사람들의 삶 속으로 흘러 들어갈 수밖에 없다.

우리 이야기가 다른 사람들의 삶 속으로 흘러 들어간다고 해서, 그리고 진정한 내가 되는 과정에 모든 사람이 온전히 개입되었다고 해서, 내 이야기에 대해 다른 사람을 탓할 수는 없다. 이것이 모순이라고 생각하는가? 그렇지 않다. 모순이 아니라고 생각하는 이유는 간단하다. 하나님 앞에서 내가 살아온 인생을 보고할 사람은 바로 나 자신이기 때문이다. 많은 사람들이 나에게 영향을 끼친 것은 사실이지만(좋은 쪽으로든 나쁜 쪽으로든) 그렇다고 하나님의 보좌 앞에 한 무리의 사람들을 데리고 와서 "저를 이렇게 만든 건 바로 이 사람들입니다"라고 말할 수는 없다. 우리는 단독자로 살아가되, 항상 많은 사람들에 의해 형성된 단독자다. 언젠가 우리는 다 함께 하나님의 이야기들을 축하하며 축제를 벌일 텐데, 미미하고 불완전하게나마 그날을 흉내 내 보는 것이 이생에서 이야기의 공동체 속에 참여하는 기쁨일 것이다.

자, 이제 이야기 잔치로 넘어가 보자.

나만의 이야기

당신의 이야기들은 당신만을 위한 것이 아니라, 다른 사람들을 위한 것이기도 하다. 우리는 다른 사람들과의 관계 속에서 우리의 이야기들을 쓰고 편집한다. 이 사실을 염두에 두고, 당신에게 가장 고통스럽고 상처받기 쉬운 이야기들을 누구에게 그리고 어디서 말할 것인지 생각해 보라.

4부

이야기
배가시키기

자유롭다는 것은 '다른 사람을 위해 자유롭다'는 뜻이다.
다른 사람들이야말로 나를 그분께 묶어 주기 때문이다.
오로지 다른 사람들과의 관계 속에서만, 나는 자유롭다.

___디트리히 본회퍼

9

이야기 잔치
당신의 이야기를 다시 쓰게 도와주는 공동체

우리의 이야기를 읽고 쓰는 일을 공동체 밖에서 하려고 하면 고독한 작업이 되고 만다. 이야기란 다른 사람들과 더불어 말하고, 듣고, 다시 말해야만 하는 것이다. 나는 마스 힐 대학원에서 10년 동안 커크 웹과 헤더 웹과 함께 일했으며, 그들의 이야기 중 많은 것들을 가슴으로 알고 있다. 최근에 우리는 임시 직원 몇 명과 함께 저녁 식사를 하게 되었는데, 나는 커크에게 그의 불명예스러운 이야기 중에 몇 가지만 말해 달라고 간청했다.

그는 중학교 2학년 때 데이트를 하기 위해 애쓰던 이야기를 해주었고, 나는 수치심과 비애, 유머와 영광을 절묘하게 전달하는 걸출한 이야기 솜씨에 빠져들었다. 나를 전율케 했던 것은 비단 그의 이야기만이 아니었다. 모든 이가 인생의 가장 예민한 시기에 겪은 최악의 데이트 경험을 추억하게 함으로써 그가 불러일으킨 풍요로운 인간애 때문이기도 했다.

우리는 배꼽을 잡다 못해 눈물을 질금거렸다. 그것은 매우 재미있고 끝내주는 이야기였으며, 여타의 우리 삶의 현실들에 대해서도 조명해 주는 바가 있었다. 우리 역시 다들 멋있게 보이고 싶어 하는 10대들이지만, 사실은 스스로를 속일 따름이 아닌가 하는 생각이 들게 한 것이다.

이야기란 친구들과 잔치를 벌이며 나누는 음식과 같다. 우리는 이야기를 쓰고 또다시 쓰라는 부르심을 받았으며, 또한 우리를 사랑하는 사람들, 우리 삶을 경축해 줄 사람들에게 우리 이야기들을 말하라는 부르심을 받았다. 우리에게는 우리의 이야기를 곰곰이 들어 주고 우리가 좀더 온전하고 깊이 있게 이야기를 쓰도록 도와줄 사람들이 필요하다. 하지만 우리에게 필요한 것은 단순한 피드백이 아니라 경축하는 의식이다.

나는 나와 함께 웃고 울어 줄 친구가 필요하다. 서로 사랑하고 경축하며 함께 나누는 이야기들 속에서 잔치를 벌이는 공동체에 속해 있지 않다면, 나는 내 이름을 변화시키는 것은 물론 내 이름을 드러내는 이야기를 절대 쓰지 않을 것이다.

이야기와 만남

나는 플로리다주의 펜사콜라에서 엘리자베스를 만났다. 내 친구 트렘퍼와 나는 명문인 펜사콜라 신학대학원에 강사로 초빙되었다. 수십 년 동안, 이 연중 컨퍼런스는 보수적인 장로교와 개혁파 진영에 있는 유명 인사들 몇몇을 후원해 왔다. 그들이 어쩌다가 나 같은 사람을 초청할 정도로 무너져 버렸는지 나로서는 알 도리가 없었지만, 어쨌든 그 초빙이 장난이 아님을 안 나는 그 컨퍼런스에 가기로 했다.

트렘퍼와 나는 컨퍼런스에 도착했고, 저녁 식사는 야외에 마련되어 있었다. 그런 행사의 경우 초빙 강사가 앉는 식탁은 엄청나게 커서, 트렘퍼와 내가 단둘이 식사를 하고 있는데 한 부부가 합석하게 되었다.

질식할 것만 같은 펜사콜라의 열기 가운데서도 우리는 엘리자베스와 그녀의 남편 킵과 즐거운 대화를 나누었다. 엘리자베스는 후덕한 남부의 여성으로서, 마음과 관련된 다양한 주제들과 구약 성경에 관한 맛깔스런 질문들로 우리의 저녁 대화를 한층 돋우었다. 킵과 엘리자베스와 함께하는 식사 시간은 하루 중에 우리가 가장 고대하는 시간이 되었다. 우리는 그들의 삶에 대해 그리고 우리의 삶에 대해 수많은 토론을 하였다. 우리는 역사, 가슴 아픈 일들, 구속 그리고 희망에 관해 대화를 나누었다. 우리는 짧은 시간 안에 친구가 되었다.

나는 엘리자베스가 재능 있는 작가요 대단한 모험가라는 사실을 전혀 몰랐다. 그녀는 트렘퍼와 내가 컨퍼런스에서 가르친 몇몇 자료들을 가지고 교재를 만들어서, 그녀의 교회에서 열리는 '어머니 모임'에서 활용하였다. 당시 그녀는 이 여성들과 함께 간헐적으로 이야기 잔치를 열기 시작하였는데, 여기서 여성들은 자기들의 삶 속에 일어났던 일들을 함께 나누고, 자기가 쓴 글을 읽고, 다른 사람들이 그들의 내러티브에서 현재 맞이한 영광(또는 곤경)을 함께 축하하거나 함께 슬퍼하도록 초대하였다.

이야기를 쓰고 그 진정한 의미에 관해 들으려면, 공동체 속에 있어야 한다. 계속 읽고 쓰고 편집하도록 힘을 얻고 격려받기 위해서는, 우리 이야기를 함께 축하해 줄 다른 가슴들과 함께 있어야 한다. 이 사실을 염두에 두고, 나는 엘리자베스에게 그녀의 이야기와 '어머니 모임'의 이야기 그리고 거기서 열리는 이야기 잔치에 대해 말해 달라고 부탁했다.

이야기에 관한 엘리자베스의 이야기

당신은 '이 여자가 댄 알렌더의 책 중간에 끼어들어서 뭘 하자는 건가?'라고 생각할지도 모르겠다. 나는 이야기를 말하고 듣는 일에 열정이 있는, 네 아이를 둔 평범한 엄마다. 당신은 어쩌면 댄이 앞에서 당신에게 하라고 요청한 것들에 대해 반대할지도 모르겠다. 어쨌거나 댄은, 사람들이 실제로 자신의 이야기를 쓰느라 땀을 뻘뻘 흘리고 그것을 서로에게 읽어 주는 세계 속에 살고 있다. 당신도 댄이 제안한 방식대로 당신의 이야기를 쓰는 것을 회피하기 전에, 플로리다에 있는 어떤 교회의 어머니 모임에 나오는 평범한 여성들의 이야기 속에서, 그 이야기를 통해서 역사하시는 주님에 대해 먼저 읽어 보기 바란다.

어머니 모임에 관한 이야기

나는 셋째 아이를 임신해 배가 남산만 해진 채, 다람쥐 쳇바퀴 도는 생활을 하고 있었다. 임신 마지막 달에는 내가 할 수 있는 가장 창의적인 일을 한 가지씩 하곤 했는데, 이번에는 어머니 모임을 생각 중이었다. 이미 두 아이가 있던 나는, 어머니로서의 내 부르심에 대해 깊은 회의가 있었다. 이제 셋째까지 임신하고 나니, 당황스럽기 시작했다. 도움이 절실했다. 그때 생각이 든 것은, 좀더 자란 자녀들(그리고 더 많은 수의 자녀들)을 둔 어머니가 몇 명 있으면, 자녀 양육과 관련된 실제적인 문제에 대해서 우리같이 좀더 젊은 엄마들에게 뭔가 해 줄 말이 있으리라는 것이었다. 짧은 시리즈 형태의 세미나, 이를테면 4주 내지 6주 정도의 세미나 같은 것을 해 보면 어떨까 싶었다.

나는 그 생각을 우리 교회 사모님께 말씀드렸고, 이미 어머니들 한 그룹이 매주 모여서 비디오 시리즈를 보고 있다는 사실을 알게 되었다. 처음에는 사모님과 내가 공동으로 그 모임을 인도했으나, 사모님은 이내 다른 할 일을 맡아 떠나시고 내가 리더가 되었다. 하나님의 지혜를 깊이 의심할 수밖에 없는 부르심이었다. 하지만 나는 부끄러움을 면치 못하면서도 그 일을 해 나갔다. 나의 최선의 패는 엄마로서의 수많은 결함에 솔직해지는 것임을 깨달아 가면서.

그때가 1993년이었고, '어머니 모임'은 그 이후로 계속 발전해 나갔다. 우리는 새로운 것들을 시도하였고, 다양한 방법으로 관계를 깊이 쌓았다. 여기에는 이야기 잔치의 출범도 포함된다. 이야기 잔치에 대한 이야기는 1996년 8월에 댄 알렌더와 트렘퍼 롱맨 3세가 1주일간 성경 컨퍼런스 강사로 플로리다의 펜사콜라에 발을 디디면서 시작된다. 주제는 "예배와 마음"이었고, 강사들은 내가 전혀 들어 본 적이 없는 사람들이었다. 하지만 당시 나는 여섯 살짜리부터 그 아래로 아이를 넷이나 두고 있었으므로, 그애들을 컨퍼런스의 '어린이 학교'에 집어넣고 나는 에어콘이 돌아가는 성역에서 잠이나 청할 작정이었다.

하지만 위대하신 우리의 이야기 저자께서는 다른 생각을 갖고 계셨다. 나는 댄이 하는 화요일 오전 강의에 늦게 들어갔다. "우상과 자아 숭배"라는 제목을 한번 훑어보고는 의자에 털썩 주저앉아 쉴 준비를 했다. 어쨌거나 우리 집 주변에는 새긴 우상 같은 건 없었으니까. 그런데 댄이 말한 이야기가 내 마음을 찔렀다. 그는 치욕스런 경험 후에 도서관으로 도피하는 이야기를 했던 것이다. 그는 이런 질문을 했다. "수치스런 순간에, 당신은 안전감과 중요감을 찾기 위해 어디로 가십니까?" 불행하게도, 나는 도서관을 엄청나게 좋아하는 사람이다. 나는 그 강의에 완전히 사로잡혔고, 지금까지 교회에서 한 번도 하지 않은 행동을 했다. 울기 시작한 것이다. 나의 혼란스러운 세계가 내 머리 위로 무너져 내릴 때마다, 책은 언제나 나의 안전 지대였다. 그렇게 고귀한 것이 거짓된 우상이 될 수도 있다는 걸 나는 미처 깨닫지 못했다.

일주일이라는 시간이 흐르면서, 댄과 트렘퍼는 한 팀이 되어 하나님이 나에게 들려주고 싶어 하셨던 영혼을 일깨우는 말들을 쏟아놓았다. 수요일 저녁에 그 두 공범자가 생선 튀김을 앞에 놓고 땀을 뻘뻘 흘리고 있을 때, 나는 두 사람에게 뚜벅뚜벅 걸어가서 그 자리를 좀 떠나 달라고 부탁했다. 나는 두 사람에게 다음 날은 강의를 하지 말라, 내가 윈드서핑이나 스쿠버 다이빙이나 낚시하는 곳으로 데려가겠노라고 제안을 했다(내 뒤에 바짝 서 계신 성령님을 떨쳐 버릴 수만 있다면 무슨 일이든 했을 게다). 나는 그들의 표정을 도저히 잊을 수가 없다. 깜짝 놀라는 트렘퍼의 표정과 재미있어 죽겠다는 댄의 표정이라니…. 그 표정을 보고 나는 서둘러 이렇게 말을 끝맺었다. "두 분은 여기 오셔서 좋은 일을 너무 많이 하셨잖아요."

그들은 내가 이전까지는 전혀 생각하지 못한 방식으로 나를 이야기로 밀어붙였다. 어린 시절부터 나는 혼란으로부터의 후퇴로 책에 끌렸다. 나는 입으로 나오는 말에 폭력과 좌절이 따르는 세상 속에서, 이야기로 된 말들은 마음을 편안하게 해 준다는 걸 알게 되었다. 나는 내 인생의 이야기들을 스프링 노트에 가득 채워 나갔는데, 대부분은 삼류 소설 수준의 기록들이었다. 나는 이야기가 매우 중요하다는 사실을 아주 어린 시절부터 뼛속 깊이 알고 있었지만, 이제는 내 이야기가 마구잡이로 일어나는 일련의 사건들이 아니라 그 안에 형태와 목적을 담고 있는(그중 몇몇은 내 입맛에 안 맞지만) 이야기라는 사실에 눈이 열리기 시작했다.

하나님은 무더운 플로리다의 여름 동안 댄과 트렘퍼를 내 이야기 속에 써 넣으셨다. 내 안에 하나님의 이야기, 그분의 말씀을 향한 불꽃이 타오르도록 다시 불을 지피기 위해서. 그리고 내 눈을 열어 질식할 것처럼 내 가슴 속에 파묻혀 있던 말들을 보게 하시기 위해서.

그 뒤로 몇 개월, 몇 년에 걸쳐 나는 내 이야기를 다시 쓰기 시작하였다. 원본은 우리 부모님이 하셨던 말씀들을 반복하는 기독교화된 변형이었다. 나는 이런 식으로 썼다. "그래, 이혼 가정에서 자란다는 건 별로 안 좋은 거지. 하지만 하나님은 나한테 선을 베푸셔서 너무나 많은 선생님들과 어른 친구들을 주심으로 그들이 나를 돌봐 주고 그분의 사랑을 보여 주게 하셨지." 그건 달콤한 환상에 지나지 않았다. 현실은, 내가 일곱 살 때 부모님이 갈라섬으로써 나는 고아요, 과부요, 이방인이 되어 버렸다는 것이다. 그리고 어머니가 나와 남동생을 차에 태우고 100킬로미터 거리를 달려 조지아의 캐럴튼에서 애틀랜타로 가는 데는 그리 오랜 시간이 들지 않았다는 것이다.

나는 내 이야기를 읽고 다시 쓰기 시작하면서, 그 이혼으로 내가 잃어버린 것은 비단 어머니와 아버지만이 아니라 내 이름, 내 언어 그리고 내 목소리였다는 걸 깨달았다. 또한 내 인생 속에 들어와 나를 보살펴 주고 멘토 역할을 해 주었던 몇몇 어른들은 다들 남자 선생님들이었으며, 그분들은 사악한 방법으로 내 영혼을 자신들의 영혼에 붙들어 매 놓기 위해 그들의 힘과 지위를 함부로 남용했다는 사실도 처음으로 인정하게 되었다. 그들은 언어에 대한 나의 사랑을 자신들의 호색적인 의도와 연결시켰다. 그러고 나서 그들은 뭔가를 교묘하게 꼬아 놓은 '위험한 여자'라는 이름을 지어 주었고, 그것은 내 영혼에 달라붙었다. 그 결과 나는 오랜 세월 동안 내 목소리를 쓰지도 않고 언어의 감각적인 기쁨을 누리지도 못했다. 그 후 나는 서서히 내 목소리를 발견했고, 내 언어를 되찾았으며, 내 이름을 알아보기 시작했다. 사실 그 이름도 역시 '위험하다'는 뜻이었지만, 이전에 그 남자들이 의도했던 그런 의미로서는 아니었다.

내가 내 이야기에 관한 진실에 이름을 붙이기 시작하면서, 다른 사람들도 자신의 이야기를 허위로 지어 나갈 수도 있겠다는 사실을 깨달았다. 내 인생을 추진하는 주제였던 열정과 소명이 그 형태를 나타내기 시작했다. 바로 사람들을 돕는 일, 더 구체적으로는 고아와 과부와 이방인을 돕는 일, 그들이 상실한 언어를 회복시키고 무시했던 이야기들로 되돌아가서 그 이야기들을 처음으로 읽어 주는 일이었다. '어머니 모임'에 나오는 여성들은 공동체 안에서 이 일을 하기 시작했는데, 그 안에서 우리 각 사람은 하나님이 우리의 영혼 속에 친필로 쓰신 이야기들을 경축하는 일에 초대된다.

최초의 이야기 잔치

내가 이야기 잔치를 하자는 생각을 갖고 어머니 모임에 간 첫날,

나는 다른 사람들도 자기 이야기를 말하는 것에 대해서 나만큼 흥분하리라는 순진한 기대를 했다. 나에게는 쉬운 숙제로 느껴졌으니까…. 나는 그들에게 어려움에서 구원받은 이야기를 써서 발표해 달라고 부탁을 하고, 2주일 동안 시간을 줄 테니 각자 한 가지씩 이야기를 써 오라고 설명을 덧붙였다. 그들에게 지침 사항을 나눠 줄 때 어안이 벙벙해서 당황해하던 그들의 표정은, 자기 이야기를 하는 것이 누구에게나 즐거운 일은 아님을 말해 주고 있었다. 그럼에도 불구하고, 이야기 잔칫날이 되자 열 명의 엄마들이 맛난 음식과 뜨거운 이야기를 준비해 왔다.

왜 잔치를 하는가? 왜냐하면 일가족의 평균 식사 시간이 12분을 채 넘지 못하는 문화 속에서, 잔치는 우리가 잃어버린 예술이기 때문이다. 사실 잔치야말로 성경의 핵심 주제다. 하나님의 백성들은 특정한 시간에 다 함께 모여 그들의 삶 속에서 경험한 구원을 되새기곤 하였다. 이스라엘에서 가장 중요한 절기요 잔치 중 하나인 유월절 뒤에는 무교절이 이어진다. 이 절기들은 하나님이 애굽에서 자신의 백성을 건져 내신 사건과 그들의 여정 동안 하나님이 베푸신 모든 것들을 기억하는 날이다. 이 절기에는 공동체에 속한 남녀노소는 물론 고아와 과부와 이방인까지 모두 참여했다. 절기는 의례적인 음식들(고기와 빵과 포도주)을 중심으로 전개되었는데, 사람들은 이 음식을 하나님께 드리는 희생 제물로 바치고 또 먹었다.

하지만 그리스도인인 우리는 왜 이야기로 함께 잔치를 해야 하는가? 왜냐하면 구속의 이야기들 속에는 땀과 먼지로 뒤범벅된 슬픔 그리고 방금 구워 낸 음식에서 풍기는 아련한 향취가 뒤섞여 있기 때문이다. 잔치란 이야기와 음식을 통해 우리의 육신을 키우는 일이다. 그래서 많은 성경공부 모임들이 지루하고 재미없으며 구속의 의미를 충분히 누리지 못하는 것이다. 여럿이 모여 성경을 마치 교과서 대하듯 공부하다가, 편안한 졸음조차 지루해지면 기도 제목을 나눈다는 미명하에 짬짤한 잡담으로 활기나 돋우다 마는 것이다. 우리는 단체로 회개의 탄식을 해야 한다.

잔치를 여는 더 중요한 이유가 한 가지 있다. 예수님은 이렇게 말씀하셨다. "내가 진정으로 진정으로 너희에게 말한다. 너희가 인자의 살을 먹지 아니하고, 또 인자의 피를 마시지 아니하면, 너희 속에는 생명이 없다. 내 살을 먹고, 내 피를 마시는 사람은 영원한 생명을 가지고 있고, 마지막 날에 내가 그를 살릴 것이다."[1] 예수님이 이렇게 말씀하심으로써 기독교 전통은 구약 시대 절기 때의 성례전을 전혀 새롭고 기묘한 차원으로 바꾸었다. (댄이 오래 전에 들은 설교에서 '말하는 나귀'에 대한 언급을 듣고 고민을 했다는데, 그가 처음 들은 기독교 설교에서 식인적인 발언에 틀림없는 이 말씀을 듣지 않은 것이 천만다행이라는 생각을 늘 하고 있다.) 사실 우리가 거룩한 성만찬을 나누며 축하할 때, 우리는 우리가 알고 있는 이야기 중에 가장 위대한 구속의 이야기를 기억하면서, 그리스도의 몸과 피로 잔치를 하는 것이다. 하지만 그리스도를 따르는 우리는, 그분 안에서 잔치를 하는 것 그 이상을 해야 한다. 우리는 함께 모여 각자의 이야기들을 빵과 포도주로 내어 놓음으로써 공동체의 생명을 지켜 나가야 한다. 그렇게 함으로써 우리를 그리스도인으로 특징짓는 믿음, 소망, 사랑을 경축하는 것이다.

세 가지 질문을 가지고 잔치 열기

우리 이야기 잔치의 핵심 성경 구절은 다음과 같다. "주님의 천사가 사막에 있는 샘 곁에서 하갈을 만났다. 천사가 물었다. '사래의 종 하갈아, 네가 어디서 와서, 어디로 가는 길이냐?'"[2] 가장 기본적인 차원에서, 이야기 잔치를 통해 우리 공동체는 다음의 세 가지 질문을 집중적으로 다루게 되며(두 가지는 명시된 형태로, 한 가지는 암시된 형태로) 그 질문들은 바로 천사의 말에서 찾을 수 있다.

- 네가 어디 있었느냐?(과거)
- 네가 어디 있느냐?(현재)
- 네가 어디로 가고 있느냐?(미래)

공동체 속에서 이 질문들을 집중적으로 다루는 것은 곧 우리의 이야기를 편집하는 과정을 시작하는 것이다. 그 과정에서 우리는 눈에 보이지 않는 것을 보고, 이름이 없는 것에 이름을 붙이며, 불가능한 것을 꿈꾸기 시작한다. 우리를 사랑하는 사람들이 제공하는 새로운 통찰이 있기에, 우리는 우리의 저자 되신 분의 영광을 위해 우리의 이야기를 다시 쓸 준비가 된다.

네가 어디 있었느냐?

여주인에게 시달리다 못해 사막으로 도망친 하갈에게 여호와의 천사가 다가와 그녀의 이야기를 들려달라고 초청하였다. 이야기 잔치의 첫 번째 요소는 바로 그러한 이야기로의 초대다. 그래서 어머니 모임에서는 6주에 한 번 정규적인 책 읽기 모임을 가지고, 우리가 공부하는 주제와 관련된 이야기를 나눈다. 여름에는 격주마다 돌아가며 주어진 주제와 관련된 이야기들을 한다. 그중에서 몇 가지 주제만 소개하면 다음과 같다.

어린아이의 입을 통해 나오는 말. 하나님은 그 사랑하는 자들을 징계하신다고 성경은 말한다.[3] 징계에 관한 가장 유명한 구절인 히브리서 12장에서는, 하나님의 징계를 받는 것이 우리의 특권이라고 말한다. 하지만 당신은 주님께서 당신의 자녀를 사용하셔서 당신을 징계하고, 가르치실 수도 있다는 생각을 해 본 적이 있는가? 이야기 잔치에서, 하나님이 당신의 자녀를 사용하여 당신 자신에 대해서, 하나님과 세상에 대해서 무엇인가를 가르쳐 주신 때가 있었다면 그때에 관해 이야기해 보라. 자녀가 없다 할지라도, 다른 사람의 자녀를 통해서 가르침을 받은 경우도 있을 수 있다. 그런 경우도 없다면, 당신이 어렸을 적에 당신의 부모님께 뭔가를 가르쳐 드린 경우를 이야기해 보라.

창의적으로 기억하기. '자카르'(zakar)라는 단어는 성경에서 이야기를 지칭할 때 사용된 단어 중 하나다. 자카르의 정의를 보면, 이야기란 회상과 기억을 통합한 개념이라는 것을 알 수 있다. 이 이야기 주제와 관련된 성경적 준거점은 바로 여호수아서에 언급되어 있는 기념비다.[4] 여호수아서 4장에 보면, 하나님은 이스라엘 백성들에게 강가에서 돌들을 주우라고 명령하셨다. 여호수아는 이렇게 설명한다. "이것이 당신들에게 기념물이 될 것입니다. 훗날 당신들 자손이 그 돌들이 지닌 뜻이 무엇인지를 물을 때에, 주님의 언약궤 앞에서 요단강 물이 끊기었다고…말해 주십시오"[5] 당신에게 하나님의 선하심과 공급하심, 인생에서 건져 주심을 영원토록 기념하는 기념비를 상징하는 이야기들을 이야기 잔치에서 나누어 보라. 하나님이 당신의 삶 속에서 강력하게 역사하신 기억들에는 어떤 것들이 있는가?

비전이나 꿈이 사라진 경험. 이 주제는 여호와를 위해 성전을 지을 꿈을 꾸었던 다윗의 이야기에서 영감을 얻은 것이다.[6] 그때 하나님은 다른 왕이 그 과업을 이루게 될 것이라고 다윗에게 말씀하셨다. 다윗은 매우 낙담했지만, 결국 그는 자기의 깊은 실망감을 하나님에 대한 찬양으로 바꾸었다. 이야기 잔치에서, 당신이 품었던 꿈이나 비전이 사라져 버린 경우에 대해 이야기해 보라. 하나님이 다른 문을 열어 주셨는가, 아니면 나중에 당신의 비전을(또는 꿈을) 예상치 못한 방법으로 실현시켜 주셨는가? 또는 꿈이 실현되었다면 하나님이 어떻게 그 꿈을 실현시켜 주셨는지 이야기해 보라!

오랜 세월 동안 '어머니 모임'을 하면서, 나는 재미난 이야기와 슬픈 이야기들을 들었다. 기도와 기우와 기다림에 대한 이야기들, 또 학교와 방학과 방황에 대한 이야기들을. 우리는 이 풍성한 잔치도 하늘에서 열릴 연회의 맛보기에 불과하다고 믿으면서 맛난 음식을 함께 먹었고, 대체로 나는 그때 우리가 토론할 주제를 간단히 소개하곤 했다. 그런 다음 어느 한 사람이 자기 이야기를 말하기 시작하면, 잔치의 열기는 고조되기 시작했다. 우리는 웃다 울고, 울다 웃고, 내용을 정확히 이해하려고 질문도 한다. 때로는 그 이야기와 이야기의 주인공을 들쑤시기도 하고, 어떤 때는 그 이야기가 요구하는 침묵과 여백을 남겨 두기도 한다. 잔치 준비는 기억을 떠올리고 이야기를 쓰면서 시작되고, 잔치 자체는 그 이야기를 읽고 편집할 수 있는 기회가 된다. 잔치 뒤에는 금식이 따르기도 하며, 이때 우리는 기도하고 애통해하고 이야기를 다시 쓴다.

  이 잔치가 어떤 모습일지 좀더 명확한 그림을 그려 볼 수 있도록, 어머니 모임의 회원들이 말하고 편집하고 다시 썼던 이야기들의 실례를 아래에 싣는다. 좀더 정확히 말하자면, 이 글들은 이야기 잔치 동안 있었던 영혼의 재기록의 실례라고 할 수 있겠다.

  지난 여름에 있었던 이야기 잔치인 "사라진 비전"에서, 나는 시애틀에 있는 마스 힐 대학원에서 강의를 수강하면서 겪었던 갈등의 이야기를 말했다. 어머니들의 반응은 명석하고도 자상한 편집으로 이어졌고, 덕분에 나는 용기를 얻어 내 이야기를 다시 쓰고 싸움의 핵심이 어디에 있는지도 깨닫게 되었다. 다음은 내가 말한 이야기의 골자다.

  이번 여름에 나는 마스 힐 대학원에서 강의를 수강했는데, 그것 때문에 나는 학위를 마치고 싶어 했던 내 꿈에 대해 깊이 회의하게 되었습니다. 잘해 봤자 어리석고, 잘못하면 불가능한 그런 추구였지요. 나는 그 대학원에서 이미 여섯 과목을 들었고, 매 과목을 들을 때마다 내 마음은 깊이 변화되곤 했답니다. 대학원을 떠날 때는, 늘 하나님을 향한 그리고 나의 소명과 공동체를 향한 새로워진 열정을 품었지요. 하지만 이번 강의 때 저는 미쳐 버릴 것만 같았습니다. 분위기는 왠지 냉소적이고 조롱당하는 것 같았으며, 내리 나흘 동안 매일 일곱 시간씩 자리에 앉아 있으니 몸도 완전히 굳어 버렸습니다. 이런 경험을 하기 전까지는 늘 일주일 동안 '마스 힐로 날아가기'만을 고대했습니다. 이 외계의 세상이야말로 정말 나의 고향이라는 느낌이 들었거든요.

하지만 이번 주 수강 기간 동안에는, 이전까지만 해도 나의 언어를 쓰고 있다고 생각했던 땅에서 저 자신이 마치 외계인처럼 느껴졌습니다. 내 세상은 온데간데없고, 나는 의심과 좌절과 고통의 바다에 던져졌습니다. 그 강의를 맡은 교수는 모호하고 도발적인 나의 태도 때문에 나를 찍은 것 같았습니다. 나는 내 본능을 의심하고 나의 말에 등을 돌렸다는 걸 알게 되었고, 나를 멍청하다고 생각하고 내 견해를 이해하지 못하는 사람들을 탓했습니다. 무엇보다도 나는 스스로 위험하다고 느꼈습니다.

위에 실은 글은 삭제된 부분이 많은 편이지만, 그보다 훨씬 상세하고 감정 표현도 많이 들어간 내 이야기를 듣고 난 어머니들은 편집자적인 질문들을 하기 시작했다. 내가 그들의 질문에 답변하느라 고심하는 동안, 나는 더 진정한 나의 이야기를 드러내게 되었다.

첫째로, 크리스티는 학령기 자녀를 둔 엄마들이라면 매우 잘 알고 있는 지혜를 내게 전해 주었다. "엘리자베스, 우리는 아이들에게 이렇게 말한답니다. 여러 해가 지나면 그애들도 다른 애들보다 자기네 선생님과 더 잘 지낼 날이 올 거라고요. 당신처럼 학교 공부를 많이 한 사람들은 교수와 힘든 시간을 보내기도 하지요. 그 교수가 자기의 권력을 오용하고 있는 것 같긴 하지만 그렇다고 당신의 길을 멈출 수는 없지요. 당신이 그렇게 쉽게 포기하는 걸 하나님이 원하실지 잘 모르겠네요."

내 이야기의 다른 부분을 들은 다른 엄마는 이런 소견을 피력했다. "그렇네요. 그리고 당신이 전 같았으면 절대 하지 않았을 일을 하셨다는 느낌이 드네요. 당당히 말하셨잖아요. 어쩌면 그 교수가 당신의 말을 제대로 못 들었는지도 모르죠. 하지만 그렇다고 해서 스스로를 미워할 참이세요?"

이 친구들은 여러 가지 논평과 질문들을 통해 '내가 어디 있었는지'를 다시 짚어 주었으며, 결국은 내가 아직 말하지 않은 이야기, 내가 경멸하던 이야기로 나를 인도했는데, 성령께서는 내가 그 이야기도 끌어안기를 바라셨다.

묻혀 있던 이야기

우리 인생의 주제와 무거운 짐들은 우리가 상처받은 자리에서 생겨난다는 것, 따라서 공동체 속에서 우리의 이야기를 말할 때는 다른 사람들이 던지는 질문들이 우리가 말하지 않은 이야기를 드러내게 해 준다는 점을 기억할 필요가 있다. 나는 고등학교 때 몇몇 남선생님들이 나에게 '위험한 여자'라는 이름을 지어 주었다는 사실을 이미 언급한 바 있다. 하지만 그 남자분들이 모두 영어 선생님이었다는 말은 하지 않았다. 또한 우리 아버지가 대학에서 영문학 교수였다는 사실도 말하지 않았다. 마지막으로 나 자신이 영어 교사가 되었다는 사실도 굳이 언급하지 않았다. 나의 잔치 친구들의 지적으로 결국 나는 그런 내 개인사에까지 도달했으며, 나의 저자께서는 내 상처 입은 말과 육체가 오히려 나로 하여금 굳은 혀를 풀게 하리라는 ─ 고아와 과부와 이방인들이 자신의 목소리를 찾도록 돕는 ─ 열정으로 나아가도록 이야기를 쓰셨다는 사실을 깨닫기 시작했다.

아버지를 통해서 나는 처음으로 말이라는 것이 사람을 유혹하는 강력한 도구가 될 수 있음을 알았다. 아버지는 명석한 영문학 교수로서 윌리엄 셰익스피어, 존 던 그리고 매슈 아널드에 관한 강의안을 작성하느라 수없이 많은 시간을 쏟곤 하셨다. 아버지는 유창하고 박식하고 대단히 매력적이셨다. 내가 기억할 수 있는 가장 어린 시절에도 아버지는 이미 한 떼의 여성 추종자들을 거느리셨고, 그들은 아버지를 존 웨인이나 폴 뉴먼 같은 배우에 비교하곤 했다. 그 세계에서 나는 처음으로 말과 권력과 에로티시즘의 상호 작용을 경험하였다. 그것은 내 학문적 경력의 주제가 된 어두운 교훈이었다.

우리 아버지는 나의 첫 번째 편집자이셨다. 내가 일곱 살 적에 부모님이 이혼을 하셨고, 그해 여름 방학 때 나는 오빠와 함께 할머니 댁에 머무르면서 집에 편지를 쓴 적이 있었다. 아버지는 내 편지에서 쉼표 연결 부분에 동그라미를 친다든지, 불완전한 문장에 표시를 해서 되돌려 보내곤 하셨다. 그건 우리끼리 공유했던 비밀 장난이었지만, 내 속에서는 고아가 되어 버린 내 영혼에 다시 아버지를 돌려받을 수 있는 그런 편지를 쓰고 싶다는 갈망이 가득했다. 아버지를 기쁘게 해 드릴 뭔가를 쓰고 싶다는 내 갈망은 청년 시절 때까지 꾸준히 지속되었다. 나는 종종 내 리포트를 담당 교수한테 제출하기 전에 아버지께 보여 드려 승인을 얻기도 했다. 아버지의 비평을 듣고 나면, 늘 나의 언어를 통해 내 아버지를 되돌려받지 못했다는 사실을 새삼 인식하곤 하였다.

내가 30대 초반이 되자, 나는 뭔가 이건 아닌데 하는 의심이 생기기 시작했다. 나는 글쓰는 것에 대한 두려움과 증오에 대해 내 친구와 의논을 하다가, 대학원 시절 리포트에서 발견한 아버지의 논평에 대해 그 친구한테 말했다. '개인적인 일화들이 터무니없이 많이 끼어들어 있음'이라고 또렷이 적혀 있던 아버지의 아르데코 양식의 필기체. 내 친구는 입을 딱 벌렸다. 그러더니 이렇게 말했다. "그렇게 말씀하시다니…. 너희 아버지는 네 글에서 가장 소중한 부분을 빼 버리신 거네. 넌 마음을 나누고 싶었던 건데."

그 외에도 많은 대화를 나누고 곰곰이 생각해 보니, 책을 쓰느니 차라리 죽어 버릴 만큼 두려움이 많았던 우리 아버지는 자신의 힘으로 내 마음을 휘둘러, 내 목소리에서 가장 좋은 것을 짓눌러 버리려 하셨던 것이다. 자신의 언어를 무엇보다도 사람의 마음을 어둠으로 유혹하는 데 이용했던 그분은 내가 천부적으로 잘 알고 있었던 사실, 즉 언어란 영혼들을 생명으로 이끄는 데 사용하라고 주신 하나님의 선물이라는 사실을 놓쳤던 것이다.

내가 이후에 아버지를 되돌려받는 데 실패한 시나리오를 반복했다는 사실은 그리 놀랄 일도 아니다. 나는 다른 사람들, 일종의 대리 아버지를 찾아나섰으며, 언어를 이용해 그들을 얻으려 했다. 두 영어 선생님들은 외로운 방과 후 시간에, 엄마가 나를 데리러 오실 때까지 기다리는 동안 나의 비밀 친구가 되어 같이 놀아 주는 것을 즐기셨다. 남자 친구도 없고 데이트도 별로 하지 않는 10대 소녀였던 나는 내 이야기를 존중해 줄 줄도 모르던 이 두 남자에게 나의 아픔을 쏟아놓았다. 결국 두 사람은 내가 그들에게 제공한 힘을 이용해 자신들의 성적 공상의 세계만 살찌웠다.

그중 한 선생님은 고등학교 시절 극도의 수치심을 느끼게 만들어 내 목소리를 없애 버렸다. 어느 봄날 그 선생님은 오래된 사립 고등학교의 케케묵은 교실로 신문을 한 무더기 들고 맨 위에는 잡지 한 권을 얹어서 어슬렁어슬렁 들어오셨다. 나는 친구들과 기다란 떡갈나무 책상에 앉아 있었는데, 그 선생님이 내 뒤로 걸어오셨다. 그러고는 지금은 유명해진 「타임」 지를 떨어뜨렸는데, 슈퍼 모델이었던 셰릴 티그스를 특집으로 다룬 호였다. 그는 조롱조로 입술을 삐죽이며 냉정하고 세련된 목소리로 이렇게 말했다. "너보고 셰릴 티그스 닮았다고들 안 그러던?" 그러자 몇몇 여학생들이 키득거렸다. 몇몇은 눈을 부릅떴다. 나는 내 앞에 떨어져 있는 사진을 노려보았다.

그 잡지의 표지에는 환한 미소로 유명한 그녀의 환상적인 얼굴이 크게 실려 있었다. 하지만 선생님은 표지 사진을 보여 준 게 아니었다. 티그스가 특정 상표의 수영복 특집호 모델로서 외설스런 그물 모양 수영복을 입고 찍은 사진이 있는 면이 보이도록 잡지를 펴 놓은 것이었다.

나는 꼼짝 않고 가만히 앉아서, 나와는 전혀 닮지 않은 한 여자의 몸을 찍은 사진을 뚫어져라 내려다보았다. 나는 끊임없이 아버지를 찾아 헤매는 마음에 이 사람에게 나의 언어와 마음을 주었건만, 그는 그런 나를 잘 다듬어서 자기의 변태성 상상력이나 충족시키는 데 이용했던 것이다. 이 순간, 나는 혀가 얼어붙어 버렸다.

그다음 해에도 그런 유형은 되풀이되었다. 이번에는 금요일 늦은 오후였는데, 나도 모르게 위험한 상황에 들어서고 말았다. 나는 교사 휴게실에서 영문학 선생님과 형이상학에 대해 이러쿵저러쿵 이야기를 나누고 있었다. 주님의 기묘한 구조 작업은 당시 우리 학교의 마스코트였던 털북숭이 골든 리트리버 종의 개 루시를 통해 이루어졌다. 선생님과 나는 소파에 나란히 앉아 있었는데, 선생님이 내 교과서에 나오는 마벨의 시를 가리키면서 자꾸만 내 쪽으로 가까이 다가오는 것을 나는 불편한 마음으로 감지하고 있었다. 그분의 말은 관능적이고 추잡했으며, 나는 다시 한 번 입을 다물게 되었다.

그때 갑자기 휴게실 문이 열리더니 루시가 어슬렁거리며 들어

왔다. 보통 때는 순하고 사랑스러운 개인데, 왠지 의심스럽다는 듯이 그 선생님한테 가서 쿵쿵거리며 위협적인 눈빛으로 쳐다보는 것이었다. 루시 바로 뒤로 개 주인인 우리 학교 행정 관리자가 들어오더니, 우리가 거기 있는 걸 보고 흠칫 놀랐다. 그 무뚝뚝한 관리자는 그저 잠시 노려보았을 뿐인데, 선생님은 벌떡 일어나더니 묻지도 않은 말에 침 튀기며 불쑥 대답했다. "뭐 좀 도와줄 게 있어서 그거 끝내던 참이에요."

나는 자신에 대해 두 가지 분명한 결론을 내릴 수밖에 없었다. 하나는, 내가 다른 여학생들과는 다르다는 사실, 금요일 오후를 교사 휴게실에서 보내는 외계인이라는 사실이었다. 그리고 두 번째는, 어떻게 나 자신과 다른 사람들을 그런 상황으로 몰아갔는지를 해명해 줄 수 있는 유일한 이름은 '위험 인물'이라는 사실이었다.

내가 영어 교사가 되는 것이 정말 의외의 일인가? 내가 그 직업을 택하기로 결심할 때, 나는 아버지를 기쁘게 해 드리고 싶은 갈망과 내가 정말로 열정을 품은 대상을 향한 움직임―이 두 가지에 대해 학생들과 함께 읽고 쓰고 말하고 싶다는 열정―이 작용했다는 걸 깨달았다. 나는 말문을 열어 주는 소명과 내 직업을 한 번도 연관 지어서 생각해 본 적이 없다. 다만 천사가 하갈에게 던졌던 첫 번째 질문 즉 "네가 어디서 왔느냐?"에 대답하기 위해 나 자신의 이야기를 찾아가는 과정에서, 인생의 저자가 내 안에 이미 써 넣으신 더 큰 이야기를 보기 시작한 것이다. 과거는 나를 새로운 장으로 데려다 주었고, 이 새로운 장에서 나는 내 이야기에 들어 있는 비극에 대해 "예" 또는 "아니요"라고 말할 기회를 다시 한번 얻었던 것이다.

네가 지금 어디 있느냐?

여호와의 천사가 수풀 뒤에 숨어 있는 하갈을 발견했을 때, 그는 "네가 지금 어디 있느냐?"라고 꼭 집어서 물어보지는 않았지만, 그의 질문을 통해 하갈은 자신의 누추한 상태를 볼 수 있게 되었다. 이야기 잔치의 결실 중 하나는, 우리가 과거를 기억하게 되면서 이름도 없던 현재에 붙일 수 있는 단어가 드러나기 시작한다는 것이다. 예를 들면, 내가 사라진 꿈 이야기를 살려 내게 되자, 두 명의 잔치 참여자들은 나의 과거를 통해 나의 현재가 드러나게 했다.

마스 힐 대학원에서 나의 인지 구조를 완전히 분열시켜 버린 그 강좌를 듣던 주간에, 나는 친구 랄라를 데리러 갈 계획이었다. 그녀는 어머니 모임의 일원으로서 댄 알렌더가 인도하는 일주일간의 회복 모임에 참여하러 시애틀로 오기로 되어 있었다. 그녀가 그 힘든 주간을 보낸 뒤에 몸을 추스르는 것을 도와주고, 내 수강 기간이 끝나면 함께 비행기를 타고 플로리다로 돌아올 생각이었다.

그러나 우리가 함께 보낸 시간은 계획과는 다르게 돌아갔다. 나는 약속 시간에 맞추어 여객선이 들어오는 선착장으로 차를 몰고 갔다. 그런데 랄라가 차에 타자 나는 울음을 터뜨리고 말았다. 내 친구 랄라는 배신과 상실의 아픈 삶을 살았던 적이 있고, 그것이 그녀의 아름다운 목소리를 잠재우고 말았다. 그녀가 나한테 그런 이야기를 해 줄 때, 나는 그녀의 이름과 관련된 한 가지 통찰을 그녀에게 말해 주었다. 그리스어로 '랄라'(lala)는 "말하다 또는 말 걸다"라는 의미라고…. 세월이 지나면서 나는 랄라가 상실했던 언어를 회복해 가고 자기가 겪은 고통을 남들에게 말하는 모습을 지켜보았다. 그 주말에 만난 그녀의 존재 자체는 내게 하나의 살아 있는 이야기였던 것이다. 별로 많은 말을 하지는 않았지만, 상처 입었다가 다시 회복된 그녀의 이야기는 생각만 해도 나를 지탱해 주는 양식이 되었다. 나와 함께 있는 랄라를 보면서, 하나님은 그녀가 자기의 목소리를 찾아 사용할 수 있도록 돕기 위해 나를 그녀의 삶 속에 써 넣으셨다는 사실을 부인할 수 없었다.

같은 주간에, 자신에게 딱 맞는 호프(Hope)라는 이름을 가진 자매 한 명이 이메일을 보내와 나를 또 살찌워 주었다. 그녀의 이메일은 어떻게 나의 과거가 현재를 있게 했는지를 상기시켜 주었다. 그녀가 그런 말을 한 것은 나의 갈등을 모르는 상태에서였다. 다만 어머니 모임에서 경험한 것들을 반추해 본 것뿐이었다.

오늘 나는 열광적인 하나님과 그분이 당신에게 주신 소명에 대해 생각했답니다. 쳇바퀴 도는 삶 속의 작은 비전 하나가 여기에 이르기까지,…하나님이 당신의 여정을 얼마나 멀리까지 인도해 오셨는지 한번 보세요. 오늘 당신이 서 있는 그 자리에 서 있게 될 거라고 상상이나 했었나요? 하나님은 당신을 너무나 멋지게 사용하셔서, 소망을 갈구하는 지친 여성들을 격려하고 자극하고 그들의 멘토가 되게 하셨어요.

호프는 이미 나를 읽었고, 또 나를 썼다. 그녀는 나를 내 이야기 속으로 이끌어 갔다.

우리가 공동체로 모여서 서로의 이야기를 말했으면서, 나중에 그걸 부인하고 마치 하나님이 우리의 인생 속에 아무런 구속의 이야기도 쓰시지 않은 척할 수는 없다. 나는 마스 힐에서 강의를 듣는 동안 좌절감에 푹 빠져 버리고 싶었지만, 하나님은 랄라 안에 있는 살아 계신 구속의 이야기를 내 앞에 두셨다. 나는 소망을 잃어버리기를 갈구했지만, 호프는 내게 그런 선택을 허용치 않았다. 이 두 여성은 현재 속에서 여러 가지 기억을 떠올려 줌으로써 내가 미래로부터 도망치지 못하게 해 주었다.

네가 어디로 가고 있느냐?

우리가 이야기들을 경축하기 위해 공동체로 모일 때, 과거를 읽고 현재에 이름을 붙이고 미래를 꿈꾼다. 이야기로 잔치를 벌이면서 우리는 이야기를 다시 쓸 용기를 주는 사랑을 서로 나눈다.

어느 이야기 잔치에서 나는 내 상실의 이야기, 내 꿈이 사라졌음을 감지한 이야기를 읽은 적이 있는데, 그다음 날 이메일이 하나 와 있었다. 과학 교육 박사 과정 중에 있는 사랑스럽고 똑똑한 한 자매가 다음과 같은 글을 보내 왔다.

안녕하세요, 엘리자베스.

저는 어젯밤에 당신을 만날 생각에 마음이 부풀어 있었답니다. 당신이 시애틀에서 좋은 시간을 보냈기를 바라면서, 궁금증으로 가득했었지요. 말할 필요도 없지만, 사실은 그렇지가 못했더군요. 당신의 우는 모습을 지켜보며 가슴이 아팠어요.

"그렇다고 꿈을 포기하지는 마세요"라고 말해 주고 싶었지만, 당신의 인생을 향한 하나님의 뜻을 제가 어찌 알겠어요? 하지만 분명한 것은, 그 몇 안 되는 사람들이 당신의 꿈을 파괴하도록 내버려 두어서는 안 될 것 같아요. 당신이 직면해 있는 고통과 도전 뒤에는 무슨 목적이 있을 거예요.

내가 성경 지식이 좀더 많아서 성경 구절이라도 인용할 줄 알면 좋겠지만, 그래도 그들이 틀렸다는 건 말할 수 있어요. 하나님의 메시지가 무엇이든 그것에 귀 기울이시고, 주님을 신뢰하세요. 저 역시 아직도 해답을 찾고 있으며, 때로는 모든 걸 다 그만두고 다른 열정을 키워야 하지 않나 고민도 한답니다. 하지만 하나님이 다른 말씀을 하실 때까지는 계속 터벅터벅 걸어가렵니다.

평강을 빌며,
일레인 씀

나는 일레인이 이런 편지를 쓰기 위해 얼마나 큰 모험을 했는지 잘 알고 있었다. 그녀는 상처 입고 두려움에 휩싸인 채, 흡사 길 잃은 개처럼 어머니 모임에 들어왔다. 그전 이야기 잔치에서 그녀는 훌륭하게 쓴 그녀의 이야기를 우리에게 읽어 주었는데, 그 글에서 자신을 길 잃은 개에 비유했었다.

그 작은 개는 사랑을 절실히 갈구하며 내 인생 속에 들어와, 내가 하늘의 아버지와 맺는 관계와 사랑에 관해 많은 것을 가르쳐 주었습니다. 여러 면에서 볼 때, 나는 이 피넛이라는 개와 같았습니다. 자신의 과거의 희생자요, 상처 입고, 사랑이 절실히 필요한 존재···. 나는 사람들을 콱 물어 버릴 듯했고, 절대 신뢰하지 않았습니다. 하지만 나는 사랑과 용납을 원했고, 또 사랑을 주고도 싶었습니다. 내가 피넛을 포기하지 않기로 결심한 것과 똑같이, 하나님도 나를 포기하시지 않기로 결심하셨습니다. 부드러운 손길과 사랑 어린 마음으로, 하나님은 온유하게 나에게 구애하셨습니다. 내가 그분의 손등을 물 때조차도…. 내가 피넛을 신체적, 정서적으로 치료해 주고자 하고 자못 호화로운 생활을 제공해 주듯이(에어컨도 틀어 주고, 강아지 침대도 사 주고, 밥도 규칙적으로 주듯이 말이에요) 하나님도 자신의 사랑으로 내 삶을 어루만져 주시고자 했습니다.[7]

피넛에 대한 이야기를 통해서, 일레인은 내가 나의 갈등을 좀더 자유로운 방식으로 볼 수 있게 해 주었다. 나는 마스 힐에 있던 선생님과 달랐다. 나는 그분이 여자 수강생들을 대하는 방식에 문제의 소지가 상당히 많다고 느꼈다. 하지만 나는 다시 한번 입을 다물고 말았던 것이다. 그럼으로써 나는 완악하고 무례해졌다. 나는 그 교수와 몇몇 동료 수강생들을 꼬집어 댔다. 그건 내가 겪은 그 나쁜 경험의 일부를 스스로 창출하는 것이요, 내 꿈이 죽어 가고 있다는 의식도 내가 만들어 내는 것일 가능성이 많다는 뜻이었다.

일레인의 편지는 겸손했지만, 나에게 소망을 주었다. 사랑이라는 선물은 우리가 자신의 이야기로 돌아가 펜을 집어들고 다시 쓸 수 있게 자극한다.

내가 공동체 속에서 내 이야기를 나눌 때, 나는 나의 "사라진 꿈" 이야기가 사실은 "도피의 이야기"라는 걸 깨닫게 되었다. 마스 힐에서 부정적인 경험을 하는 사이에 나는 옛날에 있었던 이야기가 위험스럽게 잠식해 오는 걸 느꼈다. 내 어린 시절로 거슬러 올라가는 슬픈 이혼 이야기 말이다. 나의 언어로도 내 아버지를 돌려받지 못했던 실패 이야기. 고등학교 선생님들의 사악한 공상 거리에 이용된 성희롱 이야기. 그리고 마지막으로 친구들 앞에서 창피당하고 말문이 막혔던 이야기. 나는 이 이야기를 경멸했고, 잊어버리고 싶었다. 하지만 이야기 잔치의 내 동료들은 내가 나의 과거를 다시 방문하고, 나의 현재를 다시 주장하며, 나의 미래를 다시 쓸 수 있게 해 주는 방식으로 나의 이야기를 읽어 주었다.

나 스스로가 내 언어는 사람을 유혹하는 위험한 도구라고 믿을 수밖에 없게끔, 여러 선생님들이 자신의 권위와 힘을 남용하였다. 그 이후로 나는 말이란 정말로 위험하다는 사실을 배우고 있다. 말은 악을 파멸시키고 사람들을 모든 말의 저자이신 그분께로 인도하니까 말이다. 사실 육신이 되신 말씀, 우리에게 주어진 말씀은 하나님이 선택하신 무기다. 이야기로 잔치를 벌이면서, 나는 저자이신 그분께서 내 속에 나만의 독특한 방식으로 자신의 영광을 새겨 놓으신 것을 본다. 잃어버린 말이라는 주제를 취해, 수치심으로 입을 다물어 버린 사람들의 말문을 열어 주고자 하는 열정으로 변화시키시는 방식으로 말이다.

나와 함께 이야기 잔치를 벌인 그 여성들이 있기에, 나는 더 이상 나의 이야기를 부인하지 않는다. 나는 이 글을 부활절에 다 마쳤다. 우리의 유월절이신 그리스도는 우리를 위해 희생양이 되셨다. 그러므로 잔치는 계속되어야 한다.

시작의 끝(댄 알렌더)

처음으로 엘리자베스를 만났을 때, 나의 이야기가 자신의 이야기를 읽고 쓰고 다시 쓰는 그녀를 어디로 인도할지 나는 전혀 아는 바가 없었다. 또한 그녀의 이야기가 나를 어디로 옮겨다 놓을지에 관해서도 아는 바가 없었다. 아무 생각이 없이, 다만 소망의 감각만이 있을 뿐이었다. 그리고 소망이야말로 우리가 이야기 잔치를 경축할 때 먹는 음식이다.

본디 우리 인간은 경축받아야 할 존재다. 우리는 눈물과 갈등과 가슴 아픔 그리고 요란한 웃음과 경이로움과 기쁨의 대상이 되어야 할 존재다. 우리는 우리의 이야기를 잘 알고 사랑하는 다른 이들의 보살핌 속에서 탄생해야 할 존재다.

쓰고 또 살기 위해서, 우리는 텅 빈 스크린 앞에서 또는 백지를 앞에 놓고 홀로 고통스러워해야 한다. 우리는 기도와 금식과, 다른 이들에게 베풀기 위해―우리의 생명 창조라 할 이야기 쓰기를 위해―꼭 필요한 훈련들을 개발해야 한다. 그리고 우리가 공동체 속에서 다른 이들의 글을 받아 주듯이, 우리가 쓴 글도 다른 이들에게 읽어 주고 내주어야 한다. 우리가 이렇게 하는 것은, 바로 위대하고 영광스럽고 공동체적인 하나님의 이야기를 위해서다.

나만의 이야기

엘리자베스와 그녀가 인도하는 어머니 모임은, 각자의 이야기를 가지고 어떻게 함께 이야기 잔치를 하는지를 배웠다. 당신은 이야기 잔치의 필요성을 느끼는가? 혹은 이미 그와 비슷한 프로그램에 참여하고 있는가? 참여하고 있다면 어떤 식으로 진행되고 있는가?(가족 모임 또는 교회의 소그룹 모임 등) 그 모임에서는 어떤 유의 이야기들을 나누는가?

세상의 소음이 잠잠해지면 내 마음 속에서는
무엇이 발견될까? 나는 누구일까?
상실이나 위기나 잠식된 시간이, 성공과 자만,
심지어는 성격이라는 덫조차 거두어 가고 나면
나는 누구일까?

_캐슬린 노리스

10　드러내는 기도

감사와 경외심으로 당신의 이야기 받아들이기

"자, 기도합시다."

당신은 이 말을 들으면 기도할 마음이 생기는가, 불편한 마음이 생기는가? 기도는 설교하기 전이나 가르치기 전이나 밥 먹기 전에 마땅히 해야 할 좋은 일이지만, 성관계를 할 때나 게임판을 벌일 때 또는 시장에서 장을 볼 때는 어떤가? 그리고 우리는 마땅히 무시로 기도해야 하는데 시장에 들어가기 전에는 도대체 어떤 기도를 읊조려야 하는 걸까?

기도를 종교적인 활동으로만 본다는 것은 너무 궁색하다. 사실 기도는 역설과 신비와 부조리와 이야기가 넘치는 드라마로 가득한, 풍요롭게 얽힌 관계다. 활동으로서의 기도는 사실 거의 의미가 없어 보인다. 모든 것을 이미 다 아시는 하나님께 왜 기도한단 말인가? 내가 생각하기도 전에 하나님은 이미 내 생각을 다 알고 계시는데, 기도할 이유가 뭐란 말인가? 그분이야말로 성령을 통해 나를 위한 진정한 기도를 하시는데, 그 성령이야말로 내 영을 위해 말로 할 수도 들을 수도 없는 기도를 대신 해 주시는데, 내가 무얼 더 보탤 수 있단 말인가?[1]

이런 질문들에 대한 대답은 간단하다. '하나님은 관계를 원하신다'는 것이다. 비록 세 단어로 답변은 했지만, 이 답변은 더 복잡하고 묘한 상황을 창출한다. 내가 거는 말이, 내 질문이, 그리고 하나님께 말씀드리는 것들이 어떻게 하나님과 나를 좀더 친밀한 관계로 이끌어 주는가? 하나님은 말이 그리 많지 않으시고, 만일 말이 많으시다면 나는 거의 귀머거리인 셈이다. 내가 기도할 때 하나님의 반응은, 최소한 95퍼센트는 침묵이다. 어쩌면 당신은 기도 시간에 이보다는 훨씬 많은 말들을 하나님께 들을지도 모른다. 하지만 나는 그렇지 못한데, 그래도 그분이 말씀하시는 그 5퍼센트의 시간만으로도 나는 온통 말을 더듬고, 전능하신 분을 부르며, 그분의 거룩한 화행(speech-acts)에 귀 기울이게 된다.

기도는 영혼의 밭을 갈고, 땅 밑에 감추어진 이야기라는 흙덩이를 발굴해 낸다. 기도는 우리의 마음을 드러내고 열어 준다. 기도는 우리를 하나님과의 대화로(종종 혼란스럽기도 한 대화로) 이끌어 준다. 기도는 또한 하나님으로부터 그분의 임재를 받아들이는 무대 배경이 되기도 한다. 하나님이 어떻게 우리를 쓰시는지, 그리고 그분이 어떻게 직접 우리 이야기를 쓰라고 우리를 부르시는지를 대면하여 알게 해 주는 것이 바로 기도다. 단도직입적으로 말하자면, 기도는 하나님의 저자 되심에 굴복하는 것이다.

벌거벗은 기도

하나님, 나를 샅샅이 살펴보시고, 내 마음을 알아 주십시오.

나를 철저히 시험해 보시고, 내가 걱정하는 바를 알아 주십시오.
내가 나쁜 길로 가지나 않는지 나를 살펴보시고,
영원한 길로 나를 인도하여 주십시오.[2]

바리새인과 세리가 기도하러 성전에 올라갔다. 바리새인이 똑바로 서서 자기 자신에 대해 기도하는 모습은 자못 흥미롭다. "하나님, 감사합니다. 나는 남의 것을 빼앗는 자나, 불의한 자나, 간음하는 자와 같은 다른 사람들과 같지 않으며, 더구나 이 세리와는 같지 않습니다. 나는 이레에 두 번씩 금식하고, 내 모든 소득의 십일조를 바칩니다." 이와는 대조적으로, 사회적으로 멸시와 따돌림을 당하는 세리는 "멀찍이 서서, 하늘을 우러러볼 엄두도 못 내고, 가슴을 치며 '아, 하나님, 이 죄인에게 자비를 베풀어 주십시오' 하고 말하였다."[3]

우리는 감사하기보다 주어진 것을 당연히 여기는 기도와, 자기 의를 폭로하는 좌절이라는 기도 사이에서 살고 있다. 우리는 감사해야 하는가? 물론 그래야 하지만, 받은 축복들을 자격 없는 자에게 주신 하나님의 선물로 끝까지 생각하는 경우가 별로 없다. 오히려 우리가 무엇인가를 했기 때문에 그것을 얻은 것이며, 따라서 마치 우리는 그것을 받을 자격이 있는 자인 것처럼 행세한다. 이것은 이스라엘 역사에서 볼 수 있는 불가피한 악순환이다. 하나님의 백성들은 하나님의 축복을 당연시했으며, 따라서 하나님의 선물을 당연한 필수품으로 소유하고자 하는 유혹에 빠지고 말았다.

한편으로는 좌절이라는 기도도 있는데, 이것은 개인적 그리고 공동체적인 변화를 바라는 지난한 갈구를 말한다. 이런 상태에 있을 때, 우리는 가장 속 깊고 섬세한 기도를 드리게 된다. 자비를 구하는 기도는 하나님이 우리의 머리를 들어 주시고 우리의 오점을 제거해 주시기를 간구한다. 좌절감은 우리를 수치심으로 이끄는데, 사실 우리 이야기의 많은 부분들은 수치심과 얽혀 있다.

우리가 좌절의 기도를 할 때, 하나님은 자신이 우리의 삶 속에 쓰신 이야기를, 심지어는 수치심을 느끼게 만드는 장들조차 사랑하도록 우리를 초대하신다. 수치심이 사그라들지 않고서는, 죄로 얼룩지고 슬픔으로 도배된 이야기를 좋아할 수 있는 사람은 아무도 없다. 그리고 우리가 우리의 쓰라린 이야기들까지 포함한 모든 이야기 속으로 들어가기로 선택하지 않는 한, 수치심은 사그라들지 않을 것이다. 우리는 하나님 앞에서 벌거벗은 채 내러티브 속으로 들어가야 하며, 그분이 쓰신 이야기에 온전히 마음을 열고 들어가야 한다.

하나님 앞에서 이야기 속으로 들어간다는 것은, 먼저 투쟁으로서의 기도 속으로 들어가는 것을 의미한다. 이미 정해진 순서에 따라, 예를 들면 찬미, 고백, 감사, 간구하는 식으로 좋은 말들만 나란히 읊조리는 것이 아니다. 물론 질서정연하고 잘 정리된 기도를 드릴 수도 있다. 하지만 적나라하게 얽히고 설키는 탄원의 기도는, 우리의 좌절감을 하나님의 발 앞에 내던지고 새로운 이름을 얻는 축복을 얻기 위해 벌거벗은 채 하나님과 씨름하는 것이다. 이것이야말로 치유하는 기도다.

치유의 기도는 레슬링 경기다. 정말 그렇다. 하지만 그것이 전부는 아니다. 치유하는 기도는 하나님과의 진땀 빼는 격투를 넘어서, 가슴 아픈 우리의 이야기들을 취하여 그 기억 속에 예수님을 끼워 넣음으로써, 오점을 씻어 내고 고뇌를 사라지게 한다. 그 목적을 이루기 위해서, 당신은 자신의 기억들을 기꺼이 곱씹어야 하며, 그 과거의 사건들의 의미를 **충분히** 탐구해야 한다. 어느 정도까지만 들어갔다가 멈추어서, 예수님의 사랑 어린 얼굴이 위로와 좋은 기분을 가져다주는 것을 상상하며 그 과정을 마감해 버려서는 안 된다. 그것은 하나님과 씨름하는 것이 아니며, 치유의 기도도 아니다.

분명히 예수님은 치유를 일으키신다. 우리에게 미소도 지어 주시고 위로도 가져다주신다. 따라서 과거 우리 고난의 장면들 속에서 예수님의 얼굴을 상상할 수 있는 여지는 분명히 있다. 하지만 많은 사람들이 이 길을 일종의 영적인 전두엽 백질 절제술로 선택한다. 그런 상상은 자기의 이야기를 완성된 작품으로 여겨 책꽂이에 꽂아 놓고는 절대로 다시 꺼내 읽지 않는 지름길이 될 수 있다.

이야기를 그렇게 처리하는 것은 고뇌와 분노의 깊은 감정을 고요와 평안으로 대체하는 것이다. 그런 고뇌와 분노의 제거는 치유의 표시도 아니다. 고뇌를 제거하면 자비도 제거된다. 분노를 지워 버리면 정의를 갈망하는 허기도 없어진다. 예수님은 고뇌와 분노를 없애시는 분이 아니라, 가슴 아픈 일을 열정으로, 분노를 의로운 저항으로 변화시키신다. 이 불쾌한 감정들을 눈앞에서 치워 버리려고 책꽂이에 꽂아 두는 대신, 예수님은 그 감정들을 변화시키신다.

마찬가지로, 하나님은 신음이나 의분을 없애 주시지 않는다. 우리의 '예'나 '아니요'는 그런 신음과 의분 속에 내포된 열정으로부터 나온다. 고뇌를 잃어버린다는 것은 로봇과 같이 비인간화되는 것으로 한 걸음 가까이 다가가는 것이다.

그러므로 치유의 기도는 고난을 안전하게 무시해 버릴 수 있도록 옆으로 제껴 놓지 않는다. 그 대신 치유의 기도 속에서 우리는 매우 세밀하게 우리의 비극의 장면 속으로 들어간다. 치유의 기도 속에서 우리는 수치스런 장면들에 구체적인 이름을 붙이게 된다. 그것은 마술 같은 대체물(우리가 상처받는 동안 예수님이 우리 옆에 앉아 계시는 모습)을 통해 이야기를 재구성함으로써 고통을 없애는 것이 아니다. 오히려 하나님과의 치유의 대화는 이름을 붙이기에는 너무나 고통스러운, 미처 말로 표현하지 못했던 이야기 속의 간격들로 곧장 우리를 인도한다. 그것은 우리가 예수님 없이는 감히 가 볼 엄두도 내지 못하던 곳으로 우리를 데려가지만, 그렇다고 그 이야기의 고통을 경감시키는 데 예수님을 이용하지는 않는다.

우리가 수치심이나 슬픔으로 우리에게 가장 깊은 흔적을 남긴 장면 속에 있는 구체적인 요소에 가까이 접근하게 되면, 우리에게 안전하지만 공허한 평안을 제공했던 그 분열이 다시금 나타난다. 바로 그때, 우리의 고통에서 등을 돌려 도망가 버리고 싶을 때, 우리는 하나님을 향해 화를 내거나 회개하기를 거부하는 마음과 씨름해야만 한다. 우리가 가장 원하는 것은 무엇인가? 하나님인가, 아니면 우리가 조작한 가짜 평안인가?

예수님을 그 장면 속에 너무 빨리 투입하면, 우리의 마음이 그 진짜 전쟁에서 누릴 수 있는 것을 놓치고 만다. 예수님이 그 자리에 계셨다는 것을 부인하자는 것이 아니다. 그분이 거기 계셨음을 우리는 알고 있다. 다만 그분이 거기 계셨으나, 그 피해를 막아 주지 않으셨다는 사실이 우리를 자기 의에 싸여 분노로 끓게 만든다. 예수님은 왜 다음의 질문들에 대답해 주시지 않는 것일까?

- 왜 우리 부모님이 이혼하지 못하게 막아 주지 않으셨나요?

- 왜 학대를 막아 주지 않으셨나요?
- 왜 그 사고를 막아 주지 않으셨나요?

우리가 아무리 자주, 아무리 열심히 묻는다 해도, 하나님은 위와 같은 질문에 대답하시지 않는다. 그 대신 하나님은 우리를 초청하셔서 하나님과 함께 울며 그분의 자비를 받아들이게 하신다. 그리고 그분은 우리와 함께 분노로 울부짖으시며, 우리를 부르셔서 자신의 검을 받아들고 우리의 마음에 상처를 주는 것들과 맞서 싸우게 하신다.

치유의 기도는 우리의 마음을 달래 주는 동시에 우리를 자극해 전투에 나서게 만든다. 예수님은 사자인 동시에 어린양으로 나타나신다. 맹렬하고 용감하게, 또 부드럽고 온유하게…. 우리가 우리 이야기를 예수님의 슬픔 아래 내려놓을 때, 그분의 눈물에 동참하여 그분의 분노에 굴복하고 악을 물리치라는 부르심을 받아들일 때, 기도는 치유의 기도가 된다. 그런 기도는 단순히 심리적 상쇄나 과거의 삭제가 아니다. 오히려 우리의 마음을 변화시켜 좀더 정직하고 희망차게 현실 속으로 들어갈 수 있게 해 준다.

벌거벗은 기도 없이는 절대 우리의 이야기 속으로 깊이 들어갈 수 없고, 우리의 아픔에 관한 정보들도 발굴할 수도 없다. 그러므로 우리는 걸으면서, 그리고 쓰면서 기도해야 한다. 다른 사람에게 우리를 위해 기도해 달라고 부탁할 때, 우리 자신을 하나님께 내어 드려야 한다. 그리고 우리의 이야기를 다른 사람에게 들려주는 것은, 눈 감고 두 손 모아 드리는 기도와 똑같은 것이라는 사실을 알아야만 한다. 기도는, 하나님이 말씀하시기를 기대하는 대화의 자세다. 그렇지 않다면 무시로 기도하라는 말의 의미를

깨닫는 것은 불가능하다.⁴

기도할 때 우리 이야기는 더 크고 더 명확한 모습을 드러낸다. 이야기 속의 어떤 요소들로 인해 우리는 새로운 슬픔과 분노를 경험하게 되고, 미래를 향한 갈망은 물론 과거와의 연결 고리도 더 많이 생긴다. 기도는 우리를 민감하게 하고, 각성시키며, 움직이게 만든다. 그 결과 우리는 더 많은 눈물과 갈망을 갖게 된다. 이런 솔직한 마음으로 기도할 때, 우리는 훨씬 더 자유롭게 비탄과 수치의 영토를 걷게 된다. 벌거벗은 기도를 하다 보면, 우리는 결국 하나님과 흥정을 하는 지점까지 가게 된다. 벌거벗은 기도 속에서 우리는 하나님께 뭔가 다른 이야기를 요구하게 된다.

흥정하는 기도

쇼핑 센터와 백화점으로 즐비한 미국 같은 나라에서 흥정의 진수를 맛보기란 거의 불가능하다. 하지만 중동 지역에서는 고기든 예술 작품이든 사려고 하면, 어쩔 수 없이 흥정을 해야만 한다. 이 과정에는 요령 있게 주고받는 기술이 필요한데, 쌍방은 서로 져주는 척하면서 기실 승리는 자기가 따 놓은 당상이라고 생각한다. 이것은 갈등과 타협과 존중이 어우러진 한판 춤으로서, 쌍방이 승자가 되는 재주다.

마찬가지로, 기도는 흥정이다. 하나님과 타협을 벌이는 것이다. 그리고 하나님은 우리 미래의 이야기와 관련해서 우리가 하나님과 타협하기를 바라신다. 하지만 그런 일은 생각만 해도 불합리하다. 하나님은 하나님이다. 전능하시고, 창조주시고, 주권적인 분이시다. 반면에 우리는 오점 투성이인 인간이요, 결함 많고 죄 많고, 때로는 말할 수 없이 어리석다. 그런 우리가 어떻게 거룩하신 하나님과 타협을 할 수 있단 말인가? 타협은 우리가 하나님의 약속을 믿을 때 시작된다.

성경을 읽다 보면, 대화가 하나님을 변화시키는 것을 분명히 알 수 있다. 대화는 하나님의 시각을 변화시키고, 하나님의 생각을 바꾼다. 하나님은 자신이 마치 불의한 재판관인 양, 자신을 각성시키라고 우리에게 말씀하신다. 그리고 심지어 후회도 하신다. 하나님은 기도 때문에 마음을 바꾸시고, 우리 또한 그러하다.[5]

물론 당신과 나는 우리의 죄 때문에 회개하지만 하나님은 죄가 아닌 다른 것 때문에 후회하신다. 하나님은 죄를 지을 수 없는 분이시기 때문이다. 하나님은 다만 우리 대신에 죄가 되실 수 있는 분이시다. 이 말이 이해가 되는가? 별로 안 될 것이다. 그렇다면 이 말이 논리적이고 합리적이기는 한가? 전혀 그렇지 않다. 하나님의 후회라는 개념은 그 말씀으로 인해 난처해진 신학으로 겨우 변명할 수는 있겠지만, 그로 인해 우리는 직선이 아니라 꽈배기 모양의 내러티브 논리와 마주치게 된다. 우리가 기도하고 나면 하나님이 생각을 바꾸신다고? 이해는 잘 안 되지만, 어쨌든 하나님은 생각을 바꾸신다.

그리고 우리가 이야기 속에 개입되면서, 이 사실이 어느 정도는 이해가 된다. 또는 최소한 흥미진진한 이야기는 된다. 하나님이 모세와 나누신 황당한 대화를 생각해 보자. 하나님은 이 혀가 굳은 목자가 바로의 궁전으로 뚜벅뚜벅 걸어가 그 이교도 왕에게 하나님은 왕이 히브리 백성들을 노예로 부리는 것을 그만두시길 원한다고 말하기를 바라셨다. 하나님은 모세에게 자신의 명령을 눈부신 네온 색깔처럼 환히 보여 주셨다. 그리고 모세는 딱 잘라 말했다. "저는 그런 일을 할 사람이 못 됩니다."

그리하여 창조주가 자신을 완전히 낮추신 입씨름이 시작되었다. 하나님은 자신이 입을 만드신 자요 각 사람의 이야기를 쓰신 자라는 사실을 모세에게 되새겨 주신다. 마치 하나님이 누구신지 모세가 깜빡 잊어버렸다는 듯이···. 그러나 모세는 하나님의 영광의 불꽃 앞에서조차 기죽는 기색이 전혀 없다. 그는 바로에게 가라는 명령을 정중히 거절했다. 그리하여 하나님은 다른 대안을 제시하신다. 모세에게 대변인을 붙여 주겠다는 것이다.

둘의 대화는 기이하기 이를 데 없다.

모세   주님, 죄송합니다. 저는 본래 말재주가 없는 사람입니다. 전에도 그랬고, 주님께서 이 종에게 말씀을 하고 계시는 지금도 그러합니다. 저는 입이 둔하고 혀가 무딘 사람입니다.

하나님   누가 사람의 입을 지었느냐? 누가 말 못하는 이를 만들고 듣지 못하는 이를 만들며, 누가 앞을 볼 수 있는 사람이 되게 하거나 앞 못 보는 사람이 되게 하느냐? 바로 나 주가 아니더냐? 그러니 가거라. 네가 말하는 것을 내가 돕겠다. 네가 할 말을 할 수 있도록 내가 너에게 가르쳐 주겠다.

모세   주님, 죄송합니다. 제발 보낼 만한 사람을 보내세요.

이쯤 되자 하나님의 인내에 한계가 오지만, 그래도 하나님은 모세의 말에 지고 만다.

하나님   레위 사람인 너의 형 아론이 있지 않느냐? 나는 그가 말을 잘하는 줄 안다.···[6]

이 이상한 대화에서 우리가 한 가지 배우는 것이 있다. 바로, 우리의 기도로 잠자는 하나님을 깨운다는 것이다. 우리는 기도를 통해 하나님께 우리의 고통을 상기시키고 우리 이야기의 노정을 바꾸어 달라고 간청한다. 우리는 전능하신 분께, 불의한 자들을 주목하고 그들의 길을 막으시라고, 그들의 등뼈를 부러뜨리고 의지를 꺾어 달라고 기도한다. 모세가 그랬던 것처럼, 기도는 전능하신 하나님과의 거래에서 최고의 조건을 얻어 내는 노력이다.

이런 말은 종교적인 관점에서 듣건 합리적인 관점에서 듣건 기분을 상하게 한다. 하나님은 물건을 팔겠다고 값을 깎아 주는데 혈안이 되어 있는 구멍가게 주인이 아니다. 또 변덕쟁이도 아니다. 사실 성경은 하나님이 변하지 않는다고 분명히 말하고 있으며, 그분 안에는 이러저러한 변덕이나 "회전하는 그림자"도 없다고 말한다.[7] 그런데 하나님은 후회하신다. 이것은 다만 하나님을 의인화한 표현에 불과한 것일까? 아니면 변함이 없는 하나님이 인간의 방식으로 후회하시지는 않지만 어쨌든 우리의 이해를 넘어서는 차원에서 하나님의 방식으로 후회를 하시며, 자신의 존재의 핵심적인 성품을 바꾸지 않으면서도 마음을 바꾸신다고 말할 수 있는 것일까? 나는 후자에 표를 던지겠다.

하나님은 모세에게 자신의 이름을 말씀하셨다. "나는 스스로 있는 자"라고. 당연히 그분은 스스로 있는 자다. 그리고 그분은 기꺼이 자신의 생각과 판단을 바꾸고, 분노를 격발하며, 우리가 쓰고 싶어 하는 이야기를 쓰도록 허락하시는 성품의 신비 속에서 변함이 없는 분이시다. 변함없는 그분의 성품은 당신의 이야기가 이상하게 나가지 않을 것을 보증한다. 하나님은 인간의 말과 분노조차 자신의 이름을 찬미하는 데 사용하실 것이다.

그렇다면 이런 사실이 당신의 이야기와 나의 이야기에 진정으로 의미하는 바는 무엇인가?

하나님은 말씀하시며, 우리는 그분이 말씀하시는 내용뿐만 아니라, 그분이 말씀하신다는 사실 자체를 신뢰해야 한다. 마찬가지로, 하나님은 지구가 조성된 순간부터 우리의 인생을 쓰셨지만, 우리가 먼 훗날 자신의 인생을 다 쓰고 얼굴 대 얼굴로 하나님을 만날 때까지는 그분의 소설을 살짝이라도 넘겨다볼 수 없게 하신다.

성경이 하나님에 관해 언급한 두 가지 핵심 사항은 하나님의 저자 되심을 분명히 밝혀 준다. 한 가지는 하나님이 우리 인생의 매 순간의 저자이심을 똑똑히 언급하고 있다는 것이다. 그분은 자신의 목적을 위해 내 인생을 쓰시기 때문에, 나의 최종 권위이시다. 나는 그분 손에 들린 점토판이요 석판이다.[8]

하나님이 우리의 저자이시긴 하지만, 성경이 분명히 말하는 것은 하나님이 우리 죄의 저자는 아니시라는 사실이다. 하나님은 아담과 하와가 반역하고 도망가고 하나님과 싸우도록 시키지 않으셨다. 하나님은 가인에게 사정해서 동생의 피를 흘리게 하지 않으셨다. 하나님은 히로시마 사건과 유대인 학살 사건 또는 옆집 아이가 당신의 차고를 부수는 사건을 일으키지 않으셨다.

모든 죄악은 어둠의 왕국의 영토다. 이 어둠의 왕국 시민들로 하여금 빛을 피해 달아나 미움과 정욕과 질투로 쪼그라든 가련한 인간이 되게 하는 것은 무엇인가? 우리는 모른다. 아마 결코 완전히 이해할 수는 없을 것이다. 악은 사랑하기로 혹은 사랑하지 않기로 선택할 수 있는 우리의 자유를 통해 악의적으로 자라난다. 우리가 사랑하지 **않기로** 선택할 수 있는 여지가 없다면, 사랑은 의미가 없을 것이다.

사랑을 강요한다면, 잘해 봤자 앙갚음이 두려워서 나오는 복종일 뿐이요, 최악의 경우는 우리 사랑의 대상이 우리에게 줄 수 있는 것을 얻기 위한 위선적인 조작에 지나지 않는다. 하지만 마음에서 우러난 사랑은 갈망과 감사의 복잡한 상호 작용 안에서 일어난다. 나는 원하고 하나님은 주신다. 그분은 나에게 필요한 것 훨씬 너머에 있는 것을 주시기 때문에 나는 입이 딱 벌어지는 경외심과 황송한 감사의 소용돌이에 사로잡힌다. 우리는 하나님을 사랑하고 하나님의 사랑을 받는 가운데, 경외심과 감사의 공간 속에 던져질 때 우리의 이야기를 가장 잘 쓰게 된다.

경외심으로 기도하기

하나님과의 타협은 경외심 속에서 진행되어야 마땅하다. 인간에 불과한 존재가 하나님과 언쟁을 벌이는 것은 고사하고, 어떻게 하나님과 대화를 할 수 있단 말인가? 내가 어떻게 하나님께 주무신다, 돌아보지 않으신다, 또는 불의하다는 이름을 붙이도록 부름받을 수 있단 말인가? 그것은 유한한 인간의 헤아림을 넘어서는 일이다. 나를 죽일 권세가 있는 나라의 강력한 지도자에게 나는 절대로 그런 말을 하지 않을 것이다. 하물며 전능하신 하나님의 보좌 앞에서 왜 그렇게 말하겠는가?

하나님이 우리를 초대하셔서 감히 생각지도 못한 관계의 역전으로 들어가게 하시는 것을 감지할 때 우리는 경외심이 생긴다. 하나님은 우리가 하나님과 협력하여 우리 이야기를 쓰기 바라시지만, 또 하나님과 대립하여 쓰기도 바라신다. 무기력해 보이는 하나님의 모습에 대항하여 싸우다 보면 우리는 하나님이 무시하고 있는 듯 보이는 불의의 영역 속으로 들어가게 된다. 하나님이 우리 마음속에 심으신, 마음 깊은 곳에서 우러나는 '아니요'는 어느 정도는 하나님이 아무 행동도 하지 않는 것처럼 보이는 데 대한 저항이다. 우리가 쓰는 이야기는 하나님이 버리신 것처럼 보이는 사람들에게로 우리를 데려간다. 하지만 사실 하나님은 우리를 통해 그 난투극 속으로 직접 들어오시는 것이다.

그래서 하나님이 자신의 백성을 정말 버리셨겠는가? 아니다. 그분은 당신과 나를 보내신 것이다. 그리고 하나님이 우리 옆구리를 쿡쿡 찌르며 행동하라고, 돌아보고 맞서 싸우라고 하셨음을 깨달을 때, 우리는 그분의 계획이 너무 놀라워 숨이 막힐 지경이 되는 것이다. 이는 몹시 기묘한 일이다. 하나님은 우리가 고아와 이방인, 과부가 되는 경험을 통해, 우리에게 짐을 지우신다. 그런 다음에는 그런 상실감으로 하나님과 싸우는 우리의 전쟁이 더 격렬해지게 하시는데, 물론 우리는 하나님의 선하심에 굴복하고 하나님은 계속 이기신다. 그다음에 하나님은 우리를 보내셔서 우리를 필요로 하는 사람들과 함께 우리의 짐을 살아 내게 하시는데, 결국 장기적으로 보면 우리가 그들에게 줄 수 있는 것보다 그들이 우리에게 준 것이 더 많음을 깨닫게 된다.

내 이야기를 좀더 읽으면서도 나는 성추행이라는 어두운 영역 속으로 들어갈 계획은 전혀 없었다. 내가 성적으로 좀 불쾌한 순간을 몇 번 경험했다는 것은 막연히 알고 있었지만, 그건 오래된 과거의 일이었고 내 인생에 눈에 띄는 영향을 끼친 것도 아니었다. 그러다가 내담자 중 한 사람이 나에게 성추행에 대해 많이 알고 있느냐고 물어보는 바람에 그 숙명적인 순간이 다가왔다. 지나치듯이 물어본 그 질문으로 인해 내 인생의 궤도는 바뀌게 되었다. 그 순간에는 그 사실을 몰랐지만, 그녀의 이야기 속에 개입됨에 따라 나는 나 자신의 과거의 순간들이 지평선 위로 높이 떠오르기 시작하는 것을 깨달았다. 나 자신이 당한 성추행에 이름을 붙이고 그 영향력의 흔적을 바로 가까이서 보기까지는 오랜 세월이 걸렸지만, 오점 투성이인 우리 인생의 단 하나의 씨줄로도 찬란한 영광을 짜 내시는 하나님은, 나에게 펜을 들고 그분을 따라오라고 초대하고 계셨다.

행동하지 않으시는 하나님께 격분해서 흘리는 우리의 피 한 방울 한 방울은, 우리가 그분의 영광을 따라 새로운 장을 쓸 때 사용하는 갈망의 잉크가 된다. 그러나 경외하는 마음으로 쓰지 않으면, 그저 편안한 기독교적 수식어들로 가득한 미적지근한 이야기나 쓰는 것으로 만족해야 할 것이다. 후자의 형태는 진정한 이야기가 아니다. 오로지 경외심만이, 우리로 하여금 하나님의 기묘하고 도발적인 영광을 노래하는 이야기를 쓰도록 강력하게 밀어붙인다.

감사하는 마음으로 기도하기

'누가 누구의 이야기를 저술하는 것인가?' 우리 이야기를 하나님과 공동으로 저술하는 커다란 신비는 바로 이 질문 속에서 분명히 알 수 있다. 오랜 세월 동안 나는 성폭행의 피해자들이 수치심의 속박을 끊고 자유케 되도록 그들을 돕는 일을 하고 있다고 생각해 왔다. 그런데 내가 내담자들을 풀어 주는 것보다 그들이 나를 자유케 하는 것이 훨씬 더 크다는 사실에 서서히 눈뜨기 시작했다. 내 자녀들에 대해서도 마찬가지였다. 내가 그들의 인생을 쓰고 있는 것처럼 보이는 때조차도, 사실은 그들이 나의 저자 역할을 하고 있었다. 그렇다면 나와의 공동 저자는 누구인가? 당연히 하나님이시다. 하지만 다른 사람들도 나의 공동 저자인데, 왜냐하면 하나님은 공동체 만들기를 무척 좋아하시기 때문이다.

우리는 서로의 공동 저자로서 감사의 메아리 속에서 서로 개입할 필요가 있다. 당신이 이 책을 읽어 주어 정말 감사하다. 당신도 내가 이 책을 저술한 것에 대해 고마워할지도 모른다. 그렇다면 메아리는 시작된 것이다. 이 책이 당신을 자극해서, 오랜 세월 동안 쓰이지 못했던 당신 인생의 일부분을 글로 쓰기 시작했을지 모른다. 그리고 당신의 이야기를 다른 사람이 읽고 편집함으로써, 당신은 다른 영혼들을 섬기는 것이요 그들은 당신의 피와 잉크에 영원히 빚진 자들이 될 것이다. 그리하여 그들도 하나님의 영광을 위해 자신들의 미래를 하나님과 함께 공동 저술하는 경이로운 기쁨으로 들어가게 될 것이다.

어쩌면 당신은 서로의 재능에 찬사를 아끼지 않는 친구들과 더불어 힘써 수고했는지도 모른다. 그렇다면 여러분은 마치 기악 합주단과도 같다. 열정적으로 탄탄한 합주를 진행하다가 자연스럽게 빛나는 독주자에게로 스포트라이트가 옮겨 가도록 한다. 그러다가 다시 각 연주자는 자기 파트를 매끄럽게 연주하면서 전체적인 일치로 나아간다. 각 파트의 개성을 잊지 않으면서도 말이다.

내가 마스 힐 대학원에서 바로 그런 위원회를 섬겼는데, 위원회에서는 학교 역사상 초유의 가을 수양회를 계획 중이었다. 위원들은 시각과 욕구들이 모두 다양했다. 우리의 대화는 풍성하고 뜨겁고 격렬했다.

수양회에서 열릴 주일 예배를 계획할 시간이 되었는데, 그 시간 동안은 움직이는 부분이 워낙 많아서 그 장소에서 쓸 수 있는 건물 중에는 공간이 충분한 곳이 없었다. 결국 나무를 모아 켈트식

십자가 형태로 야외 예배당을 만들기로 결정했다. 퓨젯 사운드 지역에서 가을은 날씨를 예측할 수 없는 계절이었다. 비가 안 올 수도 있겠지만, 맑은 하늘에 내기를 거느니 차라리 복권을 사는 것이 현명할 판이었다. 혹시 비가 오면 어찌한단 말인가? 그런 의문을 품고 다음과 같은 질문이 제기되었다. "비를 방해나 걱정거리로 보지 말고 그 행사의 일부로 생각하고 오히려 환영한다면 그 예배가 어떤 모습일까?" 그 질문에 나는 아연실색했다. '비는 골칫거리다! 행사에 방해가 되고 온통 눅눅해진다. 비는 분명 불청객이고, 도움도 안 된다. 하지만 꼭 그러라는 법이 있는 걸까?'

우리는 종종 교회에서 드리는 예배와 자연 속에서 하나님께 드리는 예배를 구분한다. 이 얼마나 인위적인 구분이며, 큰 손실인가! 예배 속에서 비를 환영한다는 것이 간단하게 들릴지 모르겠지만, 그 생각은 비를 우리 예배의 한 부분으로 가져오시는 바로 그분을 초청하는, 자유케 하는 선물이 되었다.

예배는 장장 세 시간 동안 진행되었다. 우리는 이야기들을 말했다. 함께 보낸 시간을 기념하기 위해 예술 작품을 만들기도 했다. 기도도 하고 선포되는 하나님의 말씀도 함께 읽고 들었다. 빗속에서, 비를 통해, 비를 넘어서 선포되는 말씀을…. 그래, 비가 내렸다. 우리는 서둘러 담요를 뒤집어쓰고, 성만찬을 받기 위해 십자가 중앙으로 걸어나가고, 너무도 가까이서 들리던 영광의 포효 소리와 함께 찬양하는 모습으로 새 학기의 시작에 흔적을 남겼다. 나는 영광의 모험을 감수하면서 쓰인 이야기들로 겸손해진 채 그곳을 떠나왔다.

하나님의 영광의 임재에 대해 감사할수록, 우리는 새로운 장을 쓸 때 더욱 큰 모험을 감수하게 된다. 그 새로운 장이 예배에 관한 것이든 다음 해를 어떻게 보낼지에 관한 것이든 말이다. 감사는 평범한 틀에 박혀 사는 우리를 끌어내어 우리 앞에 있는 수평선을 보여 준다. 새로운 노정을 창조하라고 요청하는 수평선 말이다. 하지만 그렇게 전진하라는 부름을 들을 때도, 우리는 뒤를 돌아보며 과거의 잔해들을 조심스럽게 살펴보아야 한다. 과거의 노정이 우리를 이 자리까지 데려온 것이기 때문이다. 어쩌면 좀 더 적은 대가를 치러도 괜찮았을 다른 길들도 있었겠지만, 그 과거가 우리를 이 순간까지 인도한 것이다. 새 날이 지난 날의 고뇌를 없애 주지는 않는다. 하지만 우리가 고아가 되고 이방인이 되고 과부가 되었던 길을 먼저 밟지 않았더라면, 새로운 수평선과 그것을 추구하겠다는 열정은 나타나지 않았을 것이다.

어쩌면 이런 시각이 있었기에 바울도 "일시적인 가벼운 고난"이라는 말을 쓸 수 있었는지도 모른다.[9] 탄생한 것이 찬란하게 빛날 때, 출산의 고통은 엷어지는 법이다. 우리의 쓰라린 이야기가 다른 사람에게 유익을 주는 것을 보기 전에는, 절대로 그 이야기를 감싸안을 수 없을 것이다. 심지어 그렇게 된다 해도, 슬픔은 떠나지 않는다. 다만 우리의 고통을 통해 누군가가 유익을 얻는 것을 보면서 그 고통에 소망이 더해지고, 감사하는 마음이 우리의 과거를 변화시키기 시작한다.

또한 우리가 우리 인생에 대해 쓴 것을 보고 하나님이 "어서 오너라, 착하고 충성된 종아"라고 말씀하시는 것을 볼 때, 감사하는 마음이 생긴다. 우리 이야기가 그분의 영광을 위해 사용되는 것을 볼 때, 우리가 살아 내도록 지금까지 쓰인 이야기들을 사랑할 마음이 생기게 된다.

당신의 이야기 받아들이기

기도는 과거 속에서 이야기를 발굴해 내고, 우리가 미래와 관련해서 벌거벗은 채로 하나님과 레슬링 경기를 하도록 이끈다. 하나님이 야곱을 만나 변화시키시고 그에게 저는 다리와 새로운 이름을 주셔서 흔적을 남기셨듯, 우리에게도 기도를 통해 그렇게 하실 계획을 갖고 계시다. 기도는 우리가 하나님의 선하심 아래 굴복할 때까지 그분과 씨름하는 것이다.

　내 이야기는 나로 하여금 하나님의 불의와 무기력과 무관심에 호소하고 소리치고 울부짖게 만들 것이다. 하지만 그런 격분 한가운데서, 나는 도대체 이분이 어떤 하나님이시길래 나의 멸시를 견디기만 할 뿐 보복하지 않으시는지 의아해하지 않을 수 없다. 자신의 계획을 바꾸어 내 계획에 맞춰 주시는 것은 차치하고라도, 어떻게 그분은 나의 흥정을 참아 주실 수 있단 말인가? 그렇게 말도 안 되는 은혜를 직면하고 나면, 나는 못 미더운 마음으로 차마 그분의 발 앞에 엎드리지 않을 수 없다. 전능하시고 주권적이시며 창조주이신 하나님은, 동시에 우리가 알고 있는 그 누구보다 가장 겸손한 존재이시다. 그리고 이렇게 겸손하신 우리 하나님과 벌거벗은 기도 속에서 씨름하다 보면, 우리 또한 겸손해진다. 하지만 우리를 가장 겸손케 하는 것은 우리를 향한 그분의 지독한 사랑이다.

　하나님이 사랑을 말씀하시는 것은 바로 그렇게 엎드러진 침묵 속에서다. 내가 수치스럽고, 화나고, 반항하고, 두려워할 때 그분 앞에 갈가리 찢어진 내 이야기의 가닥들을 들고 나가면, 하나님은 쓸 수는 있지만 설명할 수는 없는 이야기를 들어 보라고 나를 부르신다. 그렇게 사랑을 말하신다.

나는 침묵 기도 중 하나님의 은혜 앞에 마음이 열리면서 갑자기 눈을 뜬 적이 여러 번 있다. 어떤 선하심이 나를 에워싸면서 전신에 기쁨의 전율이 느껴졌고 내 몸 속의 빛은 손에 잡힐 듯했다. 심리적인 상태라고? 아니, 세로토닌이라는 호르몬이 방출된 거라고? 또는 하나님의 임재라고? 왜 이 셋 중에 꼭 하나만 선택해야 한단 말인가? 이 세 가지 모두요 또한 그 이상일 수도 있지 않을까? 다만 내가 아는 것은, 내 몸에 사랑의 맥박이 전달되었으며 그것은 마치 아버지의 따뜻한 무릎에 앉아 있는 것과 비슷했고, 형제의 따스한 포옹처럼 느껴졌으며, 연인의 감미로운 애무 속으로 녹아드는 느낌이었다는 것이다.

우리의 몇몇 이야기들은 버려짐, 배반 그리고 양가감정을 말해 준다. 우리는 고아요 이방인이요 과부로서 그런 상실과 습격을 경험한다. 그렇다면 하나님이 고아를 보호하는 아버지요 이방인을 격려하는 형제요 과부를 보듬어 주는 연인으로서 자신을 우리에게 알리고 싶어 하신다는 사실에 우리는 놀랄 수밖에 없지 않을까? 하나이신 삼위 하나님은 우리 이야기를 구속하시고, 우리의 이야기가 앗아 간 것들을 되찾아 주고 싶어 하신다.

성부 하나님은 우리의 인생을 향한 자신의 계획을 우리가 순간적으로 목도할 수 있도록 도우심으로써 고아 된 우리 마음에 의미를 부여하신다. 그분은 우리의 이야기를 사탄이 삼키지 못하게 막아 주셨고, 우리 마음속 가장 깊은 갈망, 즉 그분 자신을 주셨다. 이제 고아에게도 아버지가 있다.

성자 하나님은 우리가 견뎌야 할 모든 고난을 대신 견디시며, 죄 없이 온전히 그리하심으로써 이방인 된 우리 마음에 용기를 가져다주신다. 예수님은 싸움의 선봉에 서서 우리를 자신의 형제자매로 부르기를 부끄러워 하지 않으신다. 그분은 이방인이요 나그네 된 우리를 친구로 삼으신다. 그렇게 이방인을 친구로 삼으시면서, 그분 자신은 성문 밖으로 끌려나가 궁극적인 이방인이 되심으로써, 우리가 다시는 아버지로부터 소외되지 않도록 지키신다.

성령 하나님은 그 부드러운 손길로 우리를 어루만지시고 사랑과 선한 행위로 이끄심으로써 과부 된 우리 마음에 온유함을 부어 주신다. 성령은 연인의 언어로 우리에게 구애하고, 친밀하고 열정적이며 열매 맺는 하나님과의 연합으로 우리를 초대한다. 우리는 혼자도 아니요, 목소리 없이 홀로 버려지지도 않을 것이다.

하나님은 벌거벗고, 논쟁하고, 감사하고, 경외심 가득한 기도를 통해서 우리의 상하고 피비린내 나는 이야기를 통해 마술 같은 사랑을 엮어 나갈 의도를 갖고 계시다. 그리고 우리가 금식할 때, 우리 이야기는 진짜가 되는 순간을 맞게 된다.

나만의 이야기

기도는 악으로 점철된 이야기를 취하여 선을 위해 사용해 달라고, 비극을 취하여 아름다운 이야기를 써 달라고 하나님께 올려 드리는 탄원이다. 하나님은 우리가 고통을 통해, 고난받는 자들을 위해 좀더 자비롭고 강인해지게 하신다. "예수님은 고뇌와 분노를 없애시는 분이 아니라, 가슴 아픈 일을 열정으로, 분노를 의로운 저항으로 변화시키신다." 하지만 그런 변화가 일어나려면 우리는 먼저 하나님과 씨름해야만 한다.

당신이 하나님과 씨름하고 싶지 않은 수치스러운 이야기가 있다면 어떤 이야기인가? 당신의 마음을 아프게 한 이야기 중에서 다른 사람에게 유익이 된 이야기가 있는가?

금식이란, 우리 내면에서 하나님이 차지하고 싶어 하시는 공간을
대신 채우고 있는 것을 금하는 것이라고 나는 정의 내리고 싶다.
어떤 우상이든 금식의 대상이 될 수 있다. 텔레비전, 이메일, 음식 등.
금식의 핵심은 현재 모습 그대로의 삶에서 한 발짝 물러서서,
삶이 어떤 모습이 될 수 있는지를 생각해 보는 것이다.

_헤더 웹

11 금식의 열매

그들을 위해 공간을 마련하는 굶주림

나는 새벽 3시 30분에 눈을 떴다. 걱정거리가 있어서 잠을 깬 것은 아니었다. 별 갈등은 없었다. 꿈자리가 사나워서 화들짝 놀라 깬 것도 아니었다. 전날 저녁엔 피자조차 안 먹었으니까. 그냥 잠이 깼고, 누군가가 일어나라고 찌르는 느낌이었다. 하지만 나는 그런 순간들에 별로 순종하지 않는 편이다. 하나님이 내게 일어나라고 부르시는 것인가 생각도 했지만, 그렇다면 하나님이 조금만 더 큰 소리를 지르시면 될 일이었다. 하나님은 대체로 그러지 않으신다.

어쩌면 중요한 계시의 순간을 놓칠지도 모른다는 생각이 들기도 했다. 아니면 유독 그 시간에 기도하라고 부르심을 받은 것인지도 모른다. 그럼에도 불구하고 기도를 안 하면, 엄청난 재난이 따를지도 모른다. 하지만 내가 그 정도로 하나님 나라에서 필요한 인물이라면, 그것은 우리 모두에게 큰 문제가 아닐 수 없다. 그래서 대체로는 다시 이불을 뒤집어쓴다.

하지만 그날 아침은 그렇지 않았다. 그때만큼은 자리를 박차고 일어났다.

"자는 건 포기해"라는 말이 들려왔을 때 나는 쉽게 자리에서 일어났다. 나는 아래층으로 내려가 전등을 켜면서 모조 벽난로도 켰다. 불꽃은 일정하고 고르게 피어올랐지만, 그 깜빡거리는 모습에는 최면이 걸리고도 남을 듯했다. 내 생각은 이리저리 부유하다가, 한 가지를 발견했다. 나의 생부와 함께 찍은 비디오였는데, 내가 세 살 때 크리스마스날 아침에 집에서 찍은 것을 복사한 것이었다. 아버지는 6개월 정도밖에 살 날이 안 남은 때였고, 이후 수많은 세월이 흐른 뒤에야 나는 그 아버지가 존재했다는 사실을 알게 될 것이었다.

불꽃을 유심히 쳐다보며 앉아서, 나는 비디오에 나온 아버지의 모습을 그려 보았다. 검은 피부에 잘생긴 모습, 놀랄 만큼 부드럽게 보살펴 주시는 모습을…. 아버지는 또한 이상하리만치 카메라에서—내 생각이지만, 사진을 찍어 주던 여자분에게서—멀리 떨어져 계셨다. 비디오 속의 나는 작았고, 아버지의 목욕 가운에 난 주름을 계속 만지작거리며 놀고 있었다. 나는 그 비디오를 별로 주시하지 않은 채, 뭔가를 찾고 있었다. 우리 셋은 모두(비디오를 찍는 사람, 아버지 그리고 나) 각자 세 개의 고립된 세계 속에서 길 잃은 자들이었다. 크리스마스 트리는 반짝거리고, 바닥에는 선물들이 즐비했다. 행복한 장면이어야 마땅했다. 하지만 그 비디오를 마음속에서 다시 돌려 봐도, 비명 없이는 볼 수가 없었다.

갑자기 강한 욕구가 솟구쳐 올랐다. "무엇인가를 먹어라." 비디오를 보고 있자니 너무 당혹스러워서, 나는 커피를 좀 내리고 빵과 잼과 시리얼을 준비했다. 하지만 그 목소리가 다시 "음식을 포기해라"라고 말했다. 이번에는 꼭 귓전에 들려오는 것만 같았다. 물론 그렇지는 않았지만. 전쟁이 시작되었다. 쓰라린 허기를 느끼면서 그 자리에 계속 앉아 있을 것인가, 아니면 내면의 아픔을 빵과 뜨거운 커피로 채우면서 내가 미처 알기도 전에 떠나 버린 생부의 존재를 희석시킬 것인가?

나는 금식을 선택했다. 그리고 세 시간 남짓한 그 시간은 내 기억에 가장 힘든 시간 중 하나였다. 마치 하나님이 깜빡거리는 불꽃 사이로 여러 얼굴과 이미지 그리고 배신당한 장면 하나 하나를 행진시키기로 작정하신 듯했다. 나는 다시 한번 보이스카우트에서, 풋볼 팀에서, 대학과 신학대학원에서 그리고 첫 사역지에서 알게 된 나이 든 남자들과 관련된 여러 배신을 목도하였다. 그들은 멘토요 아버지들이었다.

하나님이 보자기에 부정한 동물들을 실어 하늘에서 베드로에게 내려 주시며 그것들을 먹으라는 환상을 보여 주셨을 때, 그가 과연 무엇을 경험했을지 나는 모른다. 그것은 환각이나 꿈이었을까? 아니면 어제 오후에 자동차에 기름을 넣은 사건처럼 분명하고 구체적인 사건이었을까? 아니, 그것이 무엇이든 상관이 있는 것일까? 어쨌든 보자기는 내려왔고, 그 속에는 베드로가 어려서부터 배워 온, 부정해서 먹을 수 없다고 알고 있는 동물들이 들어 있었다. 그런데 어떤 목소리가 그에게 먹으라고 말했다. 우리에게 무언가를 먹으라고 또는 포기하라고 말하는 목소리를, 특히 그 지시 사항이 우리 존재의 세포 하나하나에 거슬리는 것일 때 우리는 어떻게 받아들이는가?

내가 불꽃을 뚫어지게 들여다보는 동안 무대가 내려오고, 거기에는 내 연극에 참여한 배역들이 있었다.

나는 거의 네 시간 동안 수면과 음식을, 언제든지 바로 공급되던 그 축복을 금식했다. 무대에서 내 이야기의 각 배역들이 자기의 대사를 말할 수 있는 공간을 충분히 확보하기 위해서 말이다. 그들이 하는 말이 처음 발설될 때 나도 그 자리에 있었으므로, 그 대사들은 나도 익히 알고 있는 것들이었다. 하지만 그 배역들이 등장하는 순서와 그들이 하는 말의 기세는 전혀 새롭고 무시무시했다. 나는 남아 있는 무대에서 하나님이 들어가실 공간을 마련하기 위해, 사망과 사기극의 사막 즉 깨어진 약속의 황무지 속으로 들어가라는 부름을 받았다.

나는 거기 앉아서 내 인생의 뉴스영화를 보았다. 각 얼굴과 그들의 등장은 나의 공허함을 파헤치는 쓰라림을 말해 주었다. 시간이 흐르면서 홀린 듯한 느낌이나 배고픈 느낌, 심지어는 슬픈 느낌마저 멎어 버렸다. 고통은 전광석화처럼 번쩍이고, 바람은 획획 불고, 비는 내 몸에 멍이 들도록 나를 때렸었다. 나는 그 폭풍을 견뎌 냈으며, 마침내 폭풍은 지나갔다. 이제는 목소리만 남았고, 나를 배신했던 사람들은 여전히 배신자로 남아 있었다. 하지만 나는 그들에 대해 편안한 마음이 들었다. 왜냐하면 모든 배신자들 중에 최고의 배신자, 바로 하나님이 나와 함께 계셨으므로. 그분은 자기 아들에게 등을 돌리지 않았던가.

어떤 형태로든 음식이나 활동, 개입이나 추구를 금식하는 것은 하나님이 등장하실 무대를 마련해 준다. 내게는 솟구쳐 오르는 이야기를 느끼고 그것을 받아들일 자리를 내 안에 마련해야 할 시기가 찾아왔다. 하지만 왜 그런지는 알 수가 없었다. 금식은 하나님의 손에 있는 지혜를 빼내거나, 어떤 결정에 앞서 꼭 필요한 통찰을 강탈해 내는 도구가 아니다. 금식은 수양을 쌓거나 경건성(그것이 어떤 것이든 간에)을 개발하는 도구도 아니다. 금식은, 우리 속에서 그리고 우리 주변에서 소용돌이치는 신비에 우리의 감각을 조율하기 위해 스스로 포만감을 제거하는 게걸스러운 행동이다. 때로는 하나님이 나타나기도 하신다. 그리고 때로는 우리를 먹이기도 하신다. 그리고 가끔은 그분의 찬란한 영광을 마치 폭발하는 성운처럼 우리 앞에 펼치기도 하시는데, 그때 우리가 할 수 있는 일이란 그 하나님의 임재 앞에서 죽음을 면키 위해 다만 그분이 떠나시기까지 기다리는 일이다.

그래서 나는 이 부산하고 텅 빈 방에 홀로 앉아, 하나님이 그 맹렬한 임재 가운데 발하시는 섬광 같은 분노로 나의 가장 깊은 상처들을 사르시는 것을 지켜보고 있었다. 나는 기묘하고 격렬한 하나님의 방식으로 그분의 무대가 되어 드리기 위해, 다만 항복할 따름이었다. 그렇지만 궁극적으로는, 하나님이 주시는 쓴 빵이 내가 이제까지 맛본 그 어떤 달콤한 음식보다 더 낫다는 것을 고백하지 않을 수 없었다. 그것을 취해서 먹어 보니, 맛이 좋았다.

아내가 아침 7시쯤 아래층으로 내려오더니, 뭘 하고 있었느냐고 물었다. 나는 이렇게 말했다. "지구를 떠나서⋯우주 여행 갔다 왔지."

아내가 눈을 동그랗게 떴다.

포기하기

나는 식사를 거를 때면, 그래도 죽지는 않을 거라고 나 자신에게 일러 주어야만 한다. 놀랄 일도 아니지만, 나에게는 금식을 한다는 사실보다 차라리 헬륨의 정교한 분자 구조가 더 친근하다. 나는 배고픈 상태를 좋아하지 않는다. 그리고 나는 빈 자리, 떠나보내는 일, 출발 또는 생사의 중간 지점에서 사는 것을 좋아하지 않는다. 금식은 소망을 위해 상실의 영역으로 진입하는 것이며, 나는 그 영토가 전혀 편안하지 않다.

한번은 한 전문가가 금식에 대해 "우리는 금식을 갈망하는 마음을 길러야 한다"고 말하는 것을 들은 적이 있다. 그 말이 진실임은 의심의 여지가 없지만, 나의 영은 원이로되 육신이 약하다. 금식은 육신이 가장 만족을 갈구하는 시점에, 그 육신을 포기할 것을 요구한다. 금식은 시험이요, 정화요, 우리가 내 집에 있지 않다는 사실을 육신이 예리하게 인식하지 못하게 하는 우상들과 싸우는 광야의 투쟁이다. 금식은 우리에게 고아 되고 이방인 된 마음, 과부 된 마음으로 들어가라고 촉구한다. 그리고 우리 중 누구도 그곳으로 가고 싶어 하지 않는다.

이와 비슷하게, 자신의 이야기를 하나님께 양도하고 싶어 하는 사람은 아무도 없지만, 우리는 그렇게 해야만 한다. 이 말이 무슨 의미인지 나도 정확히는 모른다. 하지만 내가 양도하지 않을 때는 그것이 무슨 의미인지 잘 안다. 내가 고통에 매달려 있으면, 마치 고통이 자꾸 쌓이는 것 같다. 배신 행위가 기억나면, 나는 그 상처로 겪은 불의의 진창 속에서 뒹군다. 그것을 입 속에서 이리 굴리고 저리 굴리면서 그 쓴 맛을 음미한다. 누가 내 식탁에 와서 내 접시를 치울라치면, 나는 으르렁거리며 내 노략물을 지킨다. '내 거야!' 그리고 그 상처의 깊이는 아무도 알 수 없다.

나의 상처를 양도한다는 것은 하나님께 내 고통을 가져가 달라고 간구하는 것이 아니라 거룩한 땅으로 들어서는 것이다. 마치 상처를 치료하기 위해 상처 부위를 절개하는 과정처럼, 치유는 그 질병만큼이나 고통스럽게 보인다. 우리는 의사이신 그분이 감염 부위를 도려내고 소독을 시작하면 더 큰 고통이 따른다는 사실을 깨닫지 못한 채, 그저 우리의 고통이 치유되기만을 바란다.

금식은 이렇게 도려내고 소독하는 과정의 일부다. 그리고 고아 된 나의 외로움에 나 스스로 성부가 되고자 했음을, 이방인 된 혼돈에 스스로 성자가 되고자 했음을, 그리고 과부 된 내 수치심에 스스로 성령이 되고자 했음을 인식하는 것에서 금식은 시작된다. 내가 나를 먹여 보았지만, 그리고 그 상당 부분은 합법적이고 선했지만 그것으로는 상처를 달랠 수도 공허감을 채울 수도 없었다.

이것이 사실임을 나는 뼛속 깊이 알고는 있을 텐데, 내 위장은 그렇지 못하다. 나의 위가 우상이다. 내 위장은 딱 두 가지 상태, 포만감과 허기 상태밖에 모른다. 그러므로 내 위장은 내 영혼이 이미 알고 있는 사실, 즉 우리가 아직 우리 집에 있지 않다는 사실을 경험해야만 한다. 내 육신은 재촉하지 않으면 절대 그 자리로 가려 하지 않을 것이다.

내 육신은 하나님의 부성에서 나오는 공급하심을 알아야 하며, 그런 깨달음은 맹공격을 가해 오는 폭풍 뒤의 고요함 속에서 얻게 된다. 성부 하나님은 모든 헤아림을 뛰어넘는 샬롬을 가져다주신다. 그분이 주시는 평강은 우리가 이성으로 아는 것이 아니다. 그분의 평강은 단순한 인지 차원 이상의 경험을 통해 깨닫게 된다. 우리의 육신을 하나님의 자애로운 임재 앞에 내려놓을 때, 우리의 내면에는 하나님 차원의 평강을 위한 공간이 마련된다. 그것은 역설이라는 유희의 장으로 들어오는 평강이다. 그런 역설이야말로 전혀 비꼬는 투 없이 다음과 같이 말한 성경 말씀의 배경이 된다. "형님들은 나를 해치려고 하였지만, 하나님은 오히려

그것을 선하게 바꾸셔서."¹

아버지 하나님이 그분의 무릎 위에서 나를 달래 주시고 내 모든 슬픔을 당신의 영광으로 연결시켜 주실 때, 나는 그 평강을 안다. 나는 신비의 안개 속에서 충분히 볼 수 있도록 투쟁을 포기해야 한다. 그분의 임재는 분별하기 쉽지 않지만, 내 이야기 속에서 그 윤곽은 발견할 수 있다. 이제 내 아버지가 고아인 나를 위로하시도록, 나는 과연 항복할 것인가?

나는 또한 나와 동행하시는 친구이자 나의 동료요 형제인 성자 하나님의 임재를 깨달아야만 한다. 우리의 소외는 궁극적인 이방인, 즉 하늘과 땅을 만드신 분이면서 이 땅에서 멸시를 받으셨던 분과 우리를 손잡게 해 준다. 우리는 그분의 면전에 경멸을 퍼부었다. 그분은 수염이 뽑히는 수치심을 아신다. 하지만 그것에 매이지 않으신다.² 그분은 수치심을 조롱하신다. 자신의 외로움 속에 조용히 머무르지 않으신다. 사실 그분은 향연을 즐기신다. 그분은 바보가 되는 행복을 부여잡고, 우리에게도 누더기를 벗어 버리고 두려움 없이 함께 뛰며 놀자고 하신다. 내 육신은 그분과 함께 장난치며 신나게 달려야 한다. 나는 나그네요 이방인이었으나, 이제는 형제가 생겼다.

하지만 나의 육신은 여전히 부모의 아가페(*agape*) 사랑과 수치심 없는 형제요 동무의 필리아(*philia*) 사랑 그 이상을 필요로 한다. 나는 연인의 감각적이고 관능적인 포옹도 필요한 존재다. 성령 하나님은 우리에게 매력적으로 구애하시고, 우리를 유혹하시며, 황홀케 하신다. 성령님은 우리의 연인이시다. 성령님은 잠언서에서 엄청나게 아름답고 유혹적인 여성으로 의인화된 지혜로 묘사된다. 그 지혜는 우리를 향내 나는 자기 집으로 초대하며, 따

스함과 어루만짐과 만족을 약속한다.[3]

  금식은 내 마음이 아버지이자 친구이자 연인이신 하나님을 받아들일 수 있도록 준비시켜 준다. 금식은 가짜로 가득 차 있던 내 영혼, 지금은 진정한 존재를 쓰라리게 갈망하는 내 영혼의 상태에 이름을 붙일 수 있게 해 준다. 여러 면에서 금식은 일종의 해독 장치다. 금식은 작은 신들에게 밀착되었던 우리의 중독성을 깨뜨리고 오직 한 분 하나님을 위한 공간을 마련하기 시작한다. 수천 년 동안 금식은 죄와 회개, 정결과 연관되어 왔다. 따라서 금식을 할 때 가장 우선적으로 드는 느낌이 분노와 통제 불능인 것도 이상할 것이 없다. 금식은 우리가 얼마나 사물의 위력에 얽혀 있는지를 드러낸다. 심지어는 정당하고 선한 사물일지라도 말이다.

  허기가 소용돌이치고 금식의 초기 현상이 폭풍처럼 휘몰아치기 시작하면, 우리는 육신 속에, 육신과 함께 앉아 있을 기회가 주어진다. 그리고 가만히 귀 기울이면, 우리가 상처로부터 서둘러 도망치느라 잠재워 둔 셀 수 없이 많은 고통의 목소리들이 들려올 것이다. 그것들이 말하도록, 그것들이 그 아픔에 이름을 붙이도록 놓아두라. 금식은 외로움과 수치심의 독을 뿜어낸다. 하지만 이제 말하기 시작한, 혹은 외치기 시작한 그 이야기들이나 배역들에게서 등 돌리지 말라. 들어 주고, 받아 주고, 내어 주라. 때가 무르익으면 고통은 잠잠해지고 당신의 마음은 인생의 모든 이야기들을 끌어안게 될 것이다. 포기는 감각과 민감성을 더 강렬하게 해 준다.

강렬하게 하기

금식을 하거나 또는 배를 채우는 우상 숭배를 조금만 늦추어도,

우리의 감각은 훨씬 예민해진다. 그리고 우리 주변과 내면의 세계를 좀더 감각적으로 인식할수록 우리는 점점 더 민감해진다. 금식은 삶의 색깔과 소리, 냄새, 맛 그리고 감촉을 더욱 강렬하게 해 준다.

바울은 중독의 영향력을 명석하게 평가하고 있다. 그는 이렇게 썼다.

> 그러므로 나는 주님 안에서 간곡히 권고합니다. 이제부터 여러분은 이방 사람들이 허망한 생각으로 살아가는 것과 같이 살아가지 마십시오. 그들은 자기들 속에 있는 무지와 자기들의 마음의 완고함 때문에 지각이 어두워지고, 하나님의 생명에서 떠나 있습니다. 그들은 수치의 감각을 잃고, 자기들의 몸을 방탕에 내맡기고, 탐욕을 부리며, 모든 더러운 일을 합니다.[4]

중독은 우리를 무디게 만든다. 우리는 민감해야 할 존재들이나, 우리가 스스로 감각을 둔화시키면서 탐닉을 통해 그 감각들을 되살려 보려고 한다. 그렇게 하면 할수록 점점 어찌할 수 없이 빠져들게 된다. 마치 싸구려 조랑말 타기를 하는데, 말이 중앙 기둥을 중심으로 돌다 밧줄이 점점 기둥에 꽁꽁 얽혀, 조랑말이나 탄 사람이나 한 발짝도 못 움직이는 형국이다. 그렇게 우리는 옴짝달싹 못하게 된다.

중독은 양날이 선 위험한 검과 같다. 모든 중독은 영혼을 무디게 하는 동시에 채워지지 않는 갈망을 더욱 부채질한다. 그 결과 왜곡된 관능에 탐닉하게 만들고, 이것은 마치 생명을 창조하는 듯이 보이지만 기실 시간이 흐르면 그 욕구를 죽이고 만다. 그 결과는 속박이며, 사람을 호흡하도록 풀어 주기보다는 질식시키고 마는 집착이다.

슬프게도, 대부분의 사람들은 중독이란 제대로 훈련되지 못한 사람들, 사회 경제적으로 가난한 사람들의 영역이라고 전제한다. 물론 그런 전제를 깔면, 소비주의와 탐욕, 상호 의존, 일정에 대한 강박 관념, 권력과 명성에 열광하는 태도 등 우리가 빠져드는 우상 숭배의 저변을 절대로 보지 못한다. 중독은 우리 모두를 건드린다.

금식은 우리로 하여금 고통을 내려놓게 하고, 그것을 지속할 때 결국은 우리를 고요한 상태로 이끈다. 고요함은 정지와는 다르다. 고요함은 출발 신호탄이 울리기 1,000분의 1초 전의 팽팽함과도 같다. 몸은 긴장되어 있지만 뻣뻣하지는 않다. 준비 자세로, 공기를 가르며 터져 나올 소리, 열정을 다해 재빨리 움직이라고 촉구할 소리에 몸을 잔뜩 곤두세우고 있다. 금식은 떠나보내는 것이 아니다. 금식은 공기를 가르며 우렛소리로 오실 하나님의 임재를 고대하는 것이다. 언젠가 하나님은 깨어나실 것이다. 자신의 피조 세계가 울부짖는 소리를 영원히 못 들은 체하지는 않으실 것이다. 금식은 하나님을 향한 우리의 갈망과, 다른 사람들을 위해 그 갈망을 유지하는 역량을 더 강렬하게 해 준다.

갈망하기

금식은 먼저 허기를 더 강렬하게 한다. 그런 다음에 몸과 마음을 잠잠케 한다. 그리고 나서는 '향수병'이라고 적절히 이름 붙일 수 있는 갈망을 증대시킨다. 예수님은 우리가 그분과 함께 식사를 하게 될 때까지는 다시는 포도주나 땅에서 난 것을 먹지 않겠다고 말씀하셨다. 예수님은 금식하시며 고대하신다. 그러면 먹지도 마시지도 않고 하루를 어떻게 견딘다는 말인가? 예수님의 말씀은 참된 금식의 본질을 정의해 준다. "내가…참으로 간절히 바랐다."[5]

우리는 우리 갈망의 고동을 느껴야 할 존재들이다. 다음의 실례를 생각해 보자. 단조로운 직장 생활에서 도피하고 싶은 갈망 속에는 자신의 직업에 대한 깊은 불만이 숨어 있는 경우가 종종 있다. 우리가 자기의 직장을 싫어한다는 사실을 인정하면 무슨 일이 일어날까? 그런 인식을 하다 보면 우리는 어떻게 그런 쳇바퀴 도는 삶 속으로 떨어지게 되었는지 묻지 않을 수 없게 될 것이다. 그런 질문과 답변을 통해, 우리는 단지 가족을 먹여 살리기 위해 일하고 있을 뿐이라는 적나라한 사실을 깨닫게 될 수도 있다. 그런 지긋지긋함은, 우리가 왜 배우자와 결혼을 했는가 하는 문제에 봉착하게 할 수도 있다. 슬프게도, 우리는 열정이나 부르심 때문이 아니라 안전감과 성취에 대한 기대감으로 배우자와 결혼하는 경우가 너무 많다. 자, 이렇게 너무 자세히 살피다 보면, 우리의 관계가 위태로워진다. 그리고 우리가 그저 생활비를 충당하기 위해 일을 할 뿐이라고 고백하게 되면, 재정적인 갈등 또한 초래하게 된다.

나는 직장이나 배우자에게서 도망치라고 부추기는 것이 아니다. 물론 일단 자극을 받은 갈망은 관습적인 편안함을 훼손시키지만 말이다. 그리고 그런 편안함을 제거하고 나면 무엇이 남을 것인가? 탕자의 비유에서 형의 인생을 자세히 살펴보고 그런 인생은 의미가 없음을 알게 될 때, 어떤 일이 생기겠는가?[6] 아마도 공허한 쾌락에 자신을 내던지거나, 우리 이야기를 통해 우리에게 흔적을 남긴 열정과 목적을 갈구하는 더 깊은 고동 소리를 듣게 될 것이다.

우리는 하나님이 붙붙이신 갈망을 환영할 것인가? 갈망은 일단 일깨워졌다 하면 우리로 하여금 다시 꿈꾸게 한다. 그리고 모든 꿈은 금식을 요구한다. 나의 경우 금식은 때로 아주 간단한 선택의 형태로 온다. 현재 비행기를 타고 있는 나는 이 장을 저술할 수도 있고, 아니면 기내 영화를 보기로 결정할 수도 있다. 주말마다 운동하는 사람의 경우, 훌륭한 페이드어웨이 슛 기술을 연마하고 싶다면, 그 사람은 체육관에서 나와 친구들과 흥청거리거나 소파에 앉아 건강에 해로운 과자를 먹으며 텔레비전 야구 경기를 시청하는 등의 다른 재미있는 활동을 금식해야만 한다.

우리는 마음에서 우러나는 진정한 갈망들을 배양하고, 우리의 꿈이 자랄 기반을 마련하는 데 요구되는 대범한 행동을 감행해야만 한다.

갈망을 유지하기

우리가 갈망을 거룩하고 명예로운 것으로 여길 때, 우리는 다른 사람들과 그들의 갈망도 동일하게 존중하게 된다. 하나님을 섬기고 하나님과 발맞추어 춤추고 싶은 우리의 갈망을 사랑하면 할수록, 다른 사람들이 자신의 갈망을 환영할 수 있도록 도우려는 헌신의 마음도 점점 더 커진다. 우리는 그렇게 지어졌다. 우리는 우리에게 주어진 것을 나누어 주기를 좋아한다. 우리는 신인 밴드의 음반이건 새로 문을 연 근사한 식당에 관한 정보이건 우리의 삶을 변화시킨 한 권의 책이건, 우리가 받은 것을 주기를 좋아한다. 우리는 타고난 전도자들이다.

그러므로 우리는 다른 사람들이 자신의 갈망에 이름을 붙일 수 있는 거룩한 장소가 되어 줄 수 있다. 우리는 다른 사람들이 욕구를 찾아낼 수 있도록 우리 자신을 내어 줄 수 있으며, 그런 탐색은 이야기라는 언어를 통해서만 이루어질 수 있다. 고갈된 직장 생활에서 벗어나는 방편으로 바닷가에 집을 사고 싶어 하는 친구가 있다고 하자. 당신 자신이 직업과 관련해서 힘든 점들을 알고 있고, 그런 갈등과 함께 생기는 이야기와 꿈, 가슴 아픈 일들 그리고 관련 인물들 속으로 들어가 보았다면, 당신의 내면에는 그 사람의 갈등을 지탱해 줄 여지가 좀더 많을 확률이 높다. 당신이 가장 어두운 부분을 포함한 자신의 이야기에 귀 기울일 수 있을 만큼 충분히 금식을 한 경우, 당신은 다른 사람들의 이야기를 들어주고 보듬어 주는 일에 더 잘 준비되는 것이다.

따라서 친구의 갈망을 비판하거나 그저 긍정해 주기보다는, 그 욕구를 탐색해 볼 수 있는 기반을 제공해 주라. 다양한 질문을 던져 보라. 과거의 이야기를 들어 보고 연결점을 찾아보라. 해석도 해 주되, 해석을 환영할 때만 그렇게 하라. 만약 해석을 해 주게 될 경우에는, 다음과 같은 성경의 가장 중심적인 질문을 염두에 두라. "아담아, 네가 어디 있느냐? 이리 나와서 진실한 것에 이름을 붙여 보지 않겠느냐?" 그 질문에 대답을 한다면, 우리는 하나님의 은혜를 받기 위해 상처 입고 벌거벗은 채로 하나님께 나아갈 것이다. 금식 후에는, 그러니까 요구(중독)와 도피(수치심)를 없애 버린 후에는, 고요함 속에서 우리는 다음과 같은 갈망에 대한 핵심적인 질문에 대답할 수 있다. 나는 어디 있는가? 나는 누구인가? 그리고 나는 어떤 사람이 되기를 원하는가?

그런 핵심 질문들은 의사 결정의 열쇠다. 물론 바닷가에 집 한 채를 소유하는 것이 그 자체로 비도덕적인 것은 전혀 아니다. 하지만 일단은 갈망과 이야기를 탐색할 필요가 있다. 자신에게 휴식 공간이 되어 주지 못하는 가정에서 빠져나올 수 있는 장소를 구입하기 전에, 그 친구는 질문을 던져야 한다. 왜 전반적으로 그의 인생은, 그리고 구체적으로 그의 가정은 그에게서 휴식을 빼앗아 가는지에 대해서 말이다. 그는 전형적인 대답을 할 수도 있다. "시장이 어려운 동안은 정말 열심히 일하기 때문에 스트레스를 많이 받아서 말이야." 또는 그의 '이유'는 그의 이야기와 연관되어 있을 수도 있다. "내가 수입을 보태지 않으면 우리 가정은 살아갈 수가 없었지." 당신은 친구의 갈망을 그 거짓과 두려움과 추함까지도 아울러 지탱해 줄 텐가? 당신은 그 갈망을 보듬어 하나님의 면전에 올려 드릴 것인가? 금식은 당신이 다른 사람들의 갈망을 끌어안고 그것을 기도 속에서 하나님의 면전에 올려 드릴 수 있도록 당신의 마음을 준비시켜 준다.

    금식은 우리 마음의 암석을 제거하고, 씨를 뿌릴 수 있는 토양으로 갈아 준다. 참된 금식의 열매는 언제나, 우리가 진정으로 '아니요'와 '예'를 말하는 것과 관련되어 있다. 그리고 우리는 불의와 어두움에 맞서서 우리의 가장 깊은 열정을 발견하고 사용하게 된다.

중심에 두기

금식은 우리의 항복을 심화시키고 하나님을 향한 열정을 증대시킨다. 하지만 그래서 어떻게 된다는 말인가? 어떤 사람들의 경우는, 금식이란 잘해 봤자 하나님과 자신을 더욱 든든히 연결해 주는 영적 훈련에 지나지 않을 뿐이다. 그의 삶이 좀더 생기 있고 하나님께 헌신될 수는 있을 것이다. 그러나 그런 주관적인 유익과 혹시나 그 참회자 주변 사람들에게 떨어질 이득 그 이상은 없단 말인가? 그래서 어떻게 된다는 말인가?

참된 금식은 고아 되고, 이방인 되고, 과부 된 사람들을 위해서 우리 자신을 하나님의 마음 중심에 두는 것이다. 성경은 시작부터 끝까지 정의에 관한 것이다. 복음의 사회 참여적 의미를 제대로 깨닫지 못하면, 그리스도의 죽으심과 부활의 가장 심오하고 참된 의미를 보지 못하는 것이다. 복음은 모든 방언과 족속과 나라에 주어진 하나님의 샬롬이며, 새로운 왕국으로 들어오라는 초대장이요, 영과 진리로 하나님을 예배하는 거룩한 제사장 직분을 감당하면서 왕 중의 왕을 따르라는 초대장이다. 더 나아가서, 구원은 우리 존재의 구석구석까지(우리의 육체, 관계, 물질, 자녀, 명성, 공간 그리고 시간까지) 미치는 초대장이다.

따라서 당신이 하나님을 알고 있다면, 당신은 어떤 형태로든 불의로 인해 불구가 되어 버린 사람들을 자유케 하는 일에 개입된다. 선지자 이사야는 당시의 종교적 엘리트들의 겉치레뿐인 경건과 결벽에 가까운 금식을 만천하에 드러내고, 그들의 위선을 적나라하게 폭로했다. 그리고 하나님이 갈망하시는 금식은 어떤 것인지 그 이름을 붙였다.

> 내가 기뻐하는 금식은 부당한 결박을 풀어 주는 것, 멍에의 줄을 끌러 주는 것, 압제받는 사람을 놓아 주는 것, 모든 멍에를 꺾어 버리는 것, 바로 이런 것들이 아니냐? 또한 굶주린 사람에게 너의 먹거리를 나누어 주는 것, 떠도는 불쌍한 사람을 집에 맞아들이는 것이 아니겠느냐? 헐벗은 사람을 보았을 때에 그에게 옷을 입혀 주는 것, 너의 골육을 피하여 숨지 않는 것이 아니겠느냐?

그리하면 네 빛이 새벽 햇살처럼 비칠 것이며, 네 상처가 빨리 나을 것이다. 네 의를 드러내실 분이 네 앞에 가실 것이며, 주님의 영광이 네 뒤에서 호위할 것이다. 그때에 네가 주님을 부르면 주님께서 응답하실 것이다. 네가 부르짖을 때에, 주님께서 '내가 여기에 있다' 하고 대답하실 것이다.

네가 너의 나라에서 무거운 멍에와 온갖 폭력과 폭언을 없애 버린다면, 네가 너의 정성을 굶주린 사람에게 쏟으며, 불쌍한 자의 소원을 충족시켜 주면, 너의 빛이 어둠 가운데서 나타나며, 캄캄한 밤이 오히려 대낮같이 될 것이다. 주님께서 너를 늘 인도하시고, 메마른 곳에서도 너의 영혼을 충족시켜 주시며, 너의 뼈마디에 원기를 주실 것이다. 너는 마치 물 댄 동산처럼 되고, 물이 끊어지지 않는 샘처럼 될 것이다.[7]

이사야의 말을 듣노라면 숨이 멎는 것 같다. 여기 참된 금식의 본질이 있다. 당신이 모아 둔 모든 빵은 바로 배고픈 자들에게 나눠 주어야 할 것들이다. 나그네를 맞아들이고, 헐벗은 자에게 옷을 입혀 주라. 정치범을 풀어 주라. 그리고 우리와 피를 나눈 친척들이 우리의 도움을 필요로 할 때, 커튼을 내리고 집에 없는 척해서는 안 된다. 그 대신 우리는 정욕으로 황폐해지고 폭력으로 말을 잃어버린 주변 사람들의 얼굴과 이야기 속에 개입해야 한다고 이사야는 가르친다. 금식을 통해 우리는 짓밟힌 자들과 함께 상속자가 되어야 한다. 왜냐하면 그것이 바로 우리의 존재이기 때문이다.

이사야서의 말씀은 우리가 직관적으로 진리라고 알고 있는 사실을 다시 한번 확증한다. 즉 굶주림은 우리로 하여금 거지와 도둑들 그리고 거부당하는 사람과 상처 입은 자들 편에 함께 서게 만든다는 사실 말이다. 그리고 일단 그들과 한편에 서게 되면, 우리는 그저 불쌍한 사람을 도와주라는 부르심만 받는 것이 아니라, 우리 자신의 가난과 필요에 이름을 붙이도록 초대받는다. 만일 그 부르심을 깊이 새겨들으면, 우리는 다른 고아들과 함께 성부 하나님을 아빠라 부르며 그분의 무릎 위에 함께 앉게 될 것이다.

주리고 헐벗은 자들에게 빵과 옷을 나누어 줄 때, 우리는 중독적인 소유로부터 자유로워진다. 그렇다고 가난한 자들에게만 소유를 나눠 주자는 말로 생각하지 말기 바란다. 안 입는 옷들을 불우이웃돕기 수거함에 넣거나 딸랑딸랑 종을 치며 모금하는 산타에게 동전 몇 닢 주면서(그것도 자주 하는 것은 아니지만) 마치 할 일을 다한 것처럼 느끼기는 쉽다. 또는 지평을 좀더 넓혀서 노숙자 무료 급식이나 가난한 가족에게 집을 지어 주는 일 등에 참여할 수도 있겠다. 그 모든 베풂은 받을 만한 것이요 하나님 앞에 드리는 최고의 헌물이다.

하지만 이사야 선지자는 고아와 과부와 나그네를 위해 정의를 추구한다는 것이 무엇인지 그 범위와 온전한 의미를 분명히 제시한다. 왜냐하면 우리도 모두 고아요 과부요 나그네이기 때문이다. 이 구절은 간단하면서도 훌륭하다. 즉, '당신은 당신을 필요로 하는 자들을 위해 자신 속에 빈 공간을 마련하고, 당신에게 넘치는 것들을 그들에게 줄 수 있는가?' 누가 봐도 주리고 헐벗고 무거운 짐을 지고 방황하는 사람을 환영하고 당신의 것을 그들과 나눌 때, 당신의 인생은 완전히 달라질 것이다. 그 대상은 성매매 시장에 팔린 매춘부일 수도, 백만장자인 기업가일 수도 있다. 굶주린 사람은 갖가지 형태로 찾아오므로.

그들을 환영하라. 당신의 팔을 뻗어 나누어 주라. 그들과 같이 앉아 먹고 이야기하라. 일단 대화가 시작되고, 당신의 마음이 금식을 하여 그 마음속에 이야기들을 환영하고 함께 나눌 공간이 있다면, 당신은 최고로 절묘한 유익을 얻을 것이다. 하나님이 약속하신 대로, 당신은 물 댄 동산이 될 것이다.

고대 근동 지방에서 물은 매우 귀한 상품이었다. 정원을 가꾼다는 것은(그저 식물 몇 포기만 키우는 것도) 우물에서 물을 끌어오는 수고가 따르는 엄청난 투자였다. 그러므로 물 댄 동산이라는 표현은 에덴을 의미하는 은유법이다. 우리 현대 서구인들은 이 역설을 절대 상실해서는 안 된다. 금식은 우리를 사막 즉 불모의 텅빈 공간으로 이끌고, 우리는 그리로 들어가 하나님과 처절하게 투쟁하다가 그분께 항복하는 찬란한 영광에 동참한다. 하지만 우리가 사막으로 들어갈 때, 하나님은 우리를 존대하사 그 메마른 땅 에덴의 동쪽을 샬롬으로, 대단원으로, 에덴의 꿀맛으로 바꾸신다.

물 댄 동산 이야기

아래에 소개하는 나의 금식 이야기는 어쩌면 사소하고 우습게 들릴지도 모르겠지만, 어쨌든 소개하기로 한다.

나는 막 한 학년을 끝내고 힘들어 기진맥진한 상태에서 성폭행 세미나를 가르치고 있었다. 가르치면서도 내가 더듬거리는 것이 느껴졌다. 그 세미나가 시작되기 전날 밤, 나는 느지막하게 호텔에 도착하여, 안 먹어도 될 야식을 먹고 침대에 몸을 던진 채, 마치 성배라도 찾는 듯 텔레비전 채널을 종횡무진 돌려 가며 몇 시간 동안 텔레비전을 보았다.

다음 날 아내와 전화 통화를 하는데, 아내가 나한테 이렇게 말했다. "앞으로 남은 시간 동안은 텔레비전을 보지 말고, 오늘 저녁부터 밤까지는 금식을 하는 게 어떻겠어요?" 나는 열이 확 났다. 아내는 내가 얼마나 지쳐 있는지, 나에게 얼마나 큰 요구가 가중되고 있는지 전혀 모르고 있음이 분명했다. 확실한 것은, 나로서는 그런 고난까지 덤으로 견딜 필요가 전혀 없다는 것이었다(물론, 그것처럼 사실무근인 생각도 없었지만).

하지만 나는 마지못해 아내의 제안대로 했다. 첫날 저녁은 그야말로 참담했다. 속이 쓰리고 화가 끓었다. 기도는 나 자신에만 머물렀고, 생각은 사방을 헤매었다. 마침내 잠자리에 들었을 때는 위장이 쓰렸고, 잠이 들 만하면 배고프다는 사실이 나를 들쑤셔 깨웠다. 나는 마치 바보 같았다. 내가 그렇게 속되다는 사실에 대한 비참한 경멸감과, 어리석은 참회의 행동과, 나의 죄와 좌절감만 가중시킬 뿐인 소망 사이에서 널뛰기를 하고 있는 모습이라니. 새벽 2시인지 3시쯤에 나는 마침내 간헐적인 수면으로 빠져들었다.

다음 날 아침 나는 오전 9시부터 10시 30분까지 강의를 했다. 세미나 참석자들이 잠시 휴식 시간을 가지는 사이에, 진행자가 광고할 것이 있다고 하기에, 나는 그저 사람들을 피할 요량으로 남자 화장실에 들어가 칸막이 속에 들어가 앉아 있었다. 그런 내 몸부림이 우스꽝스럽긴 했다. 마침내 성폭행과 하나님의 치유 계획에 관한 대화의 장으로 다시 들어가기에 충분할 만큼 힘과 용기를 얻어 냈다.

내가 남자 화장실 밖으로 나온 지 몇 초나 되었을까, 한 중년의 한국 여성이 나에게 몇 분만 시간을 내줄 수 있겠냐고 물었다.

그녀는 키가 150센티미터 정도 되는, 심한 장애를 가진 여성이었다. 내게 몇 가지 간단한 질문을 하기에 대답을 해 주었다. 그러고 나서 그녀가 나를 바라보며 부드럽게 말했다. "하나님은 저를 어두운 세계에서 건져 빛과 소망으로 데려다 주셨답니다. 그게 가능하리라고는 전혀 생각 못했었죠. 그리고 그렇게 하는 데 당신을 사용하셨답니다."

우리의 인생이 좋은 일에 사용된 걸 알면 기쁘다. 하지만 이 순간 내 마음에 가득한 소음 한가운데서 그녀의 조용한 목소리를 들으며, 나는 그저 가만히 응시하고 있었다. 그때 그녀가 자기 이야기를 들려주었다.

저는 열 살 때까지 한국의 어느 고아원에서 자랐답니다. 그곳은 어둡고 외롭고 잔인한 곳이었지요. 매일 여러 번씩 폭행을 당했답니다. 제가 열 살 때, 한 미국 선교사의 손에 이끌려 그분 댁으로 가게 되었고, 그 여섯 주는 제 생애에서 가장 행복한 시간이었습니다. 6주 후에 만난 저의 새 아버지는 저를 성추행하기 시작했고, 제가 열여덟 살이 될 때까지 그랬습니다. 그 사람은 저를 성관계 상대로 영원히 데리고 있고 싶어 했지만, 저는 열여덟 살 때 돈 한 푼 없이 도망쳐 나와, 결국 대학에 들어가게 되었지요. 지금 저는 간호사랍니다.

그때부터 제 나이 마흔두 살이 될 때까지, 제가 그 어두움과 수치심과 공허감에서 자유로워질 날이 있을 거라고는 전혀 믿지 못한 채 살아왔습니다. 그러다가 당신의 책 『상처 입은 마음』을 읽게 되었고, 어쩌면 그 고아원에서의 학대나 우리 아버지한테서 겪은 성추행보다도 더 힘겨운 싸움으로 들어가게 되었습니다. 소망의 전쟁이었지요. 당신이 미웠습니다. 몇 번이나 그 책을 찢어 버려서 다시 사야만 했습니다. 하지만 시간이 지나면서, 성령께서는 온유하고 부드럽게 저에게 구애하셨고, 하나님은 저를 사랑하시고 자신의 영광을 위해 제 이야기를 쓰셨다는 걸 깨닫게 해 주셨답니다.

그녀의 말은 측은했지만, 나는 일순간 영광에 사로잡힌 듯한 느낌이었다. 그녀는 그 작은 손으로 내 손을 잡더니 내 얼굴을 들여다보았다. 그렇게 나를 한참 바라보더니 이렇게 말했다. "피곤에 지쳐 있군요. 그만두고 싶을 때도 종종 있을 것 같고요. 하지만 제가 말씀드리고 싶은 건, 이제 저도 살맛이 나고 기쁨을 안다는 거예요. 그리고 그렇게 된 데는 당신의 공이 상당히 크고요. 당신 안에 나를 위한 공간을 마련해 주어서 고마워요."

나는 스르르 녹아 버릴 것만 같았다. 그녀의 눈을 들여다보니, 그녀는 단호하고 담대했다. 눈물은 없었다. 다만 열정과 힘이 느껴져 마치 사자의 얼굴을 들여다보고 있는 듯했다. 나는 이 작은 여성보다 훌쩍 키가 컸음에도 마치 어린 소년처럼 느껴졌고, 그저 울 수밖에 없었다. 눈물이 파도처럼 솟구쳐 주체할 길이 없었다. 시간이 멈춘다면 혹시 모를까. 중년의 한국 여성을 통해 나를 자식처럼 대해 주시는 아버지 하나님께 내가 뭘 어떻게 할 수 있단 말인가?

내가 이 고아를 위해 내 안에 공간을 마련해 놓았던 것일까? 그러고 싶지 않았음에도, 어느 정도는 하나님이 사용하시도록 내 마음의 틈새를 열어 놓았음이 분명하다. 어젯밤 그 가련한 금식 덕택이었을까? 아니면 오래전의 어느 순간 덕택일까? 나도 모르겠고, 별 상관도 없다.

그 여성은 내 팔을 잡으며 이렇게 말했다. "가서 가르치세요.

그리고 포기하지 마세요." 나는 그녀의 표정에, 그녀의 위엄에 그리고 그녀의 말에 순종했다. 나는 강단에 올라가 물 댄 동산에서 열린 꽃피는 열매들을 나누어 주었다. 내가 심기나 했는지 가꾸느라 고생이나 했는지 기억도 나지 않는 열매들을 말이다. 나는 나한테 먼저 주어졌던 음식을 다시 나누어 주었다.

우리가 금식에 마음을 열면, 우리가 헤아린 것보다 훨씬 더 많은 것들을 나누어 주게 될 것이다.

나만의 이야기

"어떤 형태로든 음식이나 활동, 개입이나 추구를 금식하는 것은 하나님이 등장하실 무대를 마련해 준다.…금식은 하나님의 손에 있는 지혜를 빼내거나, 어떤 결정에 앞서 꼭 필요한 통찰을 강탈해 내는 도구가 아니다.…금식은, 우리 속에서 그리고 우리 주변에서 소용돌이치는 신비에 우리의 감각을 조율하기 위해 스스로 포만감을 제거하는 게걸스러운 행동이다. 때로는 하나님이 나타나기도 하신다. 그리고 때로는 우리를 먹이기도 하신다."

당신은 금식을 해 본 적이 있는가? 금식을 할 때 무엇을 기대하는가? 또 무엇을 경험했는가?

선물은, 다른 사람에게 내어 주기 전까지는 온전히 선물일 수 없다.…
그러므로 우리는 자신을 내어 주어 선물이 되어 가는 수고를 하는 것이다.…
색을 칠한다고 해서 물감이 담겨 있던 용기가 텅 비는 것은 아니다.
오히려 사용하지 않은 재능이야말로 잃어버리거나 소모하게 되며,
우리의 창조물 하나를 건네주는 것이야말로
그다음 창조물을 불러내는 가장 확실한 방법이다.

__루이스 하이드

12 이야기 내어 주기

당신의 이야기가 하나님을 드러내게 하라

내가 서부로 이사 가기 위해 처음 열었던 상담소를 떠나기 전까지만 해도, 나는 공간이 이야기를 담고 있을 줄은 몰랐다. 사무실 집기들은 이삿짐 센터에서 이미 다 옮겨 갔고, 나는 카펫 청소와 10년 세월이 남겨 준 잔해들을 치울 참이었다. 그 사무실로 들어서는 순간 전혀 예상치 못한 슬픔의 물결이 밀려왔다. 그다음에 일어난 일은 설명하기 힘들다. 나는 문을 닫고 사무실 한가운데 앉았다. 사방 벽에서 이야기들이 흘러나와 춤을 추다가 고요해졌다.

그날은 우리 가족이 떠나기 바로 전날이었으므로, 마무리해야 할 일들이 엄청나게 많았지만, 나는 꼼짝할 수가 없었다. 거의 두 시간을 그렇게 사무실 한가운데 앉아 있었다. 누가 사무실 안에 들어왔더라면, 아마 정신병자가 발작을 일으킨 것이라 짐작했을 것이다. 나는 울다가 웃었다. 조용히 앉아서, 마치 자정에 여기저기 돌아다니던 스크루지처럼 어떤 여정으로 이끌렸다. 나는 그저 내 할 일들을 하고 있다가 순식간에 붙들려 가 내 인생을 보게 된 것이다.

　인생을 바꿔 놓은 대화가 그 방에서 일어났다. 때로 하나님은 비통함에서 아름다운 소망을 탄생시키는 일에 나를 사용하셨다. 대체로는 내가 도와주어야 할 사람들이라고 생각했으나, 오히려 그들이 가져온 이야기가 **나의** 마음을 변화시켰다. 그 사무실에서 나는 탄생을 경험했고, 그 빚은 그들에게 결코 되갚지 못할 것이다. 이야기들은 불가피하게 우리를 따라다니고 우리를 안내한다. 이야기들은 우리에게 빚을 지운다.

이야기에 빚진 자

당신은 누구에게 빚을 졌는가? 우리는 누군가에게 반드시 빚지게 마련이다. 최소한 부모님께라도 말이다. 하지만 우리들 대부분은 현재의 내 모습이 되도록 나를 탄생시킨 누군가에게 빚을 지고 있다. 내 인생과 관련해서 나는 레이몬드 딜라드 박사에게 빚을 졌다. 내가 다니던 신학대학원에서 구약학을 가르치던 부교수였던 그분은, 사람이란 치열하고 벼랑 끝에 선 인생을 살 수 있고, 성경에 관해 열정적으로 강의할 수 있으며, 사랑에 실패하는 자신의 모습에 정말 솔직할 수 있음을 가르쳐 주셨다. 그분은 나에게 현실에 뿌리박은 거룩함을 가르쳐 주셨다.

　나는 딜라드 박사의 스무 명의 학생들 중 하나였고, 이스라엘로 여행을 떠나기 위해 제네바에서 비행기를 기다리고 있었다. 나는 공항 라운지에서 좌석 한 줄을 슬쩍 차지해 누웠다. 그리고 빈 맥주병 열 개가 놓여 있는 탁자에 머리를 기대고 근사한 쿠바산 담배를 피우고 있었다. 딜라드 박사가 그런 내 모습을 스냅 사진으로 찍더니, 그 의자 중 한 의자 끝에 앉으셨다. 그리고 내 쪽으로 몸을 기울이며 이렇게 말했다. "자네가 이 생에서 하나님을 위해 무슨 일을 하건, 자네는 그런 사치스런 은혜를 받을 자격이 없다는 걸 잊지 말게." 그의 짓궂은 미소와 반짝이는 눈빛이 그 장면 속으로 들어오면서 내 영혼에 그의 기쁨을 깊이 새겨 주었다. 나로서는 하나님의 얼굴이 딜라드 박사와 무척 비슷할 것으로 보이는 것이 그리 놀랄 일도 아니다.

나는 그분에게 진 빚을 결코 갚을 수 없을 것인데, 그 이유 중에는 그분이 워낙 흔쾌히 주는 걸 좋아하는, 바울이 고린도후서 8장에서 설명한 그런 유의 사람이라서 그렇다. 이 성경 본문에서 바울은 기쁨으로 나눠 주는 마케도니아 교회에 관해 말했다. 영어의 joy(기쁨)에 해당하는 헬라어는 hilarity(흥겨움)라는 단어의 어원이다. 바울의 메시지는 "의무감으로 베풀지 말고 베풀 수 있기 때문에 베풀라"는 것이다. 나가는 돈을 세면서 주지 말고, 자유롭게 웃으면서 주라는 말이다. '10만 원이 필요해? 여기 50만 원 있어.' 이렇게 말이다. 딜라드 박사는 슬픔과 소망이 교차하는 묘한 조수를 타며 살았고, 전염성 강한 흥겨움을 많은 이들에게 베풀었다. 그분을 더욱 탁월하게 돋보이게 하는 것은, 내가 그분에게 진 빚을 그분에게 갚도록 하지 않았다는 사실이다. 나는 깊이 있고 열정적으로 기쁘게 성경을 가르치는 일에서 그분께 빚을 졌고, 그는 내가 그렇게 진 빚을 다른 사람들에게 갚도록 했다. 바울 역시 오래전에 그렇게 했던 사람이다.

신약의 서신서 중 가장 매력적이면서도 가장 적게 읽히는 책 중 하나인 빌레몬서에서, 바울은 한 노예의 주인에게 편지를 썼다. 빌레몬의 노예인 오네시모가 바울의 사역을 통해 예수님을 알게 되었고, 그는 로마 감옥에 갇힌 바울을 섬겼다. 바울은 오네시모에게 편지 한 통을 써 주면서 그의 주인에게 가져다주라고 했다. 그 편지는 주인과 도망친 노예 사이의 문제를 해결할 목적으로 쓴 편지였다. 이 이야기에서 흥미로운 부분은, 노예의 주인인 빌레몬이 예수 그리스도와의 관계 속으로 들어오는 데도 역시 바울이 사용되었다는 점이다. 이제 빌레몬과 오네시모는 가족이 된 것이다. 바울이 쓴 내용을 살펴보자.

> 그러므로 그대가 나를 동지로 생각하면, 나를 맞이하듯이 그를 맞아 주십시오. 그가 그대에게 잘못한 것이 있거나, 빚진 것이 있거든, 그것을 내 앞으로 달아 놓아 주십시오. 나 바울이 친필로 이것을 씁니다. 내가 그것을 갚아 주겠습니다. 그대가 오늘의 그대가 된 것이 나에게 빚진 것이라는 사실을 나는 굳이 말하지 않겠습니다.[1]

여기서 플롯은 심각해진다. 총 분량이 다른 서신서의 대부분의 장들보다도 짧은 이 서신서에서, 바울은 노예 제도와 여타의 모든 전체주의적 사회 체제의 기반을 허물어 버린다. 그는 사악한 노예 제도에 대해서 일언반구도 언급하지 않으면서 그 제도의 핵심을 폭로했다. 대신 그는 '이야기'라는 새로운 속박이 하나의 관계뿐만 아니라, 때가 되면 노예 제도라는 내러티브를 허물어 버릴 것이라고 생각했다.

바울은 과거의 이야기, 구체적으로 하나님이 빌레몬의 삶에서 바울을 어떻게 사용하셨는가 하는 이야기에 기대를 걸었다. 그 이야기는 오네시모를 구하는 새로운 이야기의 배경이 되었다. 구속의 이야기 하나가 그다음 이야기와 연결된다. 그리고 시간이 지나면서 모든 구속의 이야기들은 공통된 하나의 중심부로 모인다. 이야기 내용은 다를지 모르지만, 결과는 똑같다. 바로 변화다.

그리고 변화를 일으키는 이야기는 우리를 대담하게 만든다. 바울이 그 실례다. 바울은 만일 오네시모가 빌레몬에게 빚진 것이 있다면 자신이 기꺼이 대신 갚겠노라고 확실하게 말한다. 그는 삐뚤빼뚤 알아보기도 힘든 필체로 이같이 쓰고 나서 빌레몬에게 다음의 사실을 상기시킨다. "그대가 오늘의 그대가 된 것이 나에게 빚진 것이라는 사실을 나는 굳이 말하지 않겠습니다!" 통쾌하다. 굳이 말하지 않겠노라고 하면서, 뻔뻔스럽고도 담대하게 그 이야기에 이름을 붙이다니! 이 문장은 내가 이제까지 읽은 글 중에서 가장 교묘한 문장이다. 그런 바울의 계략이 이렇게도 깜찍하게 느껴지는 것은, 그것이 바울 자신의 이익을 위한 것이 아니기 때문이다.

바울의 메시지의 중대성을 생각해 보자. "나는 이 도망친 노예를 그대에게 다시 돌려보냅니다. 이 노예가 없는 동안 그대는 분명 손해를 입었겠지요. 그리고 그대는 도망칠 생각을 하는 다른 노예들에게도 본때를 보여 주려면, 오네시모의 목숨을 빼앗아야 한다고 생각할지도 모릅니다." 하지만 그러고 나서 바울은 말한다. "그대가 오네시모를 죽이든 때리든 해야겠다면, 대신 내 목숨을 가져가든지 내 살을 찢든지 하십시오. 참 그런데 목숨에 대한 말이 나왔으니 말인데, 그대는 그대의 영혼을 나에게 빚지고 있다는 사실을 기억해 주길 바랍니다. 하지만 그대가 무얼 하든지, 자유롭고 즐거운 마음으로 그렇게 하도록 하십시오." 정말 유쾌한 나눠 주기가 아닌가.

우리의 이름을 불러 주고 우리의 이야기를 써 준(하나님의 영광을 위해서건 지옥의 공포를 위해서건) 각 사람들을 우리가 경이로운 마음으로 끌어안아야 한다면 어떻게 하겠는가? 사실 우리는 우리를 미워하고 해를 입힌 사람들에게도, 하나님을 희미하게나마 기억할 수 있도록 우리에게 선물이 되어 준 사람들만큼이나 빚을 지고 있다. 나를 성추행했던 사람들에게도 나는 빚진 자인데, 왜냐하면 그들이야말로 내 속에서 불의에 대한 분노와 저항감이 끓어오르게 해 주었기 때문이다. 그 점에 대해 나는 영원히 감사하게 생각한다. 그들이 끼친 해악을 축복하지는 않지만, 내 이야기를 살아 낼 수 있도록 나를 빚기 위해 하나님이 그런 해악을 사용하시기로 선택하신 점에 대해서는 하나님께 감사드린다.

우리가 선물로 받아들이는 모든 이야기는, 우리에게 영원히 화자의 이야기 속으로 들어갈 수 있는 은혜를 준다. 당신이 끊임없이 말하는 꿈에서 휴가 보낸 이야기를 내가 들어 준다면, 그다음에는 나도 고속도로에서 고생한 일들을 당신이 들어 주리라고 기대한다. 그리고 당신이 내 이야기 속에 개입함으로써 내 인생이 변화된다면, 나는 당신에게 얼마나 더 많은 빚을 진 셈인가?

따라서 우리는 서로의 이야기를 간직해 주어야 한다. 우리가 친구의 생일을 기억해 줄 때, 우리는 그 사건을 얼싸안고 그 친구의 인생이 좋다고 말해 주는 것이다. 우리가 이야기를 간직하는 것을 넘어서서 이야기 속으로 들어가 그 충만함을 탐색하고 함께 겪으면, 그때 우리는 하나님을 드러낼 수 있는 그 이야기의 잠재력을 보고 그 사람의 이야기를 쓰고 편집하는 일을 도와주는 특권을 누리게 된다.

그러므로 우리는 서로 보살펴 주는 사랑의 빚을 창출하기 위해 서로에게 이야기를 말할 기회를 주어야 한다. 예수님 자신도

한 가지 이야기를 통해, 이야기에 노력을 들이라고 강권하신다.[2] 예수님은 우리가 가진 것을 다 활용해서 친구를 사귀어야 한다고 가르치셨다. 요트를 사고 싶으면 사라. 다만 다른 이들의 인생과 새로운 이야기들에 접근하는 데 그 요트를 활용하라. 커피숍에 가서 노닥거리고 싶은가? 좋다. 그렇게 하되 단순히 커피만이 아닌 그 이상을 위해서 그렇게 하라. 우리는 우리 이야기를 살아가면서 재능과 시간 그리고 부를 다른 사람들에게 나눠 주고 그들이 우리 자신에게가 아니라 위대한 이야기를 쓰시는 하나님께 빚지게 해야 한다. 우리 돈을 지혜롭고 재치 있게 사용해서 다른 사람들과 우리 자신을 변화시킬 수 있는 이야기들을 얻는 데 투자해야 할 것이다.

물론 이런 행동은 어떤 사람에게 돈을 쥐어 주고 친구가 되어 달라고 하는 것(어떤 형태로든)과는 전혀 다르다. 그런 행동은 정의상 일종의 매춘 형태다. 또한 자기 딸을 하버드 대학에 입학시키기 위해서 필요한 사람에게 접근하는 행동을 말하는 것도 아니다. 사람에게 강한 인상을 심어 주거나 겁을 주기 위해서 이야기를 말하는 것은 곧 그 사람을 함정에 빠뜨리는 것이다. 그 사람을 자유케 해 주려고 이야기를 말하는 것과는 정반대다. 선물로 주는 자유케 하는 이야기는 순수의 상실, 비극과의 조우, 상상력 발휘 그리고 간략하고 찬란한 결말의 순간 등을 말해 줌으로써 결국 우리의 이야기는 우리가 쓴 것이 아니라 우리가 하나님과 함께 공동 저술한 것임을 계속해서 상기시켜 준다. 이런 유의 이야기가 주는 선물은 바로 깊이 있고 근본적인 깨달음, 즉 우리는 우리 자신의 소유가 아니라 하나님의 소유라는 깨달음이다. 우리가 다른 사람의 이야기에 합류할 여유와 고유한 특권을 지녔다는 것을 깨달을 때, 우리는 다른 사람에게 투자하게 된다.

가브리엘 마르셀은 '여유'를 "모든 것에 준비되어 있는 상태를 일컫는 말, 자기한테만 사로잡혀 있거나 자기로만 뒤죽박죽된 상태의 반대말"이라고 말한다.[3] 자기로만 뒤죽박죽되지 않는다는 것은 먼저 우리의 인생을 하나님의 이야기로 환영하는 것을 의미한다. 하나님이 쓰신 것을 우리가 이해하든 못하든, 심지어 좋아하든 그렇지 않든 상관없이 말이다.

더 나아가서, 자기로만 뒤죽박죽되지 않는다는 것은 우리의 이야기를 환영하되, 하나님과 다른 사람들에게 "하나님은 선하시다. 그리고 그분은 나를 훌륭하게 쓰셨다"라고 말할 수 있을 만큼 충분히 환영하는 것이다. 그리고 어쩌면 더 나아가서, 자기로만 뒤죽박죽되지 않으려면 우리를 혼돈스럽게 하는 이야기들, 우리가 거리를 두는 이야기들과 씨름해야 할지도 모른다. 우리는 결코 자신의 이야기를 완전히 편안해할 수는 없겠지만, 우리의 이야기를 마음 깊이 좀더 기쁨으로 사랑하게 될 수는 있다. 마지막으로 자기로만 뒤죽박죽되지 않는다는 것은 우리의 있는 모습 전부를, 심지어는 아직 구속받지 못한 부분까지도 있는 그대로 다른 사람들의 구속을 위해 내어 주는 것이다. 그리고 우리가 다른 이들의 구속을 위해 우리의 이야기를 내어 줄 때, 때로 그 이야기는 결국 새로운 선물이 되어 우리에게로 다시 돌아올 것이다. 우리가 내어 준 것들은, 종종 우리가 처음에 내어 줄 때보다 더 커다란 선으로 되돌아온다.

물론 진정한 빚은 우리 이야기를 처음으로 받아 주고 환영해 준 그 사람에게만 갚는 것이 절대 아니다. 바라기는 그 사람에게도 동일한 보살핌과 그 이상의 것으로 되돌려 주게 되겠지만, 그렇다고 우리의 빚이 처음으로 우리를 받아 준 사람에게만 돌아간다면 그것은 너무 빈약하다. 우리는 빚을 새로운 사람에게 갚는다. 내가 당신의 이야기를 함께 붙들고 춤출 때 내 인생은 변화되고, 나는 다른 사람에게 제공할 또 하나의 새로운 이야기를 얻게 될 것이다. 이야기를 나누는 것은 한 번 나눌 때마다 자꾸만 불어나는 풍성한 잔치다. 말하고 듣고 쓰고 누려야 할 이야기들이 점점 많아지는 것이다.

우리 이야기를 좀더 잘 읽고 누릴수록, 하나님의 영광을 위해 우리의 이야기를 살아 내라는 부르심이 더욱 많아지고, 우리도 그만큼 다른 사람들에게 더 많은 것을 주게 될 것이다. 우리는 하나님이 우리 각자의 인생 속에 쓰신 이야기를 사랑함으로써만 하나님께 우리의 빚을 갚을 수 있다. 그런 빚은 우리에게 우리 자신의 이야기와 다른 사람들의 이야기에 투자하라고 촉구한다.

이야기를 촉구함

두 달란트를 받은 사람도 다가와서 "주인님, 주인님께서 두 달란트를 내게 맡기셨는데, 보십시오. 두 달란트를 더 벌었습니다" 하고 말하였다. 그의 주인이 그에게 말하였다. "잘했다, 착하고 신실한 종아! 네가 적은 일에 신실하였으니, 이제 내가 많은 일을 네게 맡기겠다. 와서, 주인과 함께 기쁨을 누려라."

그러나 한 달란트를 받은 사람은 다가와서 말하였다. "주인님, 나는, 주인이 굳은 분이시라 심지 않은 데서 거두시고, 뿌리지 않은 데서 모으시는 줄로 알고, 무서워하여 물러가서 그 달란트를 땅에 숨겨 두었습니다. 보십시오, 여기에 그 돈이 있으니, 받으십시오."

그러자 그의 주인이 그에게 말하였다. "악하고 게으른 종아, 너는 내가 심지 않은 데서 거두고, 뿌리지 않은 데서 모으는 줄 알았다. 그렇다면, 너는 내 돈을 돈놀이 하는 사람에게 맡겼어야 했다. 그랬더라면, 내가 와서 내 돈에 이자를 붙여 받았을 것이다. 그에게서 그 한 달란트를 빼앗아서, 열 달란트 가진 사람에게 주어라. 가진 사람에게는 더 주어서 넘치게 하고, 갖지 못한 사람에게서는 있는 것마저 빼앗을 것이다."[4]

포도원 주인이 아마 무척 호사스러웠을 장기간의 여행을 하게 되었다. 여행을 떠나기 전에 그는 자기의 투자금 일부를 신임하던 종들에게 나누어 주었다. 각 종에게는 아무런 설명도 없이 각자 다른 액수의 투자금을 나눠 주었다. 그런 다음 언제쯤 돌아온다는 통보도 없이 여행을 떠났다.

여기서 하나님을 볼 수 있는가? 하나님은 종종 자리를 비우신다. 그리고 하나님이 내키는 때 돌아오겠다고 약속하신다. 그분은 은사와 재능과 이야기들도 불공평하게 나눠 주신다. 그러고는 누구든지, 하나님이 주신 것을 위험을 감수하고 불리기를 기대하신다. 그분은 우리가 그분의 이야기에 어떻게 투자했는지 언젠가는 그 책임을 우리에게 물으실 것이다.

이 비유를 보면 정신이 번쩍 든다. 간단히 말하면 '활용하든지 잃든지' 둘 중 하나라는 것이다. 성장하지 않으면 죽는다. 하나님께는 또는 인생에는 중간이란 없다. 당신의 목표가 당신의 부를 잘 보존하여 안전하게 있는 것이라면, 인플레이션(엔트로피와 동등한 경제적 의미)이 당신의 원금을 계속 갉아먹을 것이다. 위험 부담은 불가피하고, 안전은 불가능하다. 당신이 안전을 원할수록, 접근하시는 하나님의 강렬한 전조등 불빛에 눈이 멀어 사슴처럼 죽기 십상이다.

우리는 이 이야기가 정말 진리라고 믿지 않는데, 왜냐하면 너무나 많은 사람들이 약간 지루하긴 할지라도 안전하고 예측 가능한 삶을 사는 것처럼 보이기 때문이다. 왜 우리는 안전을 유지하는 동시에 단조로움을 피해 조금 더 도전적으로 살 수는 없는 걸까? 그건 공정한 타협이 아닌가? 하지만 세상은 하나님이 조성해 놓으셨기 때문에, 우리는 그런 파우스트식의 흥정을 할 수 없다. 만일 우리가 스릴을 맛볼 모든 기회와 모든 형태의 위험성을 포기한다면, 무가치한 안전을 유지할 수는 있을 것이다. 하지만 우리가 열정을 향해 움직이는 순간(취미든 해야 할 일이든 또는 관계든) 우리는 하나님을 향해 돌이킬 수 없는 돌진을 시작한 것이다. 열정은 하나님을 향해 오르는 미끄러운 비탈길이며, 오직 지루함 속으로 파고들 때만 정지되는 것이다.

예수님의 비유에서 마지막 종은 위험보다 보존을 선택했다. 그는 포도원 주인이 무척 괴팍하고 예측 불가능하며 까다로운 사람으로 알고 있었다(하나님에 대해 이 얼마나 잘못된 그림인가!). 그리하여 그 종은 자기의 이야기를 땅에 묻는 안전한 방법을 택했다. 그가 그렇게 땅에 묻은 이유는, 그것을 잘 활용하지 못하면 자기가 그 값을 치러야 함을 알고 있었기 때문이다. 그로서는 최대한 잘한다고 한 것이 처절할 만큼 잘못된 행동이 되고 만 것이다.

포도원 주인은 성공을 요구하지 않았다. 그는 지혜와 모험과 끈기를 촉구했다. 이 종이 투자를 했다가 손해를 보았다면, 그에 따르는 결과를 맛보긴 하겠지만 그렇다고 개입과 숙고의 여지가 없는 것은 아니었다. 그것을 어떻게 아느냐고? 그 해답이 이야기 속에 있기 때문이다. 주인은 재정적으로 뜻밖의 횡재를 바란 것이 아니었다. 그는 가장 손쉬운 정기 예금에 1.5퍼센트 금리로 돈을 예금해 놓을 수도 있었다. 다만 그는 자기가 준 황금 자루를 가지고 종들이 모험을 해 보기를 바랐다.

우리는 모두 육체, 얼굴, 이름, 이야기라는 형태의 황금을 받았다. 어떤 사람은 탁월하고 명석한가 하면, 어떤 사람은 평범하다. 사실, 그런 게 뭐가 중요한가? 우리는 다만 자신의 청지기 직분에 맡겨진 밭에 씨를 뿌리고 수확을 하는 데 '은사'를 사용하도록 부름받았을 뿐이다. 우리의 이야기라는 선물과 관련해서 이 말이 의미하는 바는 무엇인가? 우리의 이야기와 얼굴과 이름을 겸손하게 감싸안는다는 것은 다음과 같이 고백하는 것을 의미한다.

- 우리는 하나님의 이야기다. 즉 우리는 전문가의 손으로 쓰였다.
- 우리는 하나님께 좀더 영광을 돌리기 위해 하나님과 공동으로 우리의 이야기를 쓰도록 부름받았다.
- 우리의 이야기를 가장 잘 쓰는 방법은, 자신보다 남들을 더 존귀히 여기고 그들에게 우리의 마음을 내어 주는 것이다.[5]
- 우리가 다른 사람들에게 주는 것은 우리만의 고유한 이야기, 다른 어떤 이야기도 할 수 없는 방법으로 하나님을 드러내는 주제다.
- 우리는 다른 사람들이 우리를 읽도록 내어 줌으로써 우리만의 고유한 부르심을 발견하며, 이런 일은 우리가 다른 사람들의 유익을 위해 자신을 내어 줄 때 일어난다.
- 우리가 하나님의 영광을 위해 하나님과 합류하여 서로의 이야기를 읽고 편집할 때, 관계 속에서 하나님을 가장 잘 드러낸다.
- 우리의 이야기들은 하나하나가 가장 위대한 이야기, 바로 복음의

일부다. 복음이야말로 우리의 이야기이며 우리가 쓰는 모든 이야기의 시작이요 끝이다.

우리는 각자의 이야기로 이 땅에 씨를 뿌리라는 하나님의 촉구를 받고 있으며, 우리의 수고를 통해 얻은 열매를 수확해야 할 사람들이다. 주어진 황금 자루들은 우리에게 능력과 장소를 제공한다. 우리가 받은 황금의 양이 얼마이건, 우리가 투입된 대화의 장소가 어디이건 상관없이, 우리는 동일한 이야기에 개입될 수밖에 없다. 아름다움을 가꾸고, 잡초를 뽑아내고, 하나님과 더불어 그분의 영광을 경축하면서 하나님께 보상금을 가져다드리는 일 말이다.

우리는 자루 속에 돈이 얼마나 들어 있는지 알고 있어야 우리가 받은 특별한 재능들에 이름을 붙일 수 있다. 우리 대부분은 그 작업을 하기를 주저하는데, 자만심이 생길까 봐, 아니 좀더 솔직하게는 영광의 무게가 두려워서 그렇다. 우리에게 특정한 재능이 있음을 고백하면, 그것을 사용해야만 한다. 그리고 불가피하게 그 재능들을 사용하게 되면, 질투를 유발하거나 좀더 큰 어려움에 봉착하게 된다. 다시 말하지만, 이것이 바로 하나님이 세상을 조성하신 방식이다.

우리의 이야기는 하나님을 드러내기 때문에, 어떤 이야기든 우리만의 것은 아니다. 우리의 모든 이야기들은 하나님의 소유이며 진리를 드러낸다. 그러므로 아무도 자기의 이야기에 대해서 "이건 너무 이상해, 고통스러워, 지루해, 수치스러워, 혼란스러워, 어두워"라고 말할 권리가 없다. 우리의 모든 이야기들은 하나님을 드러내는 목적으로 언제든지 사용될 수 있어야 하며, 우리를 서로 연결시켜 주는 것이어야 한다.

하지만 우리의 이야기를 누구에게나, 심지어 가장 친한 친구에게도 반드시 말할 필요는 없다. 우리는 자신의 이야기의 보호자가 되어야 하며, 선물로 내어 주되 함부로가 아니라 조심스럽게 내어 주어야 한다. 우리의 이야기는 적합한 시기에 적합한 이유로 적합한 대상에게만 내주어야 할 선물이다. 한 가지 예를 들어 보기로 하자.

아내와 나는 기대하지 않았던 소득세 환급금을 어떻게 사용할 것인지 의논하고 있었다. 아내는 성형을 목적으로 한 치과 시술을 좀 받고 싶어 했다. 나는 어이가 없었다. 마치 아무도 볼 수 없는 곳에 엄청난 돈을 쓰는 것만 같았다. 그때 아내가 나에게 이야기 하나를 해 주었다. 개인적인 이야기이기 때문에 자세한 내용은 말하지 않겠다. 이야기는 아내가 학생들을 가르치고 있을 때 상당히 창피를 당한 경험과 관련된 것이다. 아내는 그 이야기를 나한테 해 주었고, 나는 울고 말았다. 나의 사랑스럽고 자상한 아내가 한 무리의 여학생들에게 모욕을 당했고, 나는 그들의 그런 잔인한 행동에 값을 치르게 하고 싶었다. 그 이야기를 듣기 전까지만 해도 나는 아내에게 수치심을 준 그것을 바꾸기 위해 몇십만 원을 지불할 의향이 없었다.

분명히 이야기는 우리의 마음을 변화시키는 능력이 있다. 나는 그 치과 시술에 동의한 다음 이렇게 물었다. "전에는 왜 그 이야기를 안 해 준 거예요?" 그러자 아내가 말했다. "당신한테 그 이야기를 해도 되겠다는 신뢰가 생기는 데 22년이 걸렸어요." 슬픔과 뿌듯함이 동시에 느껴졌다. 아내의 신뢰를 얻는 데 왜 그리 오랜 세월이 걸린 것일까? 그리고 내가 자신의 이야기를 잘 간수해 줄 것이라고 아내가 확신할 수 있게 되기까지 우리 인생의 계절에 어떤 일들이 있었던 것일까?

　우리는 가장 가까이에 있는 사람의 이야기도 모두 알지는 못할 것이다. 직장 동료와 20년 동안 함께 일을 했으면서도, 그 사람이 어떻게 현재의 모습에 이르게 되었는지 그 기본적인 이야기들조차 잘 모를 수도 있다. 그럼에도 불구하고, 우리에게 주어진 그리고 서로에게 들려주는 모든 이야기는 하나님을 우리에게 심어 줄 수 있는 잠재력을 지닌 매우 소중한 선물이다.

이야기라는 선물

내가 지금 말하려고 하는 이야기는 사실 네 개의 이야기가 별개이면서 서로 겹쳐지는 대칭 구조다. 모든 이야기들이 그러하듯이 이 이야기 역시 복잡하지만, 그러면서도 한 가지 진리를 단도직입적으로 전해 준다. 이야기라는 선물은 불가피하게 우리를 하나님의 선물이라는 이야기로 이끌어 간다는 진리를 말이다.

　나는 친한 친구와 앉아 있었고, 그녀는 자기 딸에 관해 이야기했다. 우리 둘은 종종 딸을 양육하고 다시 딸에게 양육되는 기쁨과 슬픔을 나누며 서로 위로하곤 했다. 특히 이번 대화에서 내 친구는 자기 딸에게 흔적을 남긴 미술 프로젝트에 관해 이야기했다. 그 아이는 자기 몸을 일련의 사진으로 찍어 자기 팔에 직접 새긴 십자가 위에다 그 사진들을 포개 놓았다. 깊게는 아니지만 실제로 칼자국을 새긴 것이다. 그건 폭력의 흔적이요, 그 아이가 자신의 육체와 신앙에 대해 심각한 전쟁을 치르고 있다는 반증이었다.

　나도 부모요 친구 입장에서 끔찍하다는 느낌이 들었다. 10대들의 자해 행위가 서서히 부상하고 있었고, 그 아이가 내 딸이었다면 어떤 느낌이었을까를 생각하니 구토와 두려움이 느껴졌다. 그 아이가 창작한 미술 작품은 도가 지나쳤다. 대부분의 사람들은 그걸 보면 '병적'이라고 생각하겠지만, 나는 그 아이를 알고 있고, 그 전쟁이 공허한 것이 아니라는 것도 알고 있다. 그 아이의 이야기가 좀 어둡게 보일 수도 있겠지만, 그 마음속에는 좀더 관습적인 많은 인생들이 오래전에 상실한 빛과 생명을 품고 있다는 것을 나는 알고 있다. 나는 그 열정의 흔적이 그 아이의 이야기를 어디로 데려갈지 보고 싶어 참을 수가 없을 지경이다.

하지만 그 아이의 엄마인 내 친구는 이 일로 넋이 나갔다. 그 미술 작품은 아름다웠다. 그 작품은 그 아이의 이름과 소명을 위해 싸우시려고 인생의 어둠 속에서 우뚝 일어서신 하나님과 치열하게 씨름하는 그 딸아이의 씨름의 일면이었다. 그 아이의 엄마는 그 작품은 좋아했지만, 그 고뇌는 싫어했다. 인생을 보는 새로운 방식을 찾느라고 그렇게까지 모험을 할 가치가 있는 걸까? 인생과 마찬가지로, 예술도 위험하거나 우리의 피값을 요구해서는 안 된다고 우리는 전제한다. 하지만 과연 그럴까?

그 아이의 피 흘림의 의미를 헤아려 보려고 애쓰는 중에, 내가 좋아하는 소설인 체임 포톡의 『내 이름은 애셔 레브』가 떠오른다고 그 친구에게 말했다. 그녀는 숨이 멎을 듯 놀랐다. 그건 자기 딸아이가 제일 좋아하는 소설이라는 것이었다. 그 소설은 한 유대인 화가를 다룬 이야기로, 그 화가는 랍비 대신 화가의 길을 선택함으로써 종교적으로 보수적인 친구와 가족들에게 거부당한 망명자다. 소설은 애셔 레브가 더 큰 범죄를 저지르는 이야기로 나아가는데, 그는 예수 그리스도의 십자가가 자기 가족의 고통의 깊이를 잘 표현한다고 생각해서 그것을 자기 그림 속에 등장시킨다. 애셔 레브는 자기의 신앙을 위반하고, 예술 작품을 통해 가족과 신앙의 울타리 너머까지 나아가는 모험을 감행한다. 자신의 신앙 안으로 좀더 깊이 들어가기 위해서 말이다. 그의 공동체 안에서는 그의 선택을 칭찬하는 것은 고사하고 그를 이해할 수 있는 사람조차 없다. 집을 떠나 대학에 다니고 있던 친구 딸은, 자기의 미술 작품을 엄마에게 보여 주던 날 그 소설을 갖다 달라고 부탁했다고 한다.

이야기 하나가(애셔 레브의 이야기) 또 하나의 이야기(딸아이의 위험한 미술 작품)에 관한 대화를 열어 주었다. 이 대화는 내 친구로 하여금 자기 딸의 선택에 대해 씨름하게 만들었고, 딸아이의 위험한 창작품을 신선한 관점에서 보도록 초대하였다. 나는 그런 드러남의 순간에 일익을 담당한 것에 뿌듯함을 느꼈다. 나는 내 부요함의 일부를 투자했고, 그것은 이미 배당금을 벌어들이기 시작했다.

자리를 뜨기 전에, 나는 친구에게 지난번에 또 다른 친구와 셋이서 만났던 시간이 어땠는지 물어보았다. 그녀는 "당신들 두 사람이 너무나 재밌고 신나게 노는 모습에 저도 무척 즐거웠답니다"라고 말했다. 나는 빙그레 웃었다. 나도 그 시간이 짓궂으면서도 유쾌했다고 생각하던 터였다. 그때 그녀가 이런 말을 덧붙였다. "마치 두 사내아이가 냇가에서 놀고 있는 것 같았지요." 나는 마치 고속 도로에서 차 뒤를 들이받힌 듯이, 뒤통수를 한 대 얻어맞은 것 같았다. "지금 뭐라고 그랬어요?" 그녀는 했던 말을 다시 한번 반복했고, 나는 차갑게 굳기 시작했다.

그 표현은 내가 그녀에게 말하지 않은 이야기 하나를 생각나게 했다. 그 이야기는 내가 어린 시절에 시냇가에서 한 친구와 놀던 장면과 관련된다. 내 친구는 시내를 건너 반대편으로 갔고, 나는 그냥 있었다. 우리는 서로 반대쪽에서 걸어 올라갔고, 이내 물이 너무 깊어서 내가 그 친구 쪽으로 건너갈 수 없는 지점에 다다랐다. 곧이어 좀더 큰 사내아이 두 명이 숲에서 나와, 내 친구를 괴롭히기 시작했다. 그 친구는 내게 건너와서 도와달라고 소리쳤지만, 나는 그 자리에 얼어붙고 말았다. 그 사내아이들은 결국 내가 이쪽에 떨어져 있는 동안 내 친구를 늘씬하게 두들겨 팼고, 나는 너무 겁에 질려 친구를 도와주러 가지 못했다. 그 일은 내 일생에서 가장 비겁한 행동 중 하나였고, 다른 사내아이와 냇가에서 노는 이미지는 나를 공포 상태로 몰아넣었다. 나는 다른 약속 때문에 대화를 더 할 수는 없었지만, 마치 이야기에 홀린 듯한 느낌이었다.

내가 그날 경험했듯이, 우리가 이야기의 공동체 속에 참여하게 되면 한 이야기가 결국은 다른 이야기들과 부딪치며 이야기를 깨울 것이다. 그렇게 잠에서 깬 이야기를 잘 보듬으면, 그 이야기는 개인과 관계와 공동체를 아무도 예견하지 못한 방향으로 이끌어간다. 서로의 이야기에 투자를 하면 엄청난 배당금이 생긴다.

나는 며칠 동안 이 '냇가에서 놀고 있는 두 사내아이'라는 이미지를 곰곰이 생각해 보았다. 그 완전한 의미는 나도 모른다. 다만 하나님이 나로 하여금 쓰게 하신 것이 무엇인지 알 따름이다. 아래의 글은 내가 한번 써 본 글의 일부다.

내 친구가 냇가라는 말을 언급했을 때, 나는 몸이 얼어붙는 것만 같았다. 내 유년 시절 친구의 부르짖음이 들려왔고, 시내를 건너갔더라면 나도 엄청나게 맞았으리라는 걸 알고 있었다. 내가 도망을 쳤더라면, 다시는 그 친구 얼굴을 쳐다보지 못했을 것이다. 내가 친구의 수난에 뛰어들었더라면, 나도 연신 맞았을 것이다. 나는 그 못된 짓을 목격하면서도 친구의 고통에 뛰어들기를 거부했다. 그 일로 인해 다른 우정 관계에서도 충실하지 못했던 적이 얼마나 되던가? 그 후로 나는 친구가 공격당하면 죽기 살기로 싸워 주겠지만, 과연 다시 사내아이가 되어 친구에게 같이 놀자고 할 수 있을까? 그 옛날에는 감히 취하지 못했던 방식으로 이제는 친구에게 충실할 수도 있겠지만, 과연 나는 그 끔찍한 선택의 자리에서 누군가에게 옆자리에 앉아 달라고 초대할 수 있는가?

나는 내 친구의 무심한 발언 속에서 드러난 것이 무엇인지 다 알 수는 없지만, 구속을 기다리고 있는 것은 바로 이야기라는 것을 잘 알고 있다. 나로 하여금 '과연 내가 누군가와 다시 또 그렇게 놀까?'라는 질문을 하게 만드는 건 바로 이야기다. 나를 가장 산란하게 하는 것은 이야기들의 상호 작용이 아닌가 생각된다. 어떡하다 애써 레브가 생각난 걸까? 그리고 그가 떠오를 때, 나는 새로 사귄 친구와 냇가에서 다시 노는, 그 위험천만하고 믿음을 감행해야 하는 창의성을 향한 부르심을 듣게 될까? 만일 그렇게 된다면, 나는 거미줄 같은 이야기의 망에 매혹되는 동시에 격분할 것이다. 나는 다시 한번 어린아이가 되라는 요구뿐만 아니라, 아이들의 괴롭힘에서 나와 내 친구를 보호해 주고 무수히 많은 내 두려움을 정리하는 일을 도와줄 아버지를 요청해야만 한다. 난 또다시 망에 걸려든다.

다른 사람의 이야기에 투자하는 것은 언제나 부메랑처럼 우리에게 다시 돌아와서 우리의 뒤통수를 한 대 때린다. 그렇게 정신

번쩍 나게 한 대 맞음으로써 우리는 "몽유병 환자처럼 현실의 벼랑 끝으로 나아가는" 자신을 보게 된다.[6] 우리가 점점 잠에서 깨어날수록, 우리는 다른 사람들을 위해서 쓰도록 부름받은 이야기 속에서 점점 더 놀게 되고, 다른 사람들 역시 우리를 위해 이야기를 쓰도록 부름받는다.

나는 못 자국 난 그 손에서 내 하루치의 이야기를 받을 것인가? 그리고 그분이 개입하시도록 내 눈물과 고통스러운 질문들을 가지고 나갈 것인가? 나는 내 이야기를 복음 앞에 가지고 나가 그분께 대답해 달라고 부르짖을 것인가? 그리고 나의 상처 입은 이야기를 다른 사람들에게 선물로 줌으로써 그들이 하나님의 묘함과 선하심을 맛보아 알게 해 줄 것인가? 내가 이런 일들을 하게 된다면, 내가 받은 선물들로 인해 나는 휘청거리고 말 것이다. 하나님의 이야기가 내 이야기가 될 것이다. 당신의 이야기는 내 것이 되고 내 이야기는 당신 것이 될 것이요, 우리는 모두 그분의 소유가 될 것이다.

나만의 이야기

당신은 당신의 이야기들을 다른 사람의 유익을 위해 그들에게 내어 주어야 한다. 그리고 다른 사람들의 이야기는 당신에게 유익이 되어야 한다. 당신이 들은 이야기 중에서 당신에게 가장 큰 영향을 끼친 이야기는 무엇인가? 당신은 다른 사람들의 이야기를 통해 하나님의 어떤 성품들을 발견하게 되는가? 당신이 자신의 이야기들을 쓰고 그것을 공동체에서 말하는 과정 중에, 당신 자신에 대해 깨닫게 된 점들은 무엇인가?

후기

당신의 이야기는 내 이야기와 마찬가지로 결코 끝나지 않을 것이다. 하늘나라에 가서조차도. 하지만 당신의 이야기는 끝없는 회귀와 복귀 속에서 그 이야기 주변만 맴돌고 있지는 않는다. 이야기는 당김음과도 같은 혼란을 통해 계속 움직인다. 모든 예측 가능한 유형과 전형적인 속박을 벗어난 맥박과 리듬으로. 당신의 이야기는 일직선의 사고방식으로는 전혀 이해가 안 될 수도 있지만, 그래도 여전히 창조주의 뚜렷한 문장이 찍혀 아련히 빛나고 있다. 이야기는 우리 자신을, 또 가끔은 하나님을 발견하는 장소다. 이야기는 하나님이 자신을 암시하는 장소요, 우리가 확실하게 볼 수 없는 사실 즉 하나님은 존재하시고 그분을 열심히 찾는 자에게 상 주시는 분이라는 사실을 볼 수 있도록 초대하시는 장소다.

   이야기는 또한 우리가 서로를 발견하는 장소요, 그렇게 서로를 발견함으로써 상대방의 이야기 속으로 들어가도록 촉구하는 낯선 얼굴을 직면하는 장소다. "당신은 누구십니까? 왜 여기까지 오시게 되었습니까? 이제 어디로 가십니까? 왜 가기로 결정하셨습니까?"라고 겸손히 질문할 때 나는 이야기의 고리 속으로 나 자신을 던지는 것이다. 나는 다른 사람을 알기로 그리고 다른 이에게 알려지기로 동의한 것이다. 나도 나 자신과 다른 사람들을 제대로 알지 못한다고 동의한 것이다. 그리고 남에게 알려지는 공포에 '예'라고 대답한 것이다. 나는 잃어버린 바 되었고, 언젠가는 찾은 바 되리라.

그러니 어떻게 우리에게 끝이 있겠는가?

***

우리는 이야기의 위력을 부인할 수 없으며, 오프라 윈프리는 이 지구상에서 이야기를 제대로 알고 있는 몇 안 되는 사람 중 한 명이다. 오프라는 남아프리카로 떠나는 여행에 나를 대리 자격으로 초대한 적이 있다. 그녀는 그곳에 가서 만난 사람들에게 그들이 얼마나 사랑받는 존재인지를 전해 주었다. 오프라가 진행하는 쇼에서 한 다소곳한 하녀가 무대에 올라와 그녀의 사랑을 받은 사람들로부터 존경을 받을 때, 그리고 미니밴과 여행용 가방 세트와 뉴욕 여행권을 받을 때, 나는 의자에서 벌떡 일어나 이렇게 외쳤다. "정말 축하해요!" 나는 이야기를 좋아하는 오프라를 좋아한다.

***

또한 우리는 이야기란 개인적인 것이라는 사실을 부인할 수 없다. 로스엔젤레스 경찰청에서 전직 형사였던 내 친구 프랭크가 나의 생부의 무덤을 찾아 주었다. 내가 마음의 준비가 되면 한번 찾아뵐 것이다. 아직은 준비가 안 되었다. 아버지의 무덤에서 무릎을

끓고 울 준비로, 먼저 알베르 카뮈의 『최초의 인간』을 다 읽어야 한다. 하지만 나는 내 친구 프랭크에게 정말 고맙다. 그는 갱들에게 열세 번이나 총을 맞고도 살아남았고, 지금은 왜 하나님이 전직 형사와 전직 마약 딜러를 같이 붙여 놓으셨는지 내가 아리송해 할 때, 나의 이름을 기억할 수 있게 해 주는 친구다.

***

마스 힐 대학원에서 우리는 이야기의 리듬을 추구하는 데 관심 있는 사람들을 대상으로 새로운 워크숍과 수양회를 시작하였다. 이것은 또 하나의 창조요 모험이다. 지금까지 탄생시킨 모든 꿈들을 키우느라 그렇게 지쳐 있으면서도, 왜 나는 소망으로 배짱만 자꾸 커지는 걸까? 그건 간단하다. 나는 이야기를 찾는 허기를 완전히 채울 수가 없다. 그리고 한 사람의 이야기를 따라가다 보면, 하나님을 발견하는 끝자락까지 가게 될 수도 있다. 하나님을 뵙는 것, 그래서 탐색은 가치가 있다.

***

우리는 며칠 내로 마스 힐 대학원의 최고 행정 책임자를 뽑게 될 것이다. 이제야 나는 진실을 규명할 수 있게 되었다. 최고 행정 책임자를 찾는 것보다 아버지를 찾는 것이 내게는 더 중요하다는 사실이다. 가장 유망한 후보자는 나보다 젊고, 조직 운영 방식도 나에 비하면 안드로메다 은하가 펼쳐져 있는 길이만큼이나 더 현명할 것이다. 그는 좋은 친구요 탁월한 동료요, 그리고 무엇보다도, 끔찍한 아버지가 될 것이다. 나의 아버지 두 분 외에 내 아버지가 될 사람은 아무도 없으며, 이제는 두 분 다 돌아가셨고, 그분들은 지하에서 시신이 차가워지기 전에 나를 배신하셨다. 하지만 나는 아버지를, 살과 뼈가 느껴지는 아빠를 원하는데, 아무도 선

뜻 나서는 사람이 없다. 아무도 그분이 되어 줄 수 없음을 알면서도 나는 여전히 찾고 있다. 하지만 나는 내가 갈망하는 것을 부인하면서 동시에 아버지 하나님의 임재 앞에 살아 있을 수는 없다.

* * *

나는 그분의 오심을 기다린다. 그분은 이야기를 통해 오실 것이다.

주

서론

1 그리스도인들은 이런 일이라고 하면 습관적으로 전도와 제자 삼기를 생각한다. 하지만 우리가 그리스도인으로서 그런 활동들만 추구하다 보면, 복음을 전하는 상대방의 이야기들과 하나님의 이야기들을 접목시키는 일이 얼마나 중요한지를 놓치게 된다.

1 못다 한 이야기

이 장의 서두에 나오는 인용문은 J. R. R. Tolkien, *The Lord of the Rings*, single-volume edition(Boston: Houghton Mifflin, 1999), p. 696에서 따온 것이다. 『반지의 제왕』(씨앗을뿌리는사람).

1 Tolkien, *Rings*, p. 696.
2 Tolkien, *Rings*, p. 696.
3 창 1:27을 보라.
4 대부분의 경우 실제 대화에서 거부당하고 플롯에서 무시되는 배역이 하나 있으니, 바로 하나님이다. 심지어 하나님이 무대 중심에 계실 때에도 우리는 그분에게 목소리를 허용하거나 중심인물로서의 중요성을 부여하지 않는다. 우

리의 창조 작업 속에서 창조주가 환영받지 못한다는 것은 좀 이상한 일이다. 사실 당신과 나의 이야기 속에서 하나님이야말로 창조주요 배역이신데 말이다. 우리의 연극 속에서는 그분에게 자리나 목소리가 전혀 배당되지 않는데도, 그분은 자신의 창조 작업 속에서 우리에게 항상 목소리를 주신다는 사실이 흥미롭다.

5 이 부분에 대해서 좀더 알고 싶으면, E. M. Foster, *Aspects of the Novel* (New York: Harcourt Brace Jovanovich, 1955)을 보라. 『소설의 이해』(문예출판사).

2 당신의 진짜 이름은 무엇인가?

이 장의 서두에 나오는 인용문은 Hélène Cixous, *Three Steps on the Ladder of Writing*(New York: Columbia University Press, 1993), p. 130에서 따온 것이다.

1 Leland Ryken, James C. Wilhoit, Tremper Longman III, and others, eds., *Dictionary of Biblical Imagery*(Downers Grove, IL.: InterVarsity Press, 1998), p. 582. 『성경 이미지 사전』(CLC).
2 창 32:28을 보라.
3 계 2:17.
4 Bill George, "Why It's Hard to Do What's Right", *Fortune*, September 29, 2003, p. 95.

3 좋은 이야기의 요건은 무엇인가?

이 장의 서두에 나오는 인용문은 Daniel Taylor, *Tell Me a Story: The Life-Shaping Power of Our Stories*(New York: Doubleday, 1996), p. 125에서 따온 것이다. 『왜 스토리가 중요한가』(정연사).

1 창 37:3-5, 18-20, 23-28.
2 Robert McKee, "Storytelling That Moves People", *Harvard Business Review*, June 2003, 6. 허락을 받아 인용하였음.

4 당신의 마음을 움직이는 것은 무엇인가?

이 장의 서두에 나오는 인용문은 Franz Kafka, *Letters to Friends, Family,*

and Editors, trans. Richard and Clara Winston(New York: Schocken, 1978), p. 16에서 따온 것이다. 『행복한 불행한 이에게』(솔).
1   전 3:11(개역개정).
2   Margery Williams, *The Velveteen Rabbit*(New York: Bantam Doubleday Dell, 1922), p. 5. 『벨벳 토끼 인형』(별천지).

5   우리를 형성한 비극에 직면하기
이 장의 서두에 나오는 인용문은 C. S. Lewis, *Till We Have Faces*(New York: Harcourt, 1956), p. 249에서 따온 것이다. 『우리가 얼굴을 찾을 때까지』(홍성사).
1   시 55:12-14.
2   시 55:5-8을 보라.

6   소명에 붙들리다
이 장의 서두에 나오는 인용문은 Frederick Buechner, *Telling Secrets*(New York: HarperCollins, 1991), p. 32에서 따온 것이다.
1   이 점에 관해서 좀더 알아보고 싶으면, Cleanth Brooks와 Robert Penn Warren이 공동 편집한 *Understanding Fiction*(Upper Saddle River, NJ: Prentice-Hall, 1979), p. 178을 보라.
2   사 1:11, 17.
3   암 5:21-24.

7   당신의 목적 쓰기
이 장의 서두에 인용된 글은 Hélène Cixous, *Stigmata: Escaping Texts*(New York: Routledge, 1998), p. 53에서 따온 것이다.
1   잠 16:1-4, 9, 33.

8   함께 편집하기
이 장의 서두에 나오는 인용문은 Anne Lamott, *Bird by Bird: Some Instructions on Writing and Life*(New York: First Anchor, 1995), p. 26에서 따온 것이다. 『쓰기의 감각』(웅진지식하우스).

9 이야기 잔치

이 장의 서두에 나오는 인용문은 Dietrich Bonhoeffer, *Creation and Fall/Temptation: Two Biblical Studies*, trans. John C. Fletcher and Eberhard Bethge (New York: Macmillan, 1959), p. 38에서 따온 것이다. 『창조와 타락』(대한기독교서회).

1 요 6:53-54.
2 창 16:7-8.
3 히 12:5-6을 보라.
4 수 4:1-7을 보라.
5 수 4:6-7.
6 삼하 7장을 보라.
7 Elaine Martin, "Hap-pea", www.mcilwain.org//mgam.htm, 2003에서 요약함.

10 드러내는 기도

이 장의 서두에 나오는 인용문은 Kathleen Norris, *The Cloister Walk*(New York: Riverhead, 1996), p. 295에서 따온 것이다. 『수도원 산책』(생활성서사).

1 롬 8:26을 보라.
2 시 139:23-24.
3 눅 18:10-13.
4 마 18:20과 살전 5:17을 보라.
5 후회하시는 하나님에 대한 실례는 삼상 15:11, 28-29, 35; 렘 18:7-8; 26:1-3 그리고 욘 3:10을 보라. 하나님도 후회하신다는 개념은 문제를 야기시킨다. 어떻게 성경은 하나님의 주권적인 능력과 권위를 손상시키는 듯한 언어로 하나님에 대해 말할 수 있단 말인가?

하지만 브루스 디마레스트가 덴버 신학대학원의 온라인 회지에 쓴 글을 살펴보자. "성경이 한편으로 당연하게 가르치는 바는, 하나님은 완벽하게 주권적이고 전능하시고 전지하시며 섭리하시는 통치자로서, 창조 세계와 확실하게 관계를 맺고 함께 고통받으시는 분이라는 사실이다. 그러나 다른 한편으로 성경은 단언하기를, 인간은 심리적인 자유와 개인의 책임하에 스스로 선택하고 행동을 취한다고 말한다. 이런 사실은 요셉의 개인사에서(창 45:5-8), 잡혀

온 유대인들에게 고국으로 돌아가도 좋다고 허락한 고레스의 조서에서(에 1:1-4), 그리고 하나님이 예정하신 예수님의 십자가 죽음에서(행 2:23) 알 수 있다. 각 경우마다 인간은 자신의 책임하에 자유롭게 처신함으로써 하나님의 예정된 뜻을 이룬다. 이 두 개의 기둥은—무오한 하나님의 의지와 진정한 인간의 자유는—하나님의 사고 속에서는 하나로 수렴되지만, 유한한 우리 인간의 사고로는 이율배반적이거나 소반대 논리로 남는다"(vol. 7, 2004, www.denverseminary.edu/dj/articles2004/0300/0301.php, 저자의 허락하에 인용함).

나도 그의 견해에 전적으로 동의한다. 하지만 이 문제는, 이야기에서는 거의 요구되지 않는 명쾌함과 정확성이 여전히 요구되는 듯하다. 이건 모순이다. 유한한 우리 인간의 사고로는 불가해한 부분이다. 어쩌면 그것이야말로 위 저자의, 그리고 궁극적으로는 하나님의 의도일 것이다. 이야기의 이율배반성 때문에 우리는 오히려 그 이야기의 음영 속으로 들어가, 가능한 한 멀리까지 파고들게 된다. 그리고 그렇게까지 들어가긴 했지만 이해는 불가능한 그 깊이에 몸서리치게 된다.

6 출 4:10-14을 보라.
7 민 23:19; 삼상 15:29; 말 3:6; 약 1:17을 보라.
8 시 139:16을 보라.
9 고후 4:17을 보라.

11 금식의 열매

이 장의 서두에 나오는 인용문은 금식에 관한 통찰들과 관련해서, 저자가 헤더웹과 개인적으로 주고받은 편지에서 따온 것이다.

1 창 50:20. 요셉은 자기를 노예로 팔아넘기고는 그 계략을 무마하기 위해 자기를 죽은 것으로 꾸몄던 형들에게 그렇게 말했다. 하나님은 그들의 배반과 기만을 사용하셔서, 우선 요셉의 목숨을 구하시고, 나중에는 그의 가족—그리하여 이스라엘 나라—의 목숨을 구하셨다.
2 이사야 50장을 보라.
3 성령 하나님은 성부 하나님과 마찬가지로 우리가 이해하는 방식의 성별 구분에서 자유로우시다. 그러므로 성령님을 모든 사람들의 연인으로, 남자와 여자와 아이들에게도 동일하게 구애할 수 있는 그 이상의 분으로 보아도 무방하다. 다시 말해서, 성령님은 우리 각 사람을 유혹하고 사랑하는 일에 완벽하게

어울리신다.
4 엡 4:17-19.
5 눅 22:15.
6 눅 15장에 나오는 '돌아온 탕자'의 비유를 보라.
7 사 58:6-11.

12 이야기 내어 주기

이 장의 서두에 나오는 인용문은 Lewis Hyde, *The Gift: Imagination and the Erotic Life of Property* (New York: Random House, 1979), p. 146에서 따온 것이다.

1 몬 17-19절.
2 눅 16장을 보라.
3 Gabriel Marcel, *Homo Viator: Introduction to a Metaphysics of Hope*, trans. Emma Crauford (Gloucester, MA: Peter Smith, 1987), p. 25.
4 마 25:22-28.
5 빌 2:3-4을 보라.
6 Marcel, *Homo Viator*, p. 22.

옮긴이 김성녀는 연세대학교 영어영문학과를 졸업하고 미국 미주리 주립대학에서 광고 언론학을 공부했다. IVP 편집부에서 다년간 일했으며, 현재 가족과 함께 캐나다 밴쿠버에 살면서 전문 번역가로 활동하고 있다. 옮긴 책으로는 『내가 알지 못했던 예수』, 『하나님, 당신께 실망했습니다』, 『하나님의 러브레터』, 『래리 크랩의 파파기도』(이상 IVP) 등이 있다.

나를 찾아가는 이야기

초판 발행_ 2006년 2월 10일
초판 6쇄_ 2014년 4월 28일
개정판 발행_ 2020년 6월 22일

지은이_ 댄 알렌더
옮긴이_ 김성녀
펴낸이_ 신현기

펴낸곳_ 한국기독학생회출판부
등록번호_ 제313-2001-198호(1978.6.1)
주소_ 04031 서울시 마포구 동교로 156-10
대표 전화_ (02)337-2257 팩스_ (02)337-2258
영업 전화_ (02)338-2282 팩스_ 080-915-1515
홈페이지_ http://www.ivp.co.kr 이메일_ ivp@ivp.co.kr
ISBN 978-89-328-1766-8

ⓒ 한국기독학생회출판부 2020

책값은 뒤표지에 있습니다.
무단 전재와 복제를 금합니다.